LES THÉORIES DE L'INTÉGRATION ENTRE UNIVERSALISME ET DIFFÉRENCIALISME

Des débats sociologiques et politiques en France : analyse de textes contemporains

© L'Harmattan, 2000
ISBN : 2-7384-8876-5

Manuel BOUCHER

LES THÉORIES DE L'INTÉGRATION ENTRE UNIVERSALISME ET DIFFÉRENCIALISME

*Des débats sociologiques et politiques en France :
analyse de textes contemporains*

L'Harmattan
5-7 rue de l'École Polytechnique
75005 Paris

L'Harmattan Inc.
55, rue St-Jacques
Montréal (Qc) – Canada H2Y 1K9

Du même auteur

RAP, Expression des lascars, L'Harmattan, 1999.

« C'est toute la question des rapports de la délibération politique aux sciences sociales et à la pensée critique qui est ainsi soulevée. Sur l'immigration, sujet sensible, politisé et public entre tous, cette étude devient urgente ».

(S. Bonnafous
in *Hommes et Migrations*,
n° 1154, mai 1992)

Remerciements

Je tiens tout d'abord à remercier Abye Tassé, initiateur du projet MITRA au sein de l'Institut du Développement Social International pour avoir permis, qu'enfin, les questions de la discrimination, du racisme institutionnel et de la différence culturelle soient sérieusement prises en compte au sein d'une école du travail social. Je voudrais aussi remercier les membres de l'équipe Intégra au sein de l'IDS (Christine Batime, Rose-Marie Keller, Yvonne Thomas, Jacques Jouanne, Yamina Bensaâdoune...) pour avoir participé à construire un espace de travail et de débats qui a grandement contribué à alimenter l'écriture de ce livre. Je tiens à remercier tout spécialement Christelle Rabanel, membre de l'équipe Intégra, documentaliste au Centre d'expertises et de ressources en réseau pour l'intervention sociale, à l'IDS, pour sa coopération précieuse sans laquelle cet ouvrage n'aurait pu exister. Je remercie également Catherine Legrand pour son travail au sein l'Institut du Développement International. Par ailleurs, je voudrais saluer les partenaires transnationaux du groupe de travail « Recherche » œuvrant au sein du projet MITRA, notamment Anders Persson (Suède), Lara Pappas (Grèce), Anna Mascellani, Mauricio Andolfi (Italie), Börje Mattsson, Marit Mäurälä (Finlande), Marie-Noelle Doléans (France) avec qui nous avons échangé agréablement à propos de la « communication interculturelle », les étudiants du groupe « approfondissement » et les acteurs de l'intégration de Haute-Normandie qui, en acceptant de coopérer activement au projet MITRA, ont permis que s'effectue un pont entre la théorie et la pratique.

Je tiens également à remercier Michel Wieviorka et le Centre d'Analyse et d'Intervention Sociologique (CADIS), qui, grâce à leurs réflexions pertinentes mettant en exergue les « logiques d'exclusion », construisent un climat propice à l'évolution des pratiques, des personnes et des institutions. Je veux remercier aussi tout particulièrement, Kristel Durchon (relecture) et Patrice Rivier (création graphique) pour leur aide. En outre, il m'importe de remercier très chaleureusement Evelyne Dupont Lourdel et Jean Gondonneau ; militants de Peuple et Culture, pour avoir relu attentivement le texte final de ce livre.

Enfin, par l'intermédiaire de cet ouvrage, je voudrais rendre hommage à ma famille et à tous les militants des droits de l'Homme et des droits culturels qui, luttant quotidiennement pour la justice sociale et culturelle, arment des individus afin qu'ils se construisent comme acteurs-sujets.

Avant-propos

La commission européenne, constatant des difficultés réelles d'insertion sociale et professionnelle de minorités stigmatisées dans chacun des pays de la communauté, décide d'engager une réflexion et des actions pour lutter contre l'exclusion sociale. Face au chômage, la commission européenne constate que des « groupes vulnérables » ont de grandes difficultés à avoir un emploi de qualité. Ainsi, Padraig Flynn, commissaire pour l'emploi et les affaires sociales indique que « *la promotion de l'insertion professionnelle des groupes qui courent le plus grand risque d'exclusion sociale figure parmi les objectifs du fonds social européen depuis 1994* ».[1]

A partir de ce constat, la communauté européenne, à travers le Fonds Social Européen, finance le programme EMPLOI INTEGRA, visant à promouvoir des mesures destinées à améliorer l'insertion sociale et professionnelle des groupes qui en sont exclus.

Dans le cadre d'EMPLOI INTEGRA, l'Institut du Développement Social de Haute-Normandie, organisme de formation des travailleurs sociaux, en coopération avec de nombreux partenaires européens, anime le projet MITRA.

En s'appuyant sur le projet MITRA, il s'agit donc de contribuer à assurer une médiation efficace du travail social pour favoriser l'intégration et l'insertion sociale, culturelle et professionnelle des populations étrangères, immigrées, issues de l'immigration et réfugiées, en France, dans un contexte européen.

---

1. P. Flynn in publication de la commission européenne sur le volet INTEGRA, février 1997.

L'équipe du projet MITRA au sein de l'Institut du Développement Social part d'un constat :

> « Au vu de l'ampleur des problèmes d'intégration rencontrés quotidiennement par certaines populations issues de l'immigration et certains réfugiés, une formation plus approfondie des travailleurs sociaux, aussi bien du point de vue des connaissances de ces problèmes que des méthodes d'intervention auprès de ces publics, semble aujourd'hui une nécessité ».

Afin d'atteindre, au mieux, les objectifs que nous nous fixons, nous pensons qu'il est indispensable de faire un état des lieux des concepts, des notions, des discours et des débats intellectuels en cours. Ce premier travail doit nous aider à construire un cadre de réflexion global permettant d'appréhender, dans toute leur complexité, les situations concrètes que nous observons sur le terrain. Aujourd'hui, ce travail est terminé et il nous semble important de le publier afin que d'autres acteurs sociaux (travailleurs sociaux, enseignants, militants...) puissent bénéficier d'une somme de connaissances construites avec l'objectif de clarifier le champ complexe des modèles d'intégration.

Cependant, comme le souligne D. Schnapper, étudier les rapports interethniques et le racisme sont des thèmes où l'analyste peut très difficilement rester totalement neutre. De fait, comme le suggérait M. Weber dans son célèbre essai sur le savant et la politique[2], nous choisissons la « neutralité axiologique » comme cadre axiologique. Autrement dit, nous ne choisissons pas de dénoncer, ni de justifier l'ordre social, mais d'apporter un éclairage, le plus large possible, sur la question de l'intégration. Nous tentons de prendre en compte plusieurs aspects et divers points de vue, en essayant, autant que possible, de ne pas privilégier l'un plutôt qu'un autre.

> « Les sociologues modernes ont tendance à consacrer leurs efforts à dénoncer les manquements aux valeurs proclamées plus qu'à analyser les effets bien réels du principe de citoyenneté ».[3]

En revanche, affirmer une certaine neutralité axiologique, ne signifie pas, pour autant, que nous ne possédons pas de

---

2. M. Weber, *Le savant et le politique*, Paris, Plon, 1959.
3. D. Schnapper, *La relation à l'autre. Au coeur de la pensée sociologique*, Paris, Gallimard, 1998, p. 21

valeurs. Au contraire, avec un souci de neutralité axiologique, nous affirmons vouloir mettre en place un cadre de réflexion orienté par le désir de participer à la construction d'une citoyenneté, pleine et entière, pour toutes les personnes vivant sur le sol national et européen.

Il peut sembler paradoxal qu'un travail construit dans un cadre européen ne traite que des aspects français. En fait, dans une dynamique d'échanges réciproques, cette synthèse des enjeux politiques, sociaux et culturels ainsi que des débats ayant cours en France n'est que la première étape d'un projet plus large. A terme, il s'agit d'échanger les connaissances produites par chacun des pays impliqués au sein du projet MITRA afin de construire une réflexion collective devant aboutir à des modes d'interventions communs à propos de la prise en compte de la différence culturelle au sein de la communauté européenne.

Introduction

Notre pays est historiquement structuré par des principes politico-culturels tels que la laïcité, la nation et la république. En nous appuyant sur des réflexions théoriques et en mettant en exergue des enjeux politiques, sociaux et culturels, nous désirons comprendre comment la société française contemporaine concernée, d'une part par les bouleversements de la globalisation économique et, d'autre part, par les dynamiques d'affirmations identitaires pense, aujourd'hui, la différence culturelle ?

Pour répondre à cette question, il nous paraît nécessaire de clarifier le débat polémique actuel sur des modèles d'intégration dans une société française en état de métamorphose. En effet, alors qu'irrémédiablement, la France s'intègre dans un cadre politique et économique européen, voire international, ce pays vit des bouleversements remettant en question son identité, héritée de la révolution française et forgée durant l'ère industrielle. Or, cette transformation profonde suscite des discussions passionnelles à propos des changements identitaires intervenus au sein de l'hexagone. Aux deux extrémités de la diversité des discours tenus, d'un point de vue idéal-typique et dans la perspective de maintenir le tissu social, s'opposent des défenseurs d'un modèle d'intégration classique, pensé au sein d'un espace national et républicain fort, et ceux qui, prenant acte de la globalisation des échanges des marchandises et des personnes, revendiquent un rôle et une place primordiales pour les « communautés ». La France est un pays visiblement hybride et pluriculturel. Pour concevoir l'intégration, il est nécessaire de savoir quelle place la société politique et institutionnelle est prête à accorder aux revendications identitaires et culturelles. Dans ce cadre, l'ensemble des tensions opposant les tenants d'un universalisme à toute épreuve et les défenseurs d'un différencialisme salvateur se concentrent sur le « traitement » politique, administratif et institutionnel des étrangers, des immigrés et des personnes issues de l'immigration. En effet, dans une société encore très influencée par les idées d'E. Durkheim qui cherchait à garantir la cohésion sociale grâce à des mécanismes de « solidarité organique »[1], l'immigration catalyse la plupart des réflexions sur le degré de prise en compte de l'altérité. Un bref regard historique sur la période contemporaine montre l'importance centrale des questions liées aux processus d'intégration pour la compréhension de la réalité sociale et il révèle le caractère agonistique et difficilement séparable des termes immigration et Intégration[2].

Comme le rappelle P. Milza, jusqu'au début des années soixante-dix, près des trois-quarts de la population immigrée sont originaires des pays européens (Italiens, Espagnols, Polonais...). Cependant, déjà, alors que ces populations sont issues de cultures européennes et chrétiennes, le XIXe siècle connaît des moments de violences collectives (Marseille en 1881, Aigues-Mortes en 1893, Lyon en 1894) à l'égard des « Polaks », des « Macaronis » ou des « Espingoins » qui vivent, quotidiennement, le « racisme ordinaire ». A partir des années soixante, avec la décolonisation et le manque de main d'œuvre dans le secteur industriel en plein développement, la France vit un tournant, l'origine géographique des migrants n'est plus la même. Désormais, en plus des Portugais, l'immigration de masse concerne des personnes ayant une culture extra-européenne ; c'est, en premier lieu, les Algériens, les Marocains et les Tunisiens. Depuis, des immigrés venus des pays asiatiques (Vietnam, Cambodge, Chine), de Turquie et d'Afrique de l'Ouest sont venus compléter le contingent hétérogène de la population immigrée. Or, avec la fin de l'ère industrielle, le passage à une ère post-industrielle transforme radicalement les rapports économiques et sociaux. Constatant le développement de la globalisation des marchés, de la communication et des flux des capitaux, R. Sennett parle d'une société caractérisée par le

---

1. Cf. E. Durkheim, *De la division du travail social*, Paris, PUF, 1998.
2. Cf. P. Dewitte (dir.), *Immigration et intégration, l'état des savoirs*, Paris, La Découverte, 1999.

« capitalisme flexible » et U. Beck décrit une « société du risque ». L'État, perdant une partie de sa souveraineté au niveau économique, renforce néanmoins son pouvoir coercitif en ce qui concerne les flux des personnes. Dans ce contexte, l'immigration est stoppée et les immigrés deviennent les boucs émissaires d'une société en changement.

> *« L'étranger est dès lors perçu comme une menace, un – ennemi de l'intérieur –, porteur de tous les maux, de toutes les tares sociales, voire des maladies les plus dangereuses, les plus contagieuses et symboliquement les plus – honteuses – : hier la syphilis, aujourd'hui le sida ».*[3]

En réalité, depuis le changement de représentation de l'immigration dans l'opinion publique, autrement dit, depuis le passage d'une immigration de travail à une immigration de peuplement, mais aussi depuis la crise des institutions de socialisation traditionnelles (école, armée, travail, engagement syndical), les immigrés sont jugés difficilement assimilables par beaucoup et sont donc pensés comme un problème. Certains évoquent alors la panne du « creuset français »[4].

Dans cette atmosphère de crise de l'identité française traditionnelle et nationale, le développement d'un débat politique et intellectuel très vif à propos du modèle d'intégration « à la française » contribue à construire une représentation de l'immigration en terme d'« invasion ». Ainsi, de nombreux médias et responsables politiques parlent du « problème immigré ». Sur fond de crise de l'État-providence, de désinstitutionnalisation, de désindustrialisation, d'angoisse face au développement du chômage, les attitudes racistes et xénophobes et les comportements discriminatoires réapparaissent. L'extrême-droite gagne alors du terrain, non seulement au niveau électoral, mais aussi dans les « têtes » (on parle de lepénisation des esprits). La crainte de l'étranger prend de l'ampleur, en même temps que se développe la stigmatisation des banlieues paupérisées dans lesquelles se concentrent la plupart des difficultés d'ordre social et économique des sociétés post-industrielles.

---

3. P. Milza, « Un siècle d'immigration » in *Sciences Humaines*, n° 96, juillet 1999, p. 19.
4. Cf. G. Noiriel, *Le creuset français, histoire de l'immigration*, Paris, Le Seuil, 1988.

Dans la presse et au sein d'une partie importante de la population, le portrait des cités populaires qui est régulièrement dépeint est celui des « banlieues de la peur »[5] où règne la violence. Ainsi, H. Rey indique, qu'à propos des banlieues, se propage une peur irrationnelle à partir d'imageries ancestrales et modernes caricaturales. Ce qui se diffuse, c'est l'image de cages d'escaliers dans lesquelles se dégage une mauvaise odeur et où l'on peut croiser les formes et les figures inquiétantes de jeunes délinquants, le plus souvent immigrés, vendant de la drogue. En fait, la peur des banlieues, rime avec la crainte de voir surgir des « zones de non-droit » dans lesquelles la nation et la laïcité seraient mises en danger par des « tribus étrangères », composées surtout de Noirs et d'Arabes en guerre contre les valeurs républicaines. Dans cette optique, « les enragés de la République »[6], qu'ils soient de droite ou de gauche, vilipendent l'ethnicisation des banlieues par des hordes sauvages mettant en péril les valeurs républicaines mais, surtout, l'État national. La peur des banlieues, c'est donc aussi la peur de l'irruption et de l'installation de l'islam, assimilé aux intégristes voulant imposer des valeurs communautaires au détriment de « l'esprit républicain ». En effet, la présence de l'islam sur le sol français est, maintenant, au centre de réflexions qui mettent l'accent sur la fin de la « communauté des citoyens »[7], les métamorphoses de la nation et la perte de son identité, historiquement marquée, au XIXe siècle, par la lutte entre les forces catholiques et laïques[8]. Les conflits, fortement médiatisés, à la fin des années quatre-vingt sur le port du « foulard islamique »[9] dans l'enceinte de l'école républicaine

---

5. Cf. H. Rey, *La peur des banlieues*, Paris, Presses de la Fondation Nationale de Sciences Politiques, 1996.
6. Cf. H. Jallon et P. Mounier, *Les Enragés de la République*, Paris, La Découverte, 1999.
7. Cf. D. Schnapper, *La communauté des citoyens. Sur l'idée moderne de nation*, Paris, Gallimard, 1994 ; *La relation à l'autre. Au cœur de la pensée sociologique*, Paris, Gallimard, 1998.
8. Cf. J. Costa-Lascoux, *Les trois âges de la laïcité*, Paris, Hachette, 1996.
9. En France, l'affaire politico-médiatique du foulard débute, en novembre 1989, dans le collège de Creil (Oise) où trois jeunes filles portant le foulard sont exclues par le chef d'établissement, devenu, par la suite, député RPR. C'est autour de la signification du concept de laïcité qui, au XIXe siècle, a permis aux anticléricaux de casser l'emprise

par des jeunes filles musulmanes, symbolisent la crispation de la société française face à l'émergence de revendications identitaires dans une France acceptant difficilement d'entrer dans une ère nouvelle. En effet, la société fortement structurée et organisée autour de l'idée de totalité républicaine,

---

religieuse en matière d'instruction au sein de l'école républicaine, mais qui, en même temps, prône une certaine tolérance en matière de croyances que les prises de positions opposées vont s'exprimer. A partir de ce fait divers local, un véritable « psychodrame » national éclate entre des laïcs radicaux majoritaires venus de tous les côtés de l'échiquier politique et une minorité prônant, elle, une tolérance et surtout, une dédramatisation grâce à une gestion locale des quelques cas recensés de port du foulard à l'école, à ce moment-là, en France. Or, le conflit ne pouvant se régler simplement, le ministre de l'éducation nationale de l'époque saisit le Haut conseil d'État qui diffuse alors une circulaire incitant à la tolérance. En effet, la circulaire indique que les croyances religieuses ne sont pas incompatibles avec la laïcité de l'école publique. En revanche, ces croyances « ne saurait permettre aux élèves d'arborer des signes d'appartenance religieuse qui, par leur nature, par les conditions dans lesquelles ils seraient portés, individuellement ou collectivement, ou par leur caractère ostentatoire ou revendicatif, constitueraient un acte de pression, de provocation, de prosélytisme ou de propagande, porteraient atteinte à la liberté ou à la dignité ou à la liberté de l'élève ou à d'autres membres de la communauté éducative, compromettraient leur santé ou leur sécurité, perturberaient le déroulement des activités d'enseignement et le rôle éducatif des enseignants, enfin, troubleraient l'ordre dans l'établissement ou le fonctionnement normal du service public »...
En fait, le Haut conseil d'État invite d'abord à dialoguer avec les familles et annule plusieurs décisions d'exclusion (notamment au collège Montfermeil, à Saint-Denis, en 1992) lorsque les établissements interdisent complètement le port d'insignes religieux. Or, la plupart des enseignants refusent complètement le port du foulard dans leur classe. Le foulard symbolise, à leurs yeux, l'asservissement de la femme, l'archaïsme, le tribalisme, le refus de s'intégrer et d'accepter les lois élémentaires de la République. Par conséquent, en 1994, F. Bayrou, alors ministre de l'éducation nationale, diffuse une circulaire tendant à admettre dans les établissement les « signes discrets » et à interdire les « signes ostentatoires ». Cependant, malgré les nombreuses pressions politiques et médiatiques qui, régulièrement, surgissent à propos du foulard, le Haut conseil d'État n'admet les exclusions que lorsque les faits prosélytes sont flagrants. Quoi qu'il en soit cette « affaire » hautement passionnelle est loin d'être close. (Cf. F. Gaspard, F. Khosrokhavar, *Le Foulard et la République*, Paris, La Découverte, 1995 ; également, le débat entre J. Costa-Lascoux, F. Khosrokhavar, H. Penaruiz in *Le Monde de l'Éducation*, n° 270, mai 1999, pp. 48-51.).

s'éloigne au profit de l'émergence d'un « monde social patchwork » dans lequel la désinstitutionnalisation ne permet plus autant aux processus classiques de socialisation d'opérer et laisse ainsi une place, de plus en plus importante, à l'ethnicité, à l'affirmation des identités et des expériences vécues[10]. Ainsi, pour F. Dubet et D. Martuccelli, le port du foulard, en France, révèle toutes les ambiguïtés des appels identitaires et exprime les tensions du « modèle français d'intégration » traditionnel.

> « D'un côté, l'école, qui repose sur une conception fortement désincarnée de l'individu selon laquelle celui-ci doit se déprendre de ses caractéristiques dans une institution qui ne voit en lui qu'un citoyen à former et qui n'accepte pas l'intrusion de la « différence ». De l'autre côté, tous ceux pour qui l'affirmation identitaire et l'ensemble des significations affichées par cette manifestation font partie du désir moderne de montrer son individualité ».[11]

En fait, dans les quartiers d'habitat social et dans un contexte de paupérisation et de stigmatisation, les tentatives mises en œuvre par les immigrés pour reconstruire une estime d'eux-mêmes et se constituer comme acteurs-sujets, grâce à la constitution de dispositifs communautaires et d'identification à l'islam, sont considérés, par beaucoup de personnes appartenant à la société majoritaire, comme des actes hostiles.

Nombreux sont les électeurs potentiels, qu'ils penchent vers l'extrême-droite ou pas, pour qui la visibilité musulmane renforce le sentiment d'insécurité. « Petits blancs » précaires, frustrés et humiliés, classes moyennes en situation de déclassement social et ayant peur de sombrer dans l'exclusion, rapprochent leur situation économique, sociale et culturelle incertaine avec la présence immigrée appréhendée surtout du côté de la culture musulmane. Des médias attirés par l'appât du gain et du sensationnel et des représentants politiques de tous bords n'hésitent pas à diffuser des rumeurs, à faire des liens entre l'appartenance arabe ou musulmane et le terrorisme international islamiste. Les stéréotypes sur l'islam vont bon train et beaucoup confondent alors l'islam et

---

10. Cf. F. Dubet, *Sociologie de l'expérience*, Paris, Le Seuil, 1994.
11. F. Dubet, D. Martuccelli, *Dans quelle société vivons-nous ?*, Paris, Le Seuil, 1998, pp. 202-203.

l'islamisme radical. L'islam fait peur, inquiète ; il représenterait un ferment de désordre mettant en danger la République et la cohésion nationale. Ainsi, dans des moments de tension, par exemple, lors de la mise en place du plan « vigipirate » pour prévenir les risques d'attentat, chaque jeune d'origine maghrébine, non seulement habituellement considéré comme un délinquant potentiel, devient un terroriste caché ou en devenir. Cette appréhension vis-à-vis de l'islam vu sous l'angle unique de l'intégrisme et de l'extrémisme, renforce les discriminations au faciès, la présomption de culpabilité qui, à son tour, renforce les ressentiments, la paranoïa, la frustration de la part de jeunes et de moins jeunes ne se sentant pas respectés dans leur différence, dans leur dignité, dans leur identité ou ne se sentant pas reconnus comme français à part entière, ce qui renforce, à son tour, les barrières entre les personnes et les cultures et, à terme, augmente la probabilité qu'une partie infime de ces personnes non reconnues, humiliées, trouvent leur salut dans une forme de religiosité radicale. Comme le souligne F. Khosrokhavar, *« une société peureuse érige une laïcité rigide pour combattre un islamisme imaginaire qu'elle constitue quelquefois de toutes pièces par son inflexibilité même ; des jeunes exclus, aigris et persécutés, prennent le relais et donnent dans une psychose qui justifie à leurs yeux les pires excès de leur part »*[12].

En définitive, la présence des populations issues de l'immigration dans les sites de la politique de la ville, l'émergence de l'islam et des revendications identitaires expriment, souvent, les craintes d'une France en métamorphose s'installant dans la post-modernité. En effet, avec la naissance de la « société d'information », la France de l'ère industrielle, laïque et républicaine, a peur de basculer dans une ère post-industrielle en se déstructurant dans un processus de « désocialisation » et de fragmentation culturelle. Dans ces conditions, la présence, sur les territoires de villes de « figures d'altérité » renvoie surtout à la crise de l'État-nation. De plus, la « définition sociale » des immigrés comme travailleurs en passant par une « définition ethnique » est plus encline au développement de discours et d'attitudes racistes[13].

---

12. F. Khosrokhavar, *L'Islam des jeunes*, Paris, Flammarion, 1997, p. 243.
13. Cf. M. Wieviorla, La France raciste, Paris, Le Seuil, 1992.

L'image des immigrés est maintenant celle d'Arabes, de Noirs, de Turcs, de Beurs, de Blacks...

Finalement, nous voyons que les questions liées à l'immigration et à l'intégration sont à l'intersection des difficultés sociales et de la question nationale. En fait, comme le rappelle M. Wieviorka, le thème de la fragmentation culturelle « *ne peut plus être dissocié de ceux du chômage, du travail précaire, de la pauvreté et de la crise urbaine* »[14].

Le thème de la reconnaissance des identités particulières et celui de l'exclusion sociale s'entrechoquent.

Nous constatons que vouloir traiter des théories de l'intégration, en France, implique de définir le contexte social culturel et politique dans lequel se dessine le débat. C'est pourquoi, dans le but de faciliter la compréhension du cadre polysémique dans lequel s'intègrent les questions liées à l'intégration des populations migrantes ou issues de l'immigration, nous avons décidé de construire ce livre en deux grandes parties distinctes mais, en même temps, intrinsèquement reliées.

Dans une première partie intitulée « *Des concepts, des processus complexes et ambivalents* », nous délimitons le contexte social et politique contemporain dans lequel s'insère le débat sur l'intégration. Il s'agit, d'abord, de définir les termes, les concepts et les processus les plus souvent utilisés lorsque nous parlons de l'intégration des immigrés ou des personnes issues de l'immigration (*I – Assimilation, acculturation, insertion, intégration : des mots dont l'usage est chargé de sens politique*). Ce préalable permet de mieux appréhender les exemples puisés dans l'actualité et choisis, ici, parce qu'ils mettent en exergue les significations et les enjeux politiques et sociologiques de l'intégration (*II – Immigration et intégration*). Nous voyons que les concepts utilisés ont plusieurs significations et qu'ils dessinent une vision politique du monde (*III – L'usage actuel des concepts*). En-

---

14. M. Wieviorka, *Une société fragmentée ? Le multiculturalisme en débat*, Paris, La Découverte, 1996, p. 16. Pour une bonne représentation quantitative et qualitative des problèmes sociaux et culturels vécus par les immigrés vivant dans les banlieues populaires françaises. Cf. D. Lapeyronnie, *L'individu et les minorités, la France et la Grande-Bretagne face à leurs immigrés*, Paris, PUF, 1993, pp. 219-260.

fin, en nous appuyant notamment sur l'apport de recherches micro-sociologiques faites par de grands auteurs classiques, nous constatons que nous ne pouvons aborder les questions d'intégration sans se référer à la face sombre des rapports sociaux rendant compte de processus d'exclusion (*IV – Discrimination, stigmatisation, racisme*).

Dans une deuxième partie intitulée « *Courants et modèles d'intégration : la différence culturelle en débat* », nous montrons que les relations interethniques sont au centre des interrogations sur l'intégration. En effet, dans une société en transformation, l'« objet interethnique » est désormais incontournable (*I – Le champ de la recherche interethnique en France*). En outre, en tentant de construire une grille d'analyse sur quatre grands modèles (assimilationniste, communautariste, intégrationniste, multiculturaliste), nous tentons le pari difficile et relativement épineux, de clarifier les principales positions s'exprimant dans l'espace public français à propos de l'intégration. En effet, nous avons choisi d'étudier, plus spécialement, les écrits de sept intellectuels français (E. Todd, P-A. Taguieff, T. Nathan, D. Schnapper, J. Costa-Lascoux, M. Wieviorka, D. Lacorne) nous semblant caractériser les principales opinions actuellement en présence dans l'espace théorique de l'intégration (*II – Quels modèles d'intégration en débat ?*).

Ainsi, sans prétention à l'exhaustivité et étant conscient des limites de ce travail[15], nous espérons simplement permettre à ceux qui veulent penser l'intégration et la différence culturelle, qu'ils soient acteurs ou chercheurs, de trouver dans ce livre, quelques clés d'entrée pour mieux comprendre un champ complexe, ambivalent et surtout fortement idéologique et politique.

---

15. La problématique de l'intégration, au-delà du contexte hexagonal doit être appréhendée au niveau transnational. Voir notamment les travaux des philosophes canadiens C. Taylor et W. Kymlica et ceux de l'américain W. Walzer.

Première partie

DES CONCEPTS, DES PROCESSUS COMPLEXES ET AMBIVALENTS

– I –

Assimilation, acculturation, intégration, insertion : des mots dont l'usage est chargé de sens politique

1 – Assimilation

Le concept

> Assimiler vient du latin *assimilare, de similis*, « semblable ». Dans le cas de l'immigration, il s'agit de faire devenir semblable (sur le plan social et culturel) les immigrés aux membres du groupe social d'accueil, à une nation. Encore faut-il être assimilable, c'est-à-dire pouvoir être assimilé, rendu semblable.

L'assimilation est le fait de considérer plusieurs choses comme semblables.

S. N Eisenstadt dans l'*Encyclopaedia Universalis* parle d'assimilation sociale. Voici la définition qu'il en donne :

> « *L'assimilation sociale est le processus par lequel un ensemble d'individus habituellement une "minorité", et/ou un groupe d'immigrants se fond dans un nouveau cadre social, plus large, qu'il s'agisse d'un groupe plus important, d'une région ou de l'ensemble d'une société* ».[1]

---

1. *Encyclopaedia Universalis*, Paris, 1995, p. 206.

L'assimilation est donc le renoncement, la disparition de la culture d'origine permettant une atomisation, puis une absorption totale de la personnalité au sein de la société d'accueil. Il s'agit de devenir semblable. La personne étrangère est assimilée dans la collectivité nationale comme un aliment est assimilé par un organisme.

En France, le terme assimilation est usité dans un contexte précis, celui de l'acquisition de la nationalité française.

> « *L'assimilation à la communauté française est une condition de recevabilité des demandes de naturalisation, et le défaut d'assimilation est un motif d'opposition aux déclarations de nationalité, notamment par suite du mariage avec un français. L'appréciation de l'assimilation d'un étranger se fonde sur un ensemble d'éléments, au premier rang desquels se situent l'usage et la connaissance du français, ainsi que la participation à la vie sociale. A l'inverse, certains comportements témoignent d'un défaut d'assimilation, tels la fréquentation exclusive d'étrangers ou l'observance stricte de coutumes radicalement opposées aux usages des français (circulaire DPM, n° 9509 du 27 avril 1995)* ».[2]

Dans l'article 21-24 du code civil, on parle de défaut d'assimilation.

Les contextes de l'usage de ce terme

– De la domination à « *l'humanisation* »

Depuis la décolonisation, la notion d'assimilation est peu à peu abandonnée. Elle n'est presque plus utilisée car devenue péjorative. En effet, dans un contexte de combat pour l'indépendance, l'assimilation apparaît pour les anciens colonisés comme un processus dévastateur pour la construction de l'estime de soi. Il s'agit de se défaire de l'emprise du colonialisme en affirmant une culture, une histoire et des valeurs propres. La fin de l'utilisation de cette notion d'assimilation devient une victoire pour les anciens colonisés, mais aussi pour quelques anciens colonisateurs racistes et mixophobes. Cependant, l'histoire du colonialisme et de l'esclavagisme ne s'efface pas si facilement, elle a eu le temps de construire ses particularismes, de faire émerger une

---

2. *Echanges santé-social*, n° 84, décembre 1996, p. 7.

nouvelle culture syncrétique. Ainsi, les créoles ne peuvent se référer à une seule source historique lointaine ; ils sont le fruit de plusieurs cultures. A travers le métissage, la créolisation, ils forment une nouvelle entité anthropologique mosaïque. Dans ce cadre, impliqués dans une recherche identitaire, les uns, dénonçant la domination coloniale et esclavagiste, revendiquent l'appartenance à l'Afrique comme terre-mère, notamment Aimé Césaire via le concept de négritude ; d'autres, plus récemment, revendiquent leur créolité, comme Patrick Chamoiseau, en acceptant la diversité en soi-même. Dans ce contexte, comme le souligne Chamoiseau, l'assimilation dépasse les clivages puisqu'elle est synonyme de progrès. Ainsi, Césaire considère l'accès à la législation, à la citoyenneté française, comme une « stratégie de combat » face aux descendants des colons. Par ailleurs, des antillais séparent la France incarnant la liberté et le progrès, des colons français représentant l'atrocité concrète de l'esclavage.

> *« Le processus d'assimilation naît de ce sentiment-là : le meilleur moyen de s'humaniser était de se fondre dans cette entité maternelle qui nous a toujours protégés. Il y a un amour total de la France chez le Martiniquais, mais en même temps un rejet du Français. Un préfet, un gouverneur, un CRS, tous ceux qui ont participé aux forces de domination sur place ont toujours été plus infâmes que l'entité maternelle lointaine »*[3].

– Une comparaison franco-américaine d'un concept sociologique

En étudiant les travaux des pères fondateurs de la sociologie française et américaine, il est possible de s'apercevoir que la réflexion des chercheurs de l'École de Chicago et des durkheimiens se fait, pour les deux courants, dans un contexte politique xénophobe. A partir d'un point de vue scientifique, il s'agit, dès lors, de lutter contre les idées reçues, les mécanismes de bouc émissaire étant entretenus par une propagande xénophobe.

---

3. P. Chamoiseau, « Recréer la créolité » in *Le Monde* (Dossier littérature) du vendredi 24 avril 1998.

En revanche, la question de l'immigration, dans les années 1900, en France et aux États-Unis, se pose de manière différente.

La France est relativement unifiée d'un point de vue ethnique et linguistique. L'immigration est liée au déficit de main d'œuvre qu'il faut équilibrer.

Aux États-Unis, l'immigration fait partie de la création du pays. Par ailleurs, la question ethnique est une réalité américaine (existence des amérindiens et d'une population noire, issue de l'esclavage).

L'École de Chicago : une perspective interactionniste

L'École de Chicago, c'est notamment le cas pour les recherche de W. I Thomas et F. Znaniecki sur l'immigration des paysans polonais, travaille sur les phénomènes de l'intégration à l'échelon local. Dans ce cadre, l'assimilation semble être un processus inéluctable. En effet, Thomas décrit la migration Pologne-Etats-Unis comme une suite de désorganisations et de réorganisations successives. Par la suite, les travaux de R. Park sur le cycle des relations ethniques aboutissent au concept d'assimilation. La dynamique des relations entre groupes ethniques aurait quatre étapes (compétition, conflit, adaptation, assimilation).

Pour l'École de Chicago, ce qui caractérise les communautés humaines dans leur rapport avec l'environnement naturel, c'est, comme l'indique N. Herpin, citant un article de MC Kenzie, l'existence de la technique.

> « *La différence essentielle entre le règne végétal et le règne animal tient à ce que l'animal a le pouvoir de locomotion qui lui permet de tirer sa subsistance d'un environnement plus vaste mais, en plus de son pouvoir de mouvement, l'animal humain a la capacité de transformer et d'adapter son environnement à ses besoins. En un mot, la communauté humaine diffère de la communauté végétale sur deux points : mobilité et dessein, c'est-à-dire le pouvoir de choisir son habitat et sa capacité de contrôler ou de modifier les conditions de son habitat* »[4].

---

4. Mc Kenzie cité par N. Herpin, *Les sociologues américains et le siècle*, Paris, PUF, 1973, p. 27.

D'un point de vue théorique, dans une perspective interactionniste et écologique, Park construit l'ensemble de sa problématique conceptuelle autour de quatre grandes notions : la compétition engendrant des conflits, puis l'accommodation, comme processus d'ajustement et d'équilibre précaire à de nouvelles conditions et, enfin, l'*assimilation*, processus s'étendant sur le long terme, « *processus d'interpénétration et de fusion par lequel des individus et des groupes acquièrent les souvenirs, les sentiments et les attitudes d'autres individus et d'autres groupes, et, en partageant leur expérience et leur histoire, sont associés à eux dans une vie culturelle commune* »[5].

Par ailleurs, selon Park, ces quatre notions, bien qu'étant très liées, ne sont pas nécessairement hiérarchisées.

Park, en étudiant les relations de race, en Amérique, a montré, de manière empirique, l'analyse de Tönnies sur l'évolution de nos sociétés modernes sortant d'une position holiste (*Gemeinschaft*) pour entrer dans la complexité sociale (*Gesellschaft*).

En fait, dans le cas des travaux de l'École de Chicago, on pourrait presque parler d'acculturation au sens que lui donne les anthropologues. Comme le souligne D. Cuche, à propos des pratiques des immigrés tentant de garder des liens physiques, des coutumes vestimentaires et gastronomiques avec leur pays d'origine, la continuité est plus symbolique que réelle.

> « *Elle n'est possible que pour certaines pratiques symboliques sorties de leur contexte, alors qu'insensiblement l'ensemble du système culturel des immigrés se transforme profondément au contact de la société d'accueil* ».[6]

L'« acculturation permanente » contribue à une assimilation inévitable, celle-ci n'est donc qu'une question de temps.

> « *Toute culture est sans cesse travaillée par des rapports sociaux internes et externes. Admettre cela, c'est renoncer à l'emploi de la notion de* « *culture d'origine* » *pour désigner la*

---

5. R. Park, cité par P. J Simon, *Histoire de la sociologie*, Paris, PUF, 1991, p. 479.
6. D. Cuche, « Nouveaux regards sur la culture » in *Revue Sciences Humaines*, n° 77, novembre 1997, p. 25.

culture des migrants. En effet, aucune culture transplantée ne peut rester identitique à elle-même »[7].

2. Acculturation : le renouvellement du concept de culture

Le concept

L'avancée du courant « interactionniste », autrement dit l'entrecroisement des cultures, va faire avancer les connaissances sur le concept de culture. Peu à peu se mettent en place des recherches sur les processus de changement culturel liés à d'autres contacts culturels. Au même moment, le concept « d'acculturation » apparaît.

En 1928, l'anthropologue américain Melville Herskovits[8] se détourne de l'étude des « peuples primitifs » amérindiens pour étudier la culture des noirs américains descendants d'esclaves. Il devient ainsi, le principal inventeur du concept « d'acculturation ».

> « *En créant un nouveau domaine de recherche, l'afro-américanologie, il contribuera donc à faire reconnaître les faits d'acculturation comme des faits aussi* « *authentiques* » *et aussi dignes d'intérêt scientifique que les faits culturels supposés* « *purs* » »[9].

En France, c'est Roger Bastide[10], dans les années 50, qui introduit le concept d'acculturation et, en même temps, ouvre

---

7. Ibid., p. 26.
8. Melville Herskovits, *Les bases de l'anthropologie culturelle*, Payot, Paris, 1952 (trad. de la 1er éd. en anglais, 1948). Melville, Jean Herskovits (1895-1963), ethnologue américain, élève de Boas, s'intéresse à l'anthropologie économique (1940), mais aussi au folklore, à la religion, à l'art (1936-1958). Cependant, il reste l'une des sommités de l'anthropologie culturelle américaine grâce à ses travaux sur l'acculturation (1938-1962) et à ses recherches sur les cultures afro-américaines.
9. D. Cuche, *op. cit.*, 1996, p. 52.
10. Roger Bastide (1898-1974) est un sociologue français qui s'intéressa surtout au fait religieux (1931-1936), mais aussi à l'ethnopsychiatrie et aux relations entre sociologie et psychanalyse (1950, 1965, 1972). Il analysa les phénomènes de syncrétisme (synthèse, agrégation ou amalgame de deux éléments aux traits culturels différents ou de deux cultures d'origine différente qui subissent ainsi une

l'ethnologie française à la recherche sur l'Amérique noire, ce champ de recherche étant formidable pour comprendre les phénomènes d'interpénétration des cultures (recherches sur les afro-brésiliens notamment).

Pour Roger Bastide, le postulat que Durkheim posait, autrement dit qu'il n'existe pas de « synchrétisme culturel » (des éléments distincts à l'origine se retrouvent mêlés), que le processus social à toute société est avant tout endogène et qu'il n'y a pas interpénétration entre deux systèmes sociaux et culturels très différents, a contribué à éloigner l'ethnologie de la recherche sur les phénomènes d'acculturation.

> *« Les positions théoriques de Durkheim ont peut-être éloigné durablement la recherche française de la question de la confrontation des cultures. Il faudra la rencontre d'un Roger Bastide avec le monde noir brésilien, ou d'un Georges Balandier avec la société coloniale en Afrique, pour que cette question soit enfin traitée avec l'attention qu'elle mérite, mais cela seulement après la Seconde Guerre mondiale »*[11].

Pendant longtemps et même encore aujourd'hui beaucoup utilisent le terme « acculturé » dans un sens péjoratif. En effet, être acculturé signifierait être sans repère et donc déséquilibré.

Or, « *l'anthropologie entend se démarquer de ces acceptations, négative ou positive, de l'acculturation. Elle donne au terme un contenu purement descriptif qui n'implique pas une position de principe sur le phénomène* »[12].

Pour les anthropologues, et ceci dès les années 30 aux États-Unis, le concept d'acculturation désigne le processus de rapprochement entre des cultures différentes (le préfixe « a » n'est pas péjoratif puisqu'il provient du latin « *ad* » qui signifie mouvement de rapprochement.). Les anthropologues culturels veulent donc préciser, lorsqu'ils sont confrontés à ce phénomène, de quel type d'acculturation il s'agit.

---

réinterprétation. L'assimilation et le processus d'acculturation pourraient aboutir au syncrétisme.). Entre la civilisation occidentale et africaine, en Amérique, surtout au Brésil où il séjourna longtemps (1958, 1960, 1967) et où il fit des recherches sur les effets de la colonisation et de la domination. Il fut professeur à Sao-Paulo et, à Paris, à l'Ecole Pratique des Hautes Etudes et à la Sorbonne (1958-1968).
11. D. Cuche, *op. cit.*, p. 53.

Un contexte qui fait date :
le mémorandum pour l'étude de l'acculturation

En effet, le principe d'acculturation est rencontré si souvent de manière empirique que le Conseil de Recherches en Sciences Sociales des États-Unis organise, en 1936, un comité de recherches, centrées sur les faits d'acculturation. (le comité est constitué d'éminents anthropologues américains : Robert Redfield[13], Ralph Linton[14], Melville Herskovits).

Le comité écrit un *Mémorandum* pour l'étude de l'acculturation :

> « *L'acculturation est l'ensemble des phénomènes qui résultent d'un contact continu et direct entre des groupes d'individus de cultures différentes et qui entraînent des changements dans les modèles (patterns) culturels initiaux de l'un ou des deux groupes* »[15].

Dans ce mémorandum, les ethnologues distinguent le « processus d'acculturation » et le « processus de changement social ». En effet, le processus de changement social peut avoir des causes endogènes, autrement dit, les changements peuvent être des évolutions internes au sein d'une culture. Par ailleurs, ce mémorandum montre qu'il existe une différence entre « acculturation » et « assimilation », l'assimilation étant la phase terminale du processus d'acculturation (intériorisation totale de la culture du groupe dominant, ce qui n'arrive pratiquement jamais de manière complète).

---

12. *Ibid.*, p. 53.
13. Robert Redfield (1897-1958) est un anthropologue américain qui effectua des recherches sur les communautés villageoises et urbaines d'Amérique centrale (Mexique, Guatemala). S'intéressant au problème d'acculturation, il montre l'influence négative du milieu urbain sur les «folk-societies» (communautés de petite taille, relativement isolées et homogènes, simples sur le plan technique et économique, accordant un rôle fort à la parenté et à la religion, ces sociétés étant incluses dans une société nationale, opposées à la société urbaine, tout en vivant en harmonie avec elle).
14. Ralph Linton (1893-1953) est un anthropologue et un psychosociologue américain. Il reste attaché, comme son principal collaborateur, Kardiner, à la notion de «personnalité de base», mais aussi aux notions de rôles et de statuts. Il étudie surtout les relations entre les structures sociales, les individus et leurs comportements.
15. Cité par D. Cuche, *op. cit.*, p. 54.

Le processus « d'acculturation » est un phénomène dynamique en cours de réalisation. De plus, il existe plusieurs niveaux d'acculturation ; pour en rendre compte, Melville Herskovits propose le concept de « réinterprétation »,

> « *processus par lequel d'anciennes significations sont attribuées à des éléments nouveaux ou par lequel de nouvelles valeurs changent la signification culturelle de formes anciennes (1948)* »[16].

Ce concept est adopté essentiellement par les anthropologues culturalistes qui illustreront surtout la première partie de cette définition.

Exemple. En Nouvelle-Guinée, les Gahuku-Kama pratiquent le football à leur manière. Ils arrêtent la partie seulement lorsque les deux équipes sont à égalité.

> « *Loin de se servir du foot pour affirmer un esprit de compétition, ils transforment ce jeu en un rituel destiné à renforcer la solidarité entre eux* »[17].

La vision optimiste et dynamique de l'anthropologue Roger Bastide

Roger Bastide est aussi bien sociologue qu'anthropologue. « *Bastide part de l'idée que le culturel ne peut s'étudier indépendamment du social* »[18]. En effet, il est important d'étudier les faits culturels à l'intérieur des cadres de relations sociales qui influencent les conduites culturelles. Pour Bastide, dans le processus d'acculturation, tout changement culturel a des conséquences secondaires sur les pratiques sociales et culturelles.

– Commentaire

La colonisation, en Afrique, introduit l'utilisation de la monnaie dans les sociétés traditionnelles africaines. Or, l'introduction de la monnaie n'a pas seulement des effets sur le système économique de réciprocité et de redistribution

---

16. D. Cuche, *op. cit.,* p. 55.
17. K. E. Reach, cité par Lévi-Strauss in D. Cuche, *op. cit.*, p. 5.
18. D. Cuche, *op. cit.*, p. 58.

(don/contre-don). Dans certaines sociétés, nomades notamment, les échanges matrimoniaux avaient pour règle l'échange d'un certain nombre de bêtes contre une épouse (don, contre-don). Or, l'argent, en se substituant au contre don en nature, va modifier profondément la structure de l'échange. En effet, la collecte de la somme d'argent pour « le prix de la fiancée » ne mobilise pas nécessairement l'ensemble du groupe de parenté (contrairement à la constitution d'un troupeau). Le mariage s'individualise. Pourtant, originellement, l'échange matrimonial avait comme finalité première l'alliance entre deux groupes de parenté...

Ainsi, pour Bastide, il est illusoire de vouloir changer une seule partie d'une culture (horizontalement ou verticalement). Lorsque l'on modifie une partie d'un culture cohérente, les conséquences sur l'ensemble culturel sont certaines. Comme nous l'indiquait Marcel Mauss, la culture forme un « phénomène social total ».

– Bastide affirme que l'acculturation est un phénomène d'interaction dynamique

> « *Dans l'analyse de toute situation d'acculturation, il faut prendre en compte autant le groupe donneur que le groupe receveur. Si l'on respecte ce principe, on découvre vite qu'il n'y a pas, à proprement parler, de culture uniquement « donneuse » ni de culture seulement « receveuse ». L'acculturation ne se produit jamais à sens unique. C'est pour cette raison que Bastide propose les termes d'« interpénétration » ou d'« entrecroisement » des cultures, en lieu et place de celui d'acculturation qui n'indique pas clairement cette réciprocité d'influence, rarement symétrique, il est vrai* »[19].

Bastide va construire une typologie des cadres sociaux dans lesquels se forme l'acculturation, en insistant surtout sur la dialectique entre le milieu externe et le milieu interne.

En s'appuyant sur le concept d'acculturation, il participe au renouvellement du concept de culture. La prise en compte de la relation interculturelle et des situations dans lesquelles elle existe a conduit à une définition dynamique de la culture. Bastide construit, en 1955, le concept de **principe de coupure**.

---

19. Ibid., p. 60.

Pour Bastide, l'acculturation ne produit pas nécessairement des êtres décalés, hybrides et marginaux. Au contraire, lors de ses recherches, à Bahia, sur l'univers religieux afro-brésilien, il découvre que les noirs pouvaient être des adeptes du « candomblé », tout en étant des agents économiques de la société moderne et rationnelle.

> « *Selon lui, les Noirs vivant dans une société pluriculturelle, découpent l'univers social en un certain nombre de « compartiments étanches » dans lesquels ils ont des « participations » d'ordre différent qui, de ce fait même, ne leur apparaissent pas comme contradictoires* »[20].
>
> « *Si la marginalité culturelle ne se transforme pas en marginalité psychologique, c'est grâce au principe de coupure. Ce n'est donc pas l'individu qui est « coupé en deux » malgré lui, c'est lui qui introduit des coupures entre ses différents engagements* »[21].

Dans ce contexte, Bastide change le sens négatif de la « marginalité culturelle » des sociologues de l'École de Chicago. Pour lui, la « marginalité culturelle » peut se transformer en dynamisme : « *selon lui, les hommes en situation de marginalité culturelle sont souvent particulièrement créatifs, adaptables et peuvent devenir les leaders du changement social et culturel* »[22].

Grâce à ce principe de coupure, les immigrés, notamment, peuvent tirer parti de la complexité du système social et culturel.

Le processus d'acculturation est universel (même s'il existe plusieurs types et degrés divers). Bastide montre qu'il n'existe certainement pas de culture à « l'état pur ». En fait, tout système culturel est en mouvement permanent ; au même titre que les stades sensori-moteurs décrits par le psychologue Piaget, « toute culture est un **processus permanent de construction, déconstruction et reconstruction** ».

---

20. Ibid., p. 63.
21. Ibid., p. 63.
22. Ibid., p. 63.

– Commentaire

Bastide cite, à nouveau, le cas des afro-américains pour montrer que la déculturation peut, paradoxalement, avoir des effets constructifs. Ainsi, même s'il parle d'*acculturation* organisée, forcée, pour décrire l'acculturation au profit d'un seul groupe dominant dans le cas de l'esclavage ou de la colonisation (« *il y a la volonté de modifier, à court terme, la culture du groupe dominé pour le soumettre aux intérêts du groupe dominant* »), il montre comment, malgré des siècles d'esclavage, de déstructuration sociale et culturelle, les Noirs descendants d'esclaves, ont créé des cultures particulières dynamiques.

Contrairement à Lévi-Strauss qui, lui, a une vision pessimiste de la « déculturation » des peuples colonisés devant conduire à la décadence culturelle (les sociétés déculturées), *Bastide est optimiste, car il pense que toute culture se construit selon un triple mouvement : **structuration, déstructuration, restructuration**.*

Bien entendu, Bastide ne nie pas que, dans certains cas, la déstructuration est si importante qu'elle n'arrive pas au stade de la restructuration. Dans ce cas, il reste des fragments de la culture d'origine et seulement quelques apports de la culture dominante. Dans ce cadre, il ne se produit pas de liaisons structurelles entre eux ; les personnes sont donc perdues et développent des pathologies mentales ou des pratiques délinquantes.

Cependant, dans la plupart des cas, la destructuration n'est que la première phase du processus de reconstruction culturelle. D'ailleurs, Bastide, utilisant son concept « d'acculturation formelle », montre que la mutation culturelle peut toucher les « formes », autrement dit les structures de l'inconscient informées par la culture (contrairement à l'acculturation matérielle qui, elle, ne touche que les contenus de la conscience psychique telles les valeurs et les représentations). A partir de ce phénomène, Bastide explique d'autres types de phénomènes, comme la « contre-acculturation » développée par des mouvements divers voulant « revenir aux sources ». Il montre que cette volonté, en fait, est souvent purement idéologique et, dans tous les cas, impossible à concrétiser.

On peut citer l'exemple du mouvement Rasta autour de la culture reggae, en Jamaïque.

Pour tous les mouvements messianiques et les mouvements fondamentalistes qui désirent revenir aux sources, le mouvement de contre – acculturation ne se produit que lorsque la déculturation est suffisamment importante pour empêcher une recréation de la culture originelle.

« Bien plus, très fréquemment, les mouvements de contre-acculturation empruntent, sans s'en rendre compte, leurs modèles d'organisation et même leurs systèmes inconscients de représentations à la culture dominante qu'ils prétendent pourtant combattre »[23].

3. Intégration

Le concept

Intégration vient du latin *integrare* (renouveler, rendre entier). Il s'agit de l'action de faire entrer une partie dans le tout. En sociologie, il s'agit d'une partie ou d'un groupe s'insérant dans un tout comme une collectivité. En psychologie sociale, l'intégration s'exprime dans un groupe par l'interaction entre les membres construisant un sentiment d'appartenance et d'identification au groupe et à ses valeurs.

Cependant, le plus souvent, on utilise la définition des sciences politiques qui regroupe l'ensemble des définitions :

« *c'est le degré de cohésion de l'ensemble qu'il est important de mesurer. Il peut s'agir de socialisation des enfants, d'intégration d'immigrés, d'une nation nouvelle ou du consensus et de la participation des citoyens à la vie de la collectivité* »[24].

---

23. Ibid., p. 65.
24. M. Grawitz, *Lexique des sciences sociales*, Paris, Dalloz, 1988, p. 215.

Les contextes d'usage de cette notion

Nous recensons rapidement ces contextes, puisque nous les analyserons, plus profondément, dans la seconde partie qui traite des courants et des modèles d'intégration.

En sciences humaines, avec le concept d'intégration, les sociologues et les anthropologues ont tenté de résoudre le problème de l'insertion des parties dans le tout. Ainsi, lorsque l'on considère la culture ou la société comme des totalités, l'intégration *« serait assurée par une division du travail organique permettant à des éléments différenciés de concourir à l'évolution harmonieuse de la société (Spencer, Durkheim) ou par le partage de valeurs communes non contradictoires organisé par le système culturel (Parsons).*

Les migrations posent, pour la population d'accueil comme pour celle qui se déplace, des problèmes d'intégration qui sont, d'après Park, résolus à la troisième génération »[25].

La démographe **Michèle Tribalat**, désigne l'intégration comme l'état d'équilibre d'un système social.

> *« Par extension, l'intégration d'un individu ou d'un groupe à la société d'accueil se réfère au fait qu'ils y ont trouvé leur place, sans supposer forcément des mélanges avec la population d'accueil ou l'abandon de pratiques spécifiques. On s'intéresse alors à l'intégration versus l'exclusion surtout au travers de cette deuxième facette en repérant les dysfonctionnements sociaux (chômage élevé, délinquance...) »*[26].

Comme l'indique **Jacqueline Costa-Lascoux**, l'intégration est avant tout un processus.

> *« Il reste que l'intégration valorise l'idée d'un processus, d'une opération. Rapporté au phénomène migratoire, le terme exprime une dynamique, dans laquelle chaque élément compte à part entière : chacun accepte de se constituer partie du tout et s'engage à respecter l'intégrité de l'ensemble »*[27].

---

25. *Dictionnaire des sciences humaines*, Paris, Nathan, 1994, p. 185.
26. M. Tribalat, « Jeunes d'origine étrangère en France » in *Futuribles*, n° 215, décembre 1996, p. 56.
27. J. Costa-Lascoux, « Assimiler, insérer, intégrer » in *Projet*, n° 227, automne 1991, p. 7.

En effet, **Pierre-André Taguieff** souligne que l'intégration est un processus toujours en construction-reconstruction.

> « Il convient de repenser l'intégration comme un processus toujours inachevé qui résulte d'une multiplicité d'actions individuelles réussies »[28].

L'intégration est un rapport d'interdépendance entre les acteurs d'une même société dans une dynamique d'échange, « *une participation active à l'ensemble des activités de la société ; l'adhésion aux règles de fonctionnement et aux valeurs de la société d'accueil ; le respect de ce qui fait l'unité et l'intégrité de la communauté dont on devient partie intégrante* »[29].

Pour comprendre les conceptions de l'État républicain en matière d'intégration, nous relevons, ici, les principales idées développées par un représentant d'une administration française spécialisée dans l'étude de la population et des migrations. Tout d'abord, le projet national d'intégration ne s'adresse pas uniquement aux étrangers ou aux personnes d'origine étrangère. En effet, comme le souligne D. Schnapper, dans un contexte de décomposition des anciens modes classiques d'intégration (l'école, l'armée, l'église, les syndicats et les partis de gauche), « l'histoire de l'intégration à la française semble se poursuivre sous d'autres formes. Mais il existe un véritable problème d'intégration nationale, dont les immigrés ne sont qu'une dimension. C'est un problème général de la société française »[30].

« L'intégration à la française »

Le modèle d'intégration à la française confère une grande importance au rôle de l'État ; cependant, nous le verrons dans la seconde partie, il est aussi l'enjeu de plusieurs courants.

---

28. P. A Taguieff, *La République menacée*, Paris, éd. Textuel, 1996, p. 14.
29. J. Costa-Lascoux (1991), *op. cit.*, p. 7.
30. D. Schnapper, « Intégration des immigrés et intégration nationale » in *Migrants-Formations*, n° 95, décembre 1993, p. 19.

En effet, comme l'indique A-C Decouflé (chargé de mission auprès du directeur de la Population et des Migrations) l'intégration est un processus qui concerne « *l'ensemble des personnes vivant sur le territoire national dès lors qu'elles se trouvent confrontées à des questions graves de chômage, de précarité et de pauvreté* »[31].

Cependant, la particularité des étrangers (nouveaux arrivants) fait qu'ils sont des citoyens particuliers. Dans ce cadre, l'intégration renvoie à un ensemble de processus et de dispositifs spécifiques.

– Constituer une communauté nationale (la nation française) et une société politique (la République) concernant l'ensemble des citoyens résidant sur le sol français.

Depuis le commencement de son histoire, il s'agit, pour la France, grâce au brassage de populations, de consolider l'intégration nationale, mais aussi, depuis la Révolution de 1789, de réaliser l'intégration politique. En effet, le « modèle français d'intégration » donne une grande importance au rôle de l'État. Celui-ci représente la volonté politique de constituer une identité collective forte qui s'exprime dans l'idée de « nation française » et de République. Par conséquent, en France, la politique d'intégration est d'abord une politique d'État[32].

---

31. A-C Decouflé, « L'intégration : quelques idées simples » in *Revue Française des Affaires Sociales*, n° 2, avril-juin 1997, p. 30.
32. Il semble pourtant contradictoire, malgré le projet d'intégration politique énoncé, que depuis les vingt dernières années, les gouvernements successifs n'aient toujours pas donné le droit de vote aux élections locales aux étrangers vivant sur le sol français. Si l'intégration nationale s'accompagne de l'intégration politique, une personne ne peut prétendre complètement à la citoyenneté qu'en accédant au droit de vote ; dans le cas contraire, ne fabrique-t-on pas des « citoyens de deuxième zone » ? Il existe un fort décalage entre des principes affichés et la réalité politique. Devant le désarroi économique, les mutations sociales, la tendance est au repli sur soi ; des idées xénophobes se développent comme en témoigne l'installation d'un parti, le Front National depuis 1983, dans le paysage politique français. Face à ce fléau, la plupart des politiques restent frileux quant à leurs politiques d'intégration, craignant une condamnation de la part de l'extrême-droite ou de son électorat potentiel.

« L'intégration à la française », traditionnellement, ne s'intéresse pas aux communautés mais aux individus. Depuis la Déclaration des Droits de l'Homme et du Citoyen, les personnes ont des droits inaliénables (respect de leur identité), mais aussi des obligations envers autrui et envers la nation. Dans ce cadre, ce sont les pouvoirs publics qui font respecter ces droits et ces devoirs.

> *« Les devoirs de la puissance publique consistent, également, pour l'essentiel, à garantir les droits des personnes et à veiller à l'accomplissement par elles de leurs obligations, à commencer par celles qui concernent la constitution de la nation et celle de la société politique »*[33].

Ce « modèle français » d'intégration s'oppose au « modèle multiculurel » d'intégration. Au nom de la lutte contre la fragmentation de la nation et de l'éclatement de la société politique, il s'agit, pour le nouvel arrivant s'installant en France, d'abandonner ses valeurs[34] propres, celles de sa communauté[35] d'origine et de s'approprier les valeurs fondamentales de la nation française.

– Mettre en place un ensemble de politiques publiques permettant la réalisation d'une communauté nationale et d'une société politique.

---

33. A-C Decouflé, *op. cit.*, p. 32.
34. Voici la définition de « valeur » donnée par T. Parsons :
 « On peut appeler « valeur » un élément d'un système symbolique qui sert de critère pour choisir une orientation parmi les diverses possibilités qu'une situation laisse par elle-même ouvertes ». (T. Parsons, « The Social System », cité in H. Becker, *Outsiders*, Paris, Métailié, 1985, p. 153.)
35. Ici, par communauté, nous admettons la définition choisie par le Haut Conseil à l'Intégration :
 « Le terme « communauté » a une double signification. Il peut signifier un regroupement organisé et institutionnalisé d'une population selon des critères ethniques ou religieux, reconnu par les pouvoirs publics.
 Il peut simplement évoquer une origine ou une religion partagée par une population. La « communauté » désigne alors une appartenance commune, consentie ou acceptée, sans conséquence juridique ou institutionnelle. C'est à cette seconde signification que se réfère le Haut Conseil à l'intégration... ». (Rapport au Premier ministre, « Liens culturels et intégration », *La documentation française*, juin 1995.)

Malgré leurs différences, les politiques d'intégration ont des objectifs permanents qui s'inscrivent dans la longue durée. Il s'agit de politiques d'aide, d'accompagnement et d'incitation devant servir le projet national et républicain. Il s'agit d'un long processus qui concerne le nouvel arrivant ainsi que sa famille et ses descendants. Le processus d'intégration doit permettre l'apprentissage des règles sociales, et la construction d'une socialisation adaptée à la société française.

> *« Parce qu'elle est un processus de longue durée – l'itinéraire de la nouvelle vie de la personne et, le plus souvent, de la première et de la seconde génération de ses descendants – l'intégration implique une politique d'accompagnement dont les dispositifs relatifs au regroupement familial constituent, avec ceux qui organisent l'apprentissage de la langue française, la scolarisation des enfants et la formation professionnelle des jeunes, les illustrations les plus importantes »*[36].

Au service du projet national, il s'agit de mettre en œuvre une politique d'acquisition ou de non acquisition de la nationalité en fonction de « *la vérification de l'inexistence chez le postulant d'un défaut d'assimilation, dont les critères pratiques sont la méconnaissance de la langue et la possession d'un statut matrimonial contraire à l'ordre public : c'est bien le moins* »[37] ».

Au service du projet républicain, il s'agit de faire respecter trois impératifs non négociables :
- la laïcité de l'État, principe fondateur de l'ordre républicain,
- l'égalité de l'homme et de la femme,
- l'institution de l'égalité des chances pour tous.

Tous ces rappels de bonne conduite républicaine semblent liés aux représentations contemporaines des acteurs en charge des politiques de l'État. En effet, il s'agit de garantir la neutralité religieuse de l'État face à l'installation de l'islam dans le paysage cultuel hexagonal, de garantir l'accès

---

36. A-C Decouflé, *op. cit.*, p. 33.
37. Ibid., p. 33. Ici, l'auteur n'hésite pas à exprimer un jugement moral à propos de pratiques culturelles différentes qu'il juge inconciliables avec les coutumes françaises.

à l'école et, par conséquent, l'accès aux valeurs de la république pour des jeunes filles de culture musulmane, de contrer, notamment, la polygamie et les mutilations sexuelles traditionnelles.

Par ailleurs, tout en excluant de la tradition française les pratiques de « discrimination positive » et les quotas d'immigration, il existe une sorte de reconnaissance implicite que l'égalité des chances face à l'emploi, à l'éducation, au logement ne peut pas être la même pour un « français de souche », autrement dit de couleur blanche ou pour un français d'origine étrangère ou pour un immigré, c'est-à-dire une personne de couleur foncée.

D'un point de vue empirique, face à tous les changements et les bouleversements que connaît la nation française, les acteurs des politiques de l'intégration doivent appliquer des règles strictes au service du projet national et républicain.

– Analyser et évaluer les résultats des politiques d'intégration déjà mises en œuvre pour garantir la paix civile.

Il s'agit d'analyser et d'évaluer si les politiques d'intégration mises en place construisent véritablement une nation et une société politique intégrée, autrement dit, construisent le sentiment national pour l'ensemble des personnes désirant devenir des citoyens français et ce pour garantir la paix civile.

> *« L'invocation du sentiment national appelle à se souvenir de deux expressions fortes qui fondent l'appartenance à un pays : celle de la terre des pères – la patrie – et celle de la langue maternelle. Intégrer des étrangers, c'est aussi faire en sorte que la France devienne peu à peu leur patrie et que le français devienne peu à peu leur langue maternelle.*
> *La tradition républicaine française ne connaît qu'un ennemi de la nation et de la République : la guerre civile »*[38].

Dans ce cadre, un « bon citoyen » intégré est celui qui préserve la paix civile en respectant les lois et les droits de tous et en oubliant ses particularismes, que ceux-ci soient d'ordre religieux, ethnique ou même de classe. En effet, « *la*

---

38. Ibid., p. 35.

tradition républicaine française ne cesse de l'affirmer depuis la Révolution : la nation est une et indivisible ; le peuple français est un, sans distinction d'origine, de lieu de vie sur le territoire national, de religion ou de condition sociale des personnes qui le composent »[39].

Encore faudrait-il, pour que cette volonté politique d'intégration soit possible, que la tradition républicaine soit une réalité. Pour que des français, des immigrés ou des étrangers habitant sur le territoire national croient aux valeurs de la République et abandonnent leurs revendications spécifiques, il ne faudrait pas qu'il existe de trop grands écarts entre les valeurs républicaines affichées et l'expérience vécue des acteurs.

Le Haut Conseil à l'Intégration :
une vision consensuelle de l'intégration

Un décret du 19 décembre 1989 porte la création du Haut Conseil à l'Intégration. Mis en place au cours d'une période où l'intégration devient un véritable enjeu politique, celui-ci doit permettre au gouvernement de disposer « de réflexions et de propositions élaborées avec sérénité et indépendance ».

Dans ce cadre, le Haut Conseil à l'Intégration a produit plusieurs rapports[40] autour de l'immigration. Ces études, bien que n'étant pas limitées aux analyses statistiques ont cependant été privilégiées.

> « *Dans sa lettre du 29 mai 1990, adressée au Haut Conseil à l'Intégration, le Premier Ministre lui attribuait* « la responsabilité de l'ensemble des données statistiques relatives à la composition et aux variations des flux d'immigration, à la présence et à la situation juridique des étrangers sur le sol français » *dont il demandait la présentation dans un rapport annuel public* »[41].

---

39. Ibid., p. 34.
40. Voici une liste non exhaustive des rapports réalisés par le Haut Conseil à l'Intégration : Pour un modèle français d'intégration. Conditions juridiques et culturelles d'intégration. La connaissance de l'immigration et de l'intégration. les étrangers et l'emploi...
41. Haut Conseil à l'Intégration, *La connaissance de l'immigration et de l'intégration*, Paris, La documentation française, 1992, p. 7.

Le groupe statistique du Haut Conseil à l'Intégration coordonne les données statistiques des organismes et administrations publics qui détiennent une partie de l'information statistique sur l'immigration.

Longtemps présidé par Marceau Long, vice-président du Conseil d'État, puis présidé par Simone Veil, le Haut Conseil à l'Intégration a une composition assez diversifiée de personnes reconnues compétentes dans leur domaine (inspecteurs des affaires sociales, députés, sénateurs, maires, ambassadeurs, représentants des organismes d'État étudiant l'immigration, sociologues, physiciens, historiens...).

Dans son premier rapport intitulé « Pour un modèle français d'intégration », le Haut Conseil à l'Intégration avait choisi de définir l'intégration comme un processus spécifique non totalisant. Il s'agit d'un « *processus permettant la participation active à la société nationale d'éléments variés et différents, dans une égalité de droits et d'obligations* »[42].

Dans le rapport intitulé *L'intégration à la française*, il s'agissait de « *concevoir l'intégration non comme une sorte de voie moyenne entre l'assimilation et l'insertion, mais comme un processus spécifique : par ce processus, il s'agit de susciter la participation active à la société nationale d'éléments variés et différents, tout en acceptant la subsistance de spécificités culturelles, sociales et morales et en tenant pour vrai que l'ensemble s'enrichit de cette variété, de cette complexité. Sans nier les différences, en sachant les prendre en compte sans les exalter, c'est sur les ressemblances et les convergences qu'une politique d'intégration met l'accent afin, dans l'égalité des droits et des obligations, de rendre solidaires les différentes composantes ethniques et culturelles de notre société et de donner à chacun, quelle que soit son origine, la possibilité de vivre de cette société dont il a accepté les règles dont il devient un élément constituant* »[43].

Reconnaissant dans un processus d'intégration la valorisation des « ressemblances » et des « convergences », le Haut

---

42. Haut Conseil à l'Intégration, « Liens culturels et intégration », Paris, *La documentation française*, juin 1995, p. 13.
43. Haut Conseil à l'Intégration, *L'intégration à la française*, Paris, UGE 10-18, 1993, pp. 34-35.

Conseil à l'Intégration (H.C.I) a cherché à en savoir plus sur les liens entre intégration et culture d'origine.

Dans un contexte de plus grande diversité que dans le passé des populations présentes sur le sol national, le H.C.I s'est posée cette question :

> « *L'attachement à la culture d'origine peut-il freiner ou au contraire favoriser l'intégration ?* »[44]

A travers cette étude, le H.C.I cherche à construire un cadre d'action conforme à la conception de l'intégration qu'en ont ses membres.

> « *L'intégration n'est pas la négation des différences. Elle suppose un respect des règles de la vie sociale mais aussi une prise en considération des réalités culturelles afin de mieux garantir des droits de chacun* »[45].

Le Haut Conseil à l'Intégration à une conception équilibrée de l'intégration. En effet, le H.C.I part de l'observation des faits, des analyses scientifiques pour penser l'intégration, tout en affirmant néanmoins « une conception française de la laïcité et de la République ». Se plaçant dans le cadre de « l'universalisme français », le H.C.I accepte la diversité à condition qu'elle ne s'oppose pas au respect des lois de la République et des règles sociales communes. Il s'agit de « *bannir les pratiques contraires aux règles fondamentales de la société française* ».

Pour le Haut Conseil à l'Intégration, « l'intégration à la française » est une réponse réaliste à la diversité culturelle.

Le H.C.I part de la réalité sociale : il existe une population d'origine étrangère diversifiée[46] sur le sol national qui restera

---

44. Haut Conseil à l'Intégration, *op. cit.*, 1995, p. 13.
45. *Ibid.*, p. 14.
46. « *La France compte près de 3,6 millions d'étrangers issus aux trois quarts de sept nationalités différentes : Portugais (18 %), Algériens (17 %), Marocains (14,5 %), Italiens (7 %), Espagnols (6 %), Tunisiens (5,7 %) et Turcs (5,5 %). Un cinquième de ces étrangers est né en France et n'est donc pas pris en compte au titre de la population immigrée. La France compte un nombre plus élevé d'immigrés, environ 4,2 millions parmi lesquels 1,3 millions de Français. Ces immigrés sont originaires principalement des pays de l'Union européenne (38,4 %) ou d'un pays du Maghreb (35,2 %)* ». (*Haut Conseil à l'Intégration*, Paris, La Documentation française, 1995, p. 14). Au-delà des traits communs que peuvent présenter les popula-

durablement et qui, compte tenu des métamorphoses économiques, ne peut plus se définir par le travail. Dans ce contexte, les jeunes d'origine étrangère ont besoin d'un lien avec leurs origines pour se construire ; les étrangers ou les immigrés ont besoin d'une vie communautaire leur permettant d'éviter l'isolement. Ce rapport avec la culture d'origine est un processus nécessaire pour accéder à une intégration réussie ».

> « *La liberté suppose que chacun puisse choisir sa façon d'être dès lors qu'il respecte les règles de la vie sociale et les lois de la République. Ce droit est parfois une nécessité : c'est l'absence de repères qui est dangereux. Chacun a besoin de se rattacher plus ou moins fortement à ce qu'il a été ou ce qu'il est. Ce ne sont pas seulement les migrants qui peuvent ressentir le besoin de rester en contact avec leur culture d'origine. Chacun peut éprouver le besoin de connaître ses origines. De jeunes français peuvent chercher à connaître l'histoire et la culture de leurs parents. Ils ont droit à cette connaissance qui est une façon d'affirmer leur identité. Se connaître permet de mieux s'assumer y compris vis-à-vis du regard des autres et permet de mieux s'intégrer. Paradoxe : l'intégration suppose une connaissance de soi, de ses origines et c'est cette connaissance qui permet une intégration réfléchie, assumée et donc réussie* »[47].

En revanche, la relation avec la culture d'origine doit être mesurée, non aliénante et rester une simple étape vers l'intégration au sein de la nation française.

> « *L'intégration suppose que l'étranger se joigne à la communauté nationale dans l'égalité des droits et des devoirs. L'étranger conserve ses particularismes mais aucun n'entre en considération pour l'exercice de ses droits et pour l'accomplissement de ses obligations* »[48].

---

tions immigrées, c'est la diversité qui est la règle. Ainsi, plus de 150 nationalités sont présentes sur le territoire français avec leurs langues, coutumes, modes de vie, etc. Au sein des nationalités, il existe de nombreuses communautés linguistiques, religieuses, culturelles. La « communauté asiatique », notamment, n'est certainement pas une, mais plusieurs communautés (Vietnamiens, Chinois du Cambodge, Chinois de Chine Populaire, Laotiens, Cambodgiens).
47. Haut Conseil à l'Intégration, *op. cit.*, 1995, pp. 21-22.
48. *Ibid*..., p. 19.

Dans cette logique, le H.C.I, qui, d'un point de vue républicain, ne reconnaît que des droits à l'individu s'oppose aux communautés holistes.

> « *La logique communautariste se veut inverse. Elle enferme l'individu dans son groupe au regard duquel il se définit et dont il tire des droits et obligations. Les situations sont ainsi figées et l'individu reste enfermé dans sa communauté* »[49].

Le Haut Conseil à l'Intégration relève que l'intégration des personnes issues de l'immigration se fait toujours et se mesure par différents canaux : perte de la transmission de la langue maternelle entre les parents et les enfants, scolarisation, mariages mixtes...

Dans un environnement de dégradation de la situation de l'emploi, les cadres d'intégration habituels ont des difficultés à jouer leur rôle : « *les syndicats et la classe ouvrière sont fragilisés, les perspectives d'emploi faibles, les familles sont parfois inexistantes et l'école ne peut seule combler toutes les failles de la société* »[50].

Par ailleurs, les difficultés de l'intégration touchent les personnes d'origine étrangère mais également de nombreux français. La politique d'intégration actuelle doit viser l'ensemble des individus touchés par les transformations économiques.

> « *Les difficultés actuelles de l'intégration viennent pour une très large part de la crise économique. Cette crise, en raréfiant le travail et notamment le travail des jeunes, rend plus difficile le parcours d'intégration. Or, cette crise frappe tant les étrangers que les nationaux. Aujourd'hui la politique de l'intégration doit s'appliquer à tous. D'ailleurs les jeunes d'origine étrangère ne veulent pas qu'on leur réserve le terme d'intégration. Ils sont français, se considèrent comme tels et réfutent tout discours qui leur apparaît comme niant leur citoyenneté* »[51].

En conclusion, le Haut Conseil, à l'aide d'études détaillées, dessinent les contours de l'intégration. S'appuyant sur ses travaux, le H.C.I ne se pose pas comme le partisan d'une position extrême, « assimilationniste » ou

---

49. Ibid., p. 19.
50. Ibid., p. 29.
51. Ibid., p. 20.

« différencialiste », mais bien comme le promoteur d'une politique d'interaction entre intégration et culture d'origine.

L'avis rendu par le H.C.I, vendredi 3 octobre 1997, sur le projet Chevènement concernant l'entrée et le séjour des étrangers et l'asile, salue « la recherche de consensus » et souligne la volonté médiatrice du H.C.I.[52]. Comme l'indique Simone Veil[53], succédant à Marceau Long à la présidence du H.C.I, celui-ci cherche à construire une démarche pragmatique. Le H.C.I est une sorte de contre pouvoir aux gouvernements en place.

4. Insertion

Le concept

Insérer du latin *inserere*, signifie introduire. Trouver sa place dans un ensemble. L'insertion est un terme qui date du XVIe siècle, du bas latin insertio. Insertion exprime l'action d'insérer.

A propos des individus, le dictionnaire, « Le Robert » de 1995 donne une définition du terme insertion qui ressemble beaucoup au sens donné au mot intégration.

« *Intégration d'un individu (ou d'un groupe) dans un milieu social différent. Insertion sociale. Degré d'insertion. L'insertion des handicapés. L'insertion des immigrés dans la population* ».

Cependant, utilisé dans l'imprimerie et la joaillerie, le fait d'insérer a des caractéristiques spécifiques. L'objet inséré, une lettre ou une pierre, garde son identité propre, il est reconnaissable. Voici ce que note J. Costa-Lascoux à propos de ce terme dans le cadre de l'immigration.

> « *La volonté de conserver une spécificité à l'élément inséré en fait un ajout. Les antonymes du verbe insérer l'indiquent bien : ôter, retrancher. Il n'y a pas désintégration ni perte*

---

52. Cf. *Le Monde* du dimanche-lundi 6 octobre 1997, p. 11.
53. Entretien in *Le Monde* du jeudi 16 octobre 1997, p. 5.

d'intégrité par la disparition de l'élément inséré et on envisage la possibilité d'un détachement ou d'un rejet, sans nuire à l'ensemble du corps principal ni à ses qualités intrinsèques. Dans le jeu des représentations collectives, les mesures d'insertion en faveur des immigrés supposent que ceux-ci conserveront leur identité, mais également qu'ils ne se fondront pas dans le corps social »[54].

Les contextes d'usage

Depuis plus de 15 ans, le terme insertion est utilisé dans toutes les nouvelles politiques sociales ainsi que par la plupart des praticiens du social. L'existence administrative de ce terme date du début des années 70. Le guide des mots clefs[55], rédigé par l'Observatoire régional de l'emploi et de la formation des Pays de Loire (OREF), a retracé l'historique et l'usage de ce mot. Ainsi, depuis la généralisation, en 1970, des enquêtes d'insertion par l'intergroupe formation-qualification professionnelle du VIe plan, le terme insertion a été utilisé, à la fois, comme processus et comme droit.

Il s'agit d'un processus d'insertion professionnelle :
- **1972** : « allocation d'insertion » destinée à favoriser la mobilité des jeunes travailleurs.

> *« Considérée pendant longtemps comme une phase courte et souvent quasi instantanée entre la formation (scolaire) et l'emploi (stable), l'insertion apparaît de plus en plus, à cause des transformations dues à la crise, comme un processus complexe et difficile d'alternance de périodes de chômage, d'emplois précaires et de formation pouvant aboutir ou non à la stabilisation professionnelle »*[56].

On parle aussi d'insertion par l'économique lorsque l'on passe *« par une structure intermédiaire constituant un « sas » ou un « tremplin » entre le non-emploi et l'entrée sur le marché normal du travail »*[57].

---

54. J. Costa-Lascoux in *Projet* (1991), *op. cit.*, pp. 7-8.
55. OREF, *L'insertion : mots clés et guide des actions*, Paris, Syros, 1995.
56. C. Dubar in *Dictionnaire encyclopédique de l'éducation et de la formation*, Paris, Nathan-université, 1994 cité in OREF, *op. cit.*, p. 207.
57. OREF, *op. cit.*, p. 208.

Il s'agit là d'un processus d'insertion sociale et professionnelle :

- **1975** : la loi d'orientation en faveur des personnes handicapées (article 56) fait référence « à l'insertion ou la réinsertion professionnelle des handicapés ».
- **1981** : rapport de Bertrand Schwartz sur l'« insertion sociale et professionnelle des jeunes ».
- **1982** (ordonnances du 26 mars) : l'insertion sociale et la qualification professionnelle des jeunes de 16 à 18 ans sont une obligation nationale impliquant tous les partenaires concernés. Création des PAIO[58] et des premières missions locales pour l'insertion sociale et professionnelle des jeunes.
- **1988 (1ᵉʳ décembre)** : Revenu Minimum d'Insertion (R.M.I), liaison entre le revenu de subsistance et la démarche d'insertion.

> « *Toute personne qui, en raison de son âge, de son état physique ou mental, de la situation de l'économie et de l'emploi, se trouve dans l'incapacité de travailler a le droit d'obtenir de la collectivité des moyens convenables d'existence. L'insertion sociale et professionnelle des personnes en difficulté constitue un impératif national* »[59].

Il s'agit d'insertion sociale : « *l'insertion sociale est définie en référence à la sociabilité, aux supports relationnels des individus et des groupes* »[60].

Généralement donc, on entend par insertion, non pas des actions menées pour et à destination, uniquement, des populations immigrées mais pour un public beaucoup plus large. On parle d'insertion professionnelle, de formation, de préparation à un emploi, d'insertion sociale par la recréation de bonnes conditions de socialisation (logement, santé, éducation, rythmes de vie...). L'insertion recouvre plusieurs axes qui en constitue, in fine, un seul.

Comme nous l'indique le Commissariat au plan :

---

58. Permanences d'accueil, d'information et d'orientation.
59. Loi du 1ᵉʳ décembre 1988 sur le RMI.
60. S. Paugam, « Le rapport des populations vulnérables à la société moderne », in Queiroz J-M, Vatin J-F, *Le renouveau de la question sociale. Etats et acteurs sociaux face aux nouvelles formes d'emploi, de chômage et de pauvreté*, Rennes, Presses universitaires de Rennes II, 1991, p. 41.

> « *l'insertion repose sur des actions menées sur plusieurs champs d'intervention qui concernent :*
> *- le développement de la personnalité de l'individu,*
> *- sa socialisation,*
> *- l'accès à l'emploi, aux services et aux prestations sociales* »[61].

Même pour les responsables des administrations ministérielles, l'insertion est un processus d'action beaucoup moins totalisant que celui d'intégration.

> « *Une place est faite à la personne insérée. Un effort est demandé à la personne insérée, mais c'est avant tout le corps social qui s'adapte. L'insertion ne met pas en cause la personnalité de la population qui en est l'objet. il s'agit de processus qui peuvent être partiels : une personne est insérée professionnellement quand elle a un emploi ; elle est insérée socialement quand ses enfants sont scolarisés, quand elle mène une vie familiale dite normale.*
> *L'antonyme d'insertion est « exclusion » : ainsi, le revenu minimum d'insertion s'adresse en priorité à ceux que l'on appelle les exclus* »[62].

Comme nous l'indique Michel Serres à propos de l'identité, l'important, lorsque nous utilisons ces mots assimilation, intégration, est de savoir si l'on ne va pas « *réduire la personne à une catégorie ou l'individu à un collectif* »[63].

5. Sous les termes, les enjeux

Comme le souligne Françoise Gaspard, l'histoire et l'analyse des mots assimilation, insertion et intégration dans le discours politique et administratif des années 80-90 nous révèle des positions et des attitudes à l'égard des étrangers et des immigrés. L'immigration est devenue un enjeu politique

---

61. Commissariat au plan, *L'insertion des adolescents en difficulté. Rapport d'évaluation*, Paris, La Documentation française, 1993 cité in OREF, *op. cit.*, p. 208.
62. *Echanges santé-social*, n° 84, décembre 1996.
63. M. Serres, « Qu'est-ce que l'identité ? », in *Le Monde* de l'Éducation, janvier 1997, p. 6.

et économique important. En effet, la France doit prendre en compte le fait que plusieurs milliers d'étrangers se sédentarisent. La France est passée, depuis une trentaine d'années, d'une immigration de passage, en lien avec la production industrielle, à une immigration de peuplement dans une société post-industrielle.

Dès 1908

G. Simmel, déjà, en 1908, nous l'indiquait en définissant la notion d'« étranger ». Comment reconnaître des étrangers qui ont décidé de rester sur leur lieu d'accueil ?

> « Ainsi, l'étranger dont nous parlons ici n'est pas ce personnage qu'on a souvent décrit dans le passé, le voyageur qui arrive un jour et repart le lendemain, mais plutôt la personne arrivée aujourd'hui et qui restera demain, le voyageur potentiel en quelque sorte : bien qu'il n'est pas poursuivi son chemin, il n'a pas tout à fait abandonné la liberté d'aller et de venir. Il est attaché à un groupe spatialement déterminé ou à un groupe dont les limites évoquent des limites spatiales, mais sa position dans le groupe est essentiellement déterminée par le fait qu'il ne fait pas partie de ce groupe depuis le début, qu'il y a introduit des caractéristiques qui ne lui sont pas propres et qui ne peuvent pas l'être »[64].

Les années 70-80

L'immigration est un objet de conflit ; les mots utilisés par les uns et par les autres ne sont donc pas neutres. D. Schnapper souligne l'abandon du terme « assimilation » confondu avec l'assimilationnisme.

> «... au cours des années 70, l'État-nation jacobin fut critiqué de manière radicale et accusé d'avoir éradiqué les cultures particulières au nom d'un effort d'homogénéisation qui fut qualifié d'« ethnocidaire » par certains militants régionalistes. Comme dans les autres pays européens, l'« assimilation » fut dès lors condamnée, dans la mesure où elle semblait indiquer que les populations migrantes se voyaient autoritairement contraintes de perdre leur identité et leur culture et d'adopter entiè-

---

64. G. Simmel, « Digressions sur l'étranger » in Y. Grafmeyer, I. Joseph, *L'Ecole de Chicago*, Aubier, 1984, p. 53.

rement les normes et les conduites de la société d'installation. Elle fut réduite à l'assimilationnisme. Désormais, on parla de l'« insertion », puis de l'« intégration » – des populations issues de l'immigration »[65].

Au cœur des débats parlementaires des années 70 et du début des années 80, la droite utilise de manière privilégiée le mot « intégration » et la gauche, le terme « insertion » sociale des travailleurs immigrés. Depuis, la victoire de la gauche en 1981, l'immigration devient un cheval de bataille de l'opposition de droite. Le gouvernement doit préciser la politique qu'il entend mener sur les questions d'immigration. F. Gaspard nous indique qu'au conseil des ministres du 28 avril 1982, « *ce que le gouvernement appelle – l'insertion – est, pour la première fois précisé :* « *l'insertion sociale et culturelle des quatre millions d'étrangers installés en France est une action de longue haleine. Elle commence par l'alphabétisation, l'éducation, la formation, le logement, les services sociaux, la culture, l'information* » »[66].

Le mot insertion entre désormais au cœur de tous les débats et des écrits des administrations qui répercutent les choix langagiers et politiques du gouvernement. Tous les décrets et les circulaires évoquent « l'insertion sociale des immigrés ». La priorité de l'insertion sociale s'affiche dans les missions du Fonds d'Action Sociale (F.A.S), notamment.

> « *Le décret portant réforme du Fonds d'Action Sociale, en juin 1983, assigne comme mission à cet organisme –... de concourir à l'insertion sociale des travailleurs immigrés et de leurs familles par la mise en œuvre de programmes sociaux –. Ce décret va d'ailleurs plus loin que l'énoncé d'intention : il institutionnalise l'insertion. Il demande, en effet, que soient mises en place des « commissions régionales pour l'insertion des populations immigrées* »[67].

Comme l'indique J. Costa-Lascoux, en utilisant le terme insertion, la gauche affirmait son respect des différences et son anti-racisme.

---

65. D. Schnapper, *La relation à l'autre. Au cœur de la pensée sociologique*, Paris, Gallimard, 1998, p. 407.
66. F. Gaspard, « Assimilation, insertion, intégration : les mots pour devenir français », in *Hommes & Migrations*, n° 1154, mai 1992, p. 15.
67. Ibid., p. 17.

> « Les titres des rapports publiés avant 1990 soulignaient cette prévalence du concept d'insertion, notamment le rapport présenté par M. Stéphane Hessel au nom du Commissariat général du Plan : Immigration : le devoir d'insertion (1988). Le rapport de M. Julien Dray devant la commission des Affaires culturelles, familiales et sociales de l'Assemblée nationale (session ordinaire 1988-89) s'intitulait, lui aussi, l'Insertion des immigrés »[68].

Les élections de mars 1983 expriment une crispation de l'électorat sur le thème de l'immigration. Le parti national populiste de J-M Lepen émerge. Dans ce contexte, le gouvernement continue à parler d'insertion des populations immigrées mais renverse l'ordre des priorités, mettant d'abord en avant la lutte contre l'immigration clandestine.

Désormais, la maîtrise des flux migratoires devient la condition nécessaire pour une réelle insertion des populations immigrées.

> « La position, esquissée dans une simple circulaire du ministère de l'intérieur du 22 décembre 1983 – « l'insertion des communautés régulièrement installées repose notamment sur la maîtrise des flux migratoires » – est reprise à son compte par l'ensemble du gouvernement »[69].

Désormais, l'insertion bien qu'étant toujours affirmée par le gouvernement, se conjugue avec le mot intégration. En effet, le 8 octobre 1984, une circulaire émanant du ministère de l'Éducation Nationale dirigé alors par Jean-Pierre Chevènement indique qu'« il convient pour l'unité de la nation, de continuer de développer la politique d'insertion et d'intégration des immigrés dans la société française ».

La fin des années 80

A la fin des années 80, le vocabulaire intégrationniste est réapproprié par le gouvernement socialiste. Les élections législatives de mars 1986 accentuent la montée du Front National. L'immigration est au centre de la campagne. Les socialistes abandonnent le mot insertion pour parler, comme la droite, d'intégration.

---

68. J. Costa-Lascoux, *Ouvertures*, décembre 1991, p. 7.
69. F. Gaspard, *op. cit.*, p. 17.

La droite remporte les élections. Durant deux ans, les hommes politiques vont utiliser indistinctement les termes insertion et intégration, mais le mot intégration commence véritablement à prendre la place du mot insertion dans les circulaires ministérielles.

En juin 1988, la gauche revient au pouvoir et officialise le terme intégration pour parler de « l'immigration sédentarisée ». Claude Evin, alors ministre de la Solidarité nationale et des Affaires sociales du gouvernement Rocard, prononce un discours, le 22 novembre 1988, devant le Conseil d'administration du Fonds d'Action Sociale, exprimant ainsi la pensée du gouvernement.

> « Le ministre y évoque « l'insertion des immigrés résidant régulièrement en France ». Mais il ne prononcera plus jamais le mot insertion. Sauf pour dire qu'il convient de l'abandonner. Il ajoute, en effet, immédiatement, qu'il y a un « consensus actuel sur l'intégration » et que « les étrangers qui résident actuellement en France y resteront, chacun en est aujourd'hui conscient ; parlons donc maintenant d'intégration plutôt que d'insertion... Actuellement, l'intégration des immigrés passe par cinq questions essentielles : le statut juridique, la formation, l'emploi, le logement, l'insertion sociale et culturelle, la participation à la vie sociale. L'insertion n'est donc plus qu'un volet d'une politique dont la finalité est l'intégration »[70] ».

Pour le gouvernement socialiste, l'intégration s'institutionnalise.

« De même que l'émergence de la xénophobie, à l'occasion des élections municipales de 1983, avait conduit à l'affichage de la politique d'insertion avec, notamment, la création des Commissions régionales pour l'insertion des populations immigrées, de même – l'affaire des foulards – de l'automne de 1989, conduit à passer du discours à l'institution. Désormais l'intégration n'est plus seulement un mot, un objectif, mais une administration. Le conseil des ministres du 6 décembre 1989 décide en effet de la création d'un Comité interministériel à l'intégration, nomme un secrétaire général à l'intégration. Un décret du 19 décembre portant création d'un Haut Conseil à l'Intégration complète, provisoirement le dispositif.

---

70. Ibid., p. 19.

> « *Le changement de Premier Ministre, en mai 1991, a confirmé l'institutionnalisation de l'intégration : elle a désormais un ministère, celui des affaires sociales et de l'intégration auquel est rattaché un secrétaire d'État chargé de l'intégration. Ceux-ci annonçaient, en septembre 1991, la création d'une Fondation de l'intégration, la tenue de Carrefours de l'intégration... ».*[71]

Une brève analyse de ces enjeux.

Cette brève analyse sera complétée, en seconde partie, par la présentation des courants et des modèles.

Rétrospectivement, on peut tenter de comprendre pourquoi la gauche a, peu à peu, abandonné la notion d'insertion. Dans un contexte de transformation sociale où les personnes à insérer socialement et économiquement ne sont plus exclusivement des personnes issues de l'immigration mais une minorité d'un ensemble d'exclus, le mot intégration fut utilisé pour parler, à nouveau, de la problématique immigrée.

Or, l'abandon du mot insertion est aussi un choix politique. Il existe une sorte de consensus provisoire entre la gauche et la droite pour mettre en œuvre un traitement global de l'immigration.

Pourtant, d'un point de vue politique, le choix des mots est très important. Comme le souligne le rapport *Immigrations, le devoir d'insertion*, rédigé sous la direction de S. Hessel, à la demande du Commissariat général au plan, l'utilisation du mot insertion a une grande importance.

> « *La crise même, avec ou sans immigration, accentue au sein de la société les différences ; elle creuse des béances qui sont perçues comme autant de menaces contre l'identité sociale. De là le succès obtenu par le terme insertion ; l'insertion – mettant l'accent sur le respect de l'autre, sur l'autonomie des composantes et la liberté de chacune d'entre elles de se délier si nécessaire – évite d'affronter de plein fouet des interrogations sur la nature même de cette société.*
>
> *Quel que soit le vocabulaire auquel on a recours – et en l'état des réflexions, le terme « insertion » apparaît comme le moins connoté –, l'essentiel aujourd'hui, dans la conduite des politiques sociales, est de favoriser le développement d'une dy-*

---

71. Ibid., pp. 19-20.

namique d'échanges qui, tout en préservant les spécificités culturelles des différentes composantes de la société, contribue à l'émergence de nouveaux liens sociaux et instaure un espace social suffisamment cohérent »[72].

Malgré ce rapport, la gauche au pouvoir décide, désormais, d'utiliser le mot intégration dans un sens finalement assez proche du mot assimilation.

D'ailleurs, voilà ce que nous dit S. Bonnafous à propos de ce rapport :

> « *Mais la méthode et les conclusions comptent-ils vraiment, lorsqu'on constate que le rapport Hessel, intitulé* « Immigrations *: le devoir d'insertion* », *commandé en février 1986 par le gouvernement de Laurent Fabius et rendu au gouvernement de Jacques Chirac en novembre 1987, a été mis au placard par ce dernier, rendu public en juillet 1988 seulement par Lionel Stoléru, secrétaire d'État chargé du plan sous le gouvernement de Michel Rocard... et finalement remisé à nouveau pour cause de* « *foulard islamique* » ? *Pouvait-on attendre alors du Haut Conseil à l'Intégration, créé en décembre 1989 et institué en février 1990, qu'il préconise une autre politique que l'*« *intégration* » ? »[73].

Comme le dit Françoise Gaspard :

> « *C'est en vérité la* « *ligne Chevènement* » *qui, en matière de relation aux migrants, l'emporte alors au niveau gouvernemental, après s'être imposée dans le parti socialiste. Le* « *droit à la différence* » *apparaît maintenant comme un danger de nature à briser l'unité nationale. Un mythe se développe : celui d'un – modèle républicain –, qui serait immuable, d'absorption dans et par la nation des étrangers ou en tout cas de leurs enfants* ».[74].

De qui parlent les hommes politiques, lorsqu'ils pensent aux étrangers ou aux français d'origine étrangère en terme d'intégration ?

---

72. Commissariat général du plan, *Immigrations, le devoir d'insertion*, Paris, La Documentation française, 1988, p. 218.
73. S. Bonnafous, « Le terme – intégration – dans le journal *Le Monde* : sens et non-sens » in *Hommes & Migrations*, n° 1154, mai 1992, p. 30.
74. F. Gaspard, *op. cit.*, p. 21.

Pour F. Gaspard, ces personnes que l'on doit intégrer restent une abstraction. En effet, on parle peu des étrangers (catégorie juridiquement définie) mais plutôt des immigrés.

> *« Ce sont eux qui sont devenus le sujet de – politiques d'intégration –, pour lesquels on met en place comités, commissions, conseil – et même haut Conseil – et désormais un ministère. Or, les immigrés ne sont jamais clairement définis. Ils sont étrangers. Mais pas tous. Ils peuvent aussi être français. C'est le cas des « immigrés de la deuxième génération » que la décennie 1980 a découverts et auxquels le fait d'être né sur le sol français permet d'obtenir la nationalité française dans des conditions simples ; c'est aussi le cas de naturalisés, d'ex-colonisés « réintégrés » dans la nationalité française »*[75].

La population à intégrer est complexe puisqu'il existe des étrangers qui n'ont pas l'air d'immigrés et des français qui ont l'air d'étrangers. De plus, des étrangers comme des immigrés peuvent ne pas avoir besoin de politiques sociales spéciales.

> *« Cette diversité n'est jamais prise en compte par le discours politique qui constitue – l'immigré – comme sujet à intégrer, c'est-à-dire suspect, a priori, de ne pas l'être. Mais alors, où passe la frontière entre l'immigré et celui qui ne l'est pas ou qui ne l'est plus ? Est-elle sociale, culturelle, cultuelle ? Tient-elle à la consonnance du nom, à la couleur de la peau ? »*[76]

Le mot intégration pourrait avoir deux conséquences principales :
- d'abord, faire disparaître les nouveaux rapports de classe ;
- construire, ensuite, une forme de domination post-coloniale.

> *« Lu dans ce contexte, le concept d'intégration aurait une double fonction : il permettrait d'occulter ce qu'on appelait, il n'y a pas si longtemps encore, les relations de classes, parce que celles-ci se sont transformées en même temps que les classes devenaient moins visibles ; et il révélerait une nouvelle forme de la relation postcoloniale permettant d'opposer nations et peuples modernes et ceux considérés comme inaptes par na-*

---

75. Ibid., p. 21.
76. Ibid., p. 21.

ture – la religion musulmane étant, à cet effet, naturalisée – à entrer dans la modernité »[77].

Selon la tradition républicaine française, la nation est une et indivisible, le peuple français devant l'État est un. Celui-ci ne reconnaît ni religions, ni territoires, ni langues, ni conditions sociales spécifiques, ce qui, dans le cas de la condition sociale d'origine, notamment, peut amener à négliger la réalité des inégalités sociales.

---

77. Ibid., p. 23.

II

Immigration et intégration en France depuis vingt ans

1. Étrangers et immigrés

Nombreuses sont les personnes qui, lorsqu'elles parlent de l'immigration, assimilent immigré à étranger.

> « *Un immigré (4,2 millions recensés en 1990) est une personne née à l'étranger résidant en France et qui peut avoir acquis la nationalité française (1,3 millions en 1990)*
> *Un étranger (3,6 millions recensés en 1990) se définit par le fait qu'il ne possède pas la nationalité française : certains étrangers peuvent donc être nés en France (0,7 million en 1990)* »[1].

Comme nous l'indique l'INSEE, c'est le critère de nationalité qui définit si une personne est étrangère ou ne l'est pas. Une personne est étrangère si elle réside sur le territoire français et n'a pas la nationalité française. Cependant, au cours de sa vie sur le sol français, la législation française permet à un étranger de devenir français.

Dans ce cas, il devient français par acquisition, en opposition à français de naissance.

---

1. L. Mucchielli, « La France intègre toujours ses immigrés » in *Sciences Humaines*, n° 69, février 1997, p. 13.
Cf. *Libération* du jeudi 2 juillet 1998, pp. 2-3 et *Le Monde* du samedi 4 juillet 1998, p. 8.

La population immigrée se définit selon deux critères : le critère de nationalité et celui du lieu de naissance. Une personne est immigrée lorsqu'elle est née à l'étranger et vit sur le territoire national. Dans ce cadre, une personne immigrée peut être un étranger mais aussi une personne ayant acquis la nationalité française.

> « *Tout étranger n'est pas nécessairement un immigré, et tout immigré n'est pas forcément un étranger* »[2] ».
>
> « *Les immigrés sont au nombre de 4 166 000 en 1990, soit un effectif supérieur à celui des étrangers. Ils représentent 7,4 % de la population totale. Cette part, restée stable depuis le recensement de 1975, est un peu plus élevée qu'en 1962 où elle s'élevait à 6,1 %.*
>
> *En 1990, les deux tiers des immigrés ont gardé leur nationalité d'origine, un tiers sont devenus français par acquisition*[3] ».

Selon les chiffres de L'INSEE, en 1990, 69 % des immigrés sont étrangers.

F. Dubet indique que **les catégories administratives ne correspondent pas à la prise en compte sociologique des réalités sociales** liées à l'immigration.

> « *Ainsi certains groupes sont incontestablement vus comme des étrangers, tout en ayant la nationalité française : les enfants des harkis, beaucoup de jeunes beurs, les Antillais et les gens issus des DOM-TOM... Les contrôles de police et les voisins traitent comme des immigrés des groupes qui n'en sont pas pour les statistiques et pour la loi. Il existe aussi des cas contraires, ceux des anciens immigrés espagnols ou italiens que personne ne considère comme des étrangers, ou bien encore les étrangers « acceptables » en raison de leur revenus et de la couleur de leur peau. Ainsi, le 16ᵉ arrondissement de Paris n'est pas spécialement perçu comme un quartier d'immigrés, ce que démentent les recensements* »[4].

J. Costa-Lascoux souligne qu'autour de l'immigration se construisent des confusions entre les termes : immigrés et réfugiés. En effet, un immigré et un réfugié sont confondus car ils représentent, avant tout, des miséreux qui veulent

---

2. INSEE, *Les immigrés en France, contours et caractères*, éd. INSEE, 1997, p. 12.
3. Ibid., p. 12.
4. F. Dubet, *Immigrations : qu'en savons-nous ? Un bilan des connaissances*, Paris, La Documentation Française, 1989, p. 9.

s'installer chez les plus riches. L'immigration est donc bien lié à un rapport économique inégal.

> « *L'immigration n'est pas n'importe quel mouvement de population. Le mot désigne bien, aujourd'hui, un transfert Nord-Sud ou Est-Ouest vers les pays riches et les plus démocratiques. Le* brain-drain –, *le tourisme, les voyages d'affaires, les stages de cadres, d'étudiants ou de personnels qualifiés – de l'ordre de la coopération internationale – n'entrent pas dans la dénomination immigration. Le* « *ils sont là, ils resteront* » *n'est pas utilisé par les cadres européens ou les intellectuels new-yorkais. L'inévitable sédentarisation participe de l'image confuse des pauvres qui s'installent chez les riches. La prégnance des représentations est telle que les demandeurs d'asile fuyant les persécutions sont vite taxés d'immigrés quand ils proviennent des pays du tiers-monde. Lorsque la dictature se conjugue avec la pauvreté, la confusion de l'immigration et de l'asile entretient toutes les suspicions* »[5].

Comme le note J. Costa-Lascoux dans l'ouvrage dirigé par S. Paugam, L'exclusion : l'état des savoirs, « *dans la réalité, l'amalgame entre immigration et exclusion est abusif* »[6].

2. Quelle politique d'immigration depuis vingt ans ?

> « *Nous avons importé de la main-d'œuvre comme si c'était une simple marchandise et nous sommes parfois déçus lorsque nous découvrons, comme cela se produit invariablement, que les travailleurs étaient des êtres humains comme nous* ».[7]

En nous appuyant sur un texte[8] de G. Moreau, directeur de la *Population et des Migrations* de 1985 à 1997, nous essaierons, ici, de retracer les principaux discours et les

---

5. J. Costa-Lascoux, « Assimiler, insérer, intégrer » in *Projet* (1991), *op. cit.*, p. 12.
6. Ibid., p. 159.
7. R. E. Park cité par E. C. Hugues, in *Le Regard Sociologique* (Textes rassemblés et présentés par J-M. Chapoulie), Paris, éd. Ecole des Hautes Etudes en Sciences Sociales, 1996, p. 210.
8. G. Moreau, « Vingt ans de politique d'immigration » in *Revue Française des Affaires Sociales*, n° 2, avril-juin 1997, pp. 17-26.

orientations politiques en matière d'immigration depuis vingt ans.

L'auteur explique que, depuis 1945, la politique d'immigration française suit l'évolution géopolitique, la croissance économique et, surtout, les besoins de main-d'œuvre. Ainsi, schématiquement, on peut dire qu'une première grande période est liée à l'après-guerre. Durant les Trente Glorieuses, la France voulant répondre à la croissance, aspire à recruter une main d'œuvre étrangère importante.

La deuxième période, elle, est marquée par le premier choc pétrolier de 1973 qui marque l'arrêt du plein essor de la société industrielle. En matière d'immigration, une circulaire, datant de juillet 1974, symbolise la volonté politique d'arrêter brutalement l'immigration. Depuis plus de vingt ans, la maîtrise des flux migratoires est une constante.

– le système des autorisations de travail

Le contrôle des flux migratoires s'opère, d'abord, par le système des autorisations de travail permettant aux étrangers l'accès au marché de l'emploi. De 1977 à 1997, le nombre des autorisations de travail accordées est passé de 100 000 à moins de 10 000. Parallèlement, petit à petit, ont été mis en place des dispositifs de lutte contre le travail irrégulier et les trafics de main d'œuvre. Le droit en matière de travail clandestin s'est développé et précisé, en particulier durant la période de 1986 à 1991. Un contrôle administratif, des méthodes, des formations, des sanctions plus sévères ont accompagné la complexification du droit en matière de travail clandestin.

– le contrôle du séjour des étrangers

Pour les différents pouvoirs politiques, il s'agit de mieux contrôler les frontières et de trouver des solutions pour faire repartir les étrangers en situation irrégulière dans leur pays d'origine. Un ensemble de textes, au niveau de l'ordonnance de 1945 et du droit international, se sont développés pour améliorer le dispositif de reconduites à la frontière. Dans ce cadre, il apparaît rapidement qu'il est plus efficace de limiter l'entrée des étrangers sur le territoire que de les expulser. On assiste alors à la généralisation du système des visas d'entrée à partir de 1986.

Au milieu des années 70, les étrangers confrontés à la fermeture des dispositifs d'immigration traditionnels ont cherché à opérationnaliser d'autres canaux comme ceux du droit d'asile, des mariages mixtes et du regroupement familial. Dans un contexte législatif international (législation européenne, convention de Genève de 1951 sur les réfugiés politiques), la législation s'est, à nouveau, précisé. Ainsi, l'Office Français de Protection des Réfugiés et Apatrides (OFPRA[9]) a-t-il été renforcé en 1990 ; le taux de reconnaissance des réfugiés a brutalement chuté. Aujourd'hui, la législation sur le droit d'entrée et de séjour des étrangers est construite. Cependant, l'immigration reste un enjeu politique important. En même temps que la législation s'affine pour contrôler les flux migratoires, les pouvoirs publics conçoivent des politiques pour intégrer les populations nouvelles qui s'installent durablement sur le sol national.

– Un processus d'intégration

Désormais, ce qui intéresse les autorités politiques, ce n'est pas nécessairement le volume des étrangers, mais la concentration sur certains territoires de populations défavorisées. En effet, ce qui préoccupe l'État, ce sont les immigrés qui se trouvent en situation de précarité dans des zones urbaines périphériques. Les politiques d'intégration s'adressent à ces populations, nouvelles classes dangereuses, vivant dans des

---

9. L'OFPRA est un établissement public à caractère administratif, placé sous la tutelle du ministre des affaires étrangères. Les publics concernés par l'OFPRA sont les demandeurs d'asile, les réfugiés et les apatrides. Ses missions et domaines d'intervention sont la reconnaissance de la qualité de réfugié et d'apatride, la prononciation de la cessation de la qualité de réfugié, la protection juridique et administrative des réfugiés et apatrides. Ses activités sont le recueil d'informations sur l'évolution de la vie internationale et des Etats, le traitement des demandes, la gestion des fichiers informatiques concernant les demandeurs d'asile, la délivrance des certificats et documents d'état civil nécessaires à la vie des réfugiés et apatrides.

quartiers de relégation[10]. En s'appuyant sur l'éducation et sur l'intégration sociale, la logique centralisatrice de l'État tend à rendre « normaux » des individus atypiques. Comme le souligne A. Ogien, « *si l'inculcation des bonnes manières est tenue pour une condition nécessaire de la normalité des conduites futures, c'est qu'elle est conçue comme la garantie de la permanence de la cohésion d'une société* »[11].

Il s'agit de « redresser » les « banlieues » et les personnes qui y vivent.

« *Dans les années 1980, quand conscience a été prise que la politique d'intégration devait avoir une consistance propre parce que l'immigration se stabilisait en France, le terrain s'est trouvé bien plus systématiquement labouré, quoique toujours insuffisamment.*

Les principes de cette politique sont simples :

- l'intégration des immigrés est conforme à la laïcité de l'État. En tant que politique publique, elle respecte les religions, philosophies ou croyances mais ne leur donne aucun appui particulier ;

- ce sont les individus qui s'intègrent, pas les groupes, et à aucun moment les actions d'intégration ne peuvent ni ne doivent contribuer à la constitution de communautés structurées ;

- l'intégration suppose des droits et des devoirs. Un immigré doit respecter la loi française telle qu'elle est ; dans ce cadre, la loi les respectera naturellement avec leur culture et leurs traditions personnelles ;

- immigrés et Français doivent être traités également, sans que se développe le sentiment pernicieux que les immigrés à intégrer sont mieux traités que les Français qui sont leurs voisins. Aussi bien, la réussite des actions d'intégration bénéficie aux uns comme aux autres. L'intégration ne se fait

---

10. Dans ce cadre, le rapport de P. Weil et le projet de loi Chevènement prenant conscience du caractère illusoire de la recherche de « l'immigration zéro » expriment leur désir de «*faciliter l'entrée et le séjour sur notre territoire des étrangers susceptibles de participer au développement de nos échanges commerciaux et au rayonnement culturel et universitaire de la France* ». (cf. *Le Monde* du lundi 6 octobre 1997, p. 11).
11. A. Ogien, *Sociologie de la déviance*, Paris, A. Colin, 1995, p. 48.

pas en faveur des immigrés mais au bénéfice de tous et de leur cohésion collective »[12].

Les politiques d'intégration touchent de nombreux domaines de la vie sociale : logement, emploi, éducation, action sociale, action culturelle, communication, etc.

En premier lieu, l'intégration des immigrés relève du droit commun de l'action sociale en faveur des plus défavorisés.

> *« L'éducation, le logement, l'emploi sont les domaines de base dans lesquels se déroule ou non l'intégration. Là sont les principaux champs de bataille entre le rejet et l'accueil. mais pour que ces domaines – fonctionnent –, il faut aussi que la vie familiale, la vie sociale, la vie culturelle, bref le social au sens large « fonctionnent », comme des champs transversaux dans la déshérence desquels la machine à intégrer gripperait »*[13].

En second lieu, il existe aussi des actions spécifiques pour les étrangers (accueil, regroupement familial, formations linguistiques).

Les services de l'État chargés des affaires sanitaires et sociales construisent des réseaux locaux d'intégration réunissant les structures agissant dans le domaine de la politique d'intégration des immigrés (DRASS, DDASS, Office des Migrations Internationales, Fonds d'Action Sociale pour les travailleurs immigrés et leurs familles, Service Social d'Aide aux Émigrants, Association Service Social Familial Migrants, SONACOTRA...)

Par ailleurs, autour de programmes d'alphabétisation, d'actions culturelles, les diverses politiques d'intégration s'appuient sur un large mouvement associatif. Entre le « droit à la différence » et le « droit à l'indifférence », vers la fin des années 1980, les pouvoirs publics, non seulement construisent un dialogue avec le monde associatif mais, plus largement, avec des personnalités issues de l'immigration.

> *« L'évolution des institutions est significative de cette recherche d'une vraie concertation : élargissement du conseil d'administration du Fonds d'Action Sociale pour les travailleurs immigrés et leurs familles et création de dix commissions régionales pour l'insertion des populations immigrées dans lesquelles des personnalités d'origine étrangère sont désignées,*

---

12. G. Moreau, *Revue Française des Affaires Sociales, op. cit.*, p. 23.
13. G. Moreau (Direction de la Population et des Migrations), Echanges, *op. cit.*, p. 4.

création d'un Conseil national pour l'intégration des populations immigrées en vue de formuler des avis au gouvernement. Le 1 % associatif de la politique de la ville, enfin, est le signe de cette orientation générale »[14].

En matière de politique gouvernementale d'intégration, le clivage droite/gauche n'existe pas véritablement. Autour des alternances politiques, les orientations des uns ne s'opposent pas aux orientations des autres mais, plutôt, se conjuguent.

Pourtant, depuis plusieurs années, dans un climat politique de désenchantement du monde[15], de repli sur soi, de montée des craintes, des angoisses et de peur de l'autre, par conséquent de développement de forces politiques appartenant au courant national-populiste, l'immigration est l'objet de luttes partisanes. L'immigration est un enjeu politique important. La dichotomie droite/gauche s'affronte autour des valeurs historiques qui définissent chacune de ces tendances.

Au sein de l'espace public, la droite et la gauche s'opposent donc sur la manière de traiter l'immigration.

3. Entre éthique de conviction et éthique de responsabilité

Comme le souligne J. Costa-Lascoux, « *en France, le débat sur l'immigration se plaît à souligner les enjeux idéolo-*

---

14. G. Moreau, *Revue Française des Affaires Sociales*, op. cit., p. 25.
15. Comme nous l'indique P-J Simon, Weber montre que le processus de désenchantement du monde fait perdre à l'« homme civilisé » le sens de sa mort et par conséquent celui de sa vie aussi (cf., M. Weber in P-J Simon, *Histoire de la sociologie*, Paris, PUF, 1991).
« *Ainsi, dans le monde en voie de rationalisation croissante, l'homme emporté dans un mouvement incessant vit insatisfait, dans l'illusoire promesse d'un bonheur toujours remis à plus tard, la mort lui apparaissant comme un obstacle absurde qui l'empêche d'atteindre ce bonheur. Et si la mort est absurde, la vie l'est également.
Le monde lui-même, désenchanté des puissances magiques, des dieux et des démons qui l'habitaient, désensorcelé et dépoétisé, a perdu toute signification. ; la science, principale responsable de ce désenchantement, pas davantage qu'elle ne le montre, comme un optimisme naïf a pu autrefois le faire croire, le chemin qui conduirait au bonheur, ne peut combler ce vide, puisqu'elle ne donne aucune réponse à la seule question qui nous importe : Que devons-nous faire ? Comment devons-nous vivre ?* » (P-J Simon, op. cit., pp. 395-396)

giques, à accentuer les clivages partisans, tout en gommant la complexité des problèmes et les perspectives déjà tracées par les engagements internationaux »[16].

Les clivages partisans

Le « peuple de gauche », autour de « l'éthique de conviction », des valeurs de solidarité[17], de respect des personnes dans leurs différences, de défense des droits de l'homme revendique un traitement humain des phénomènes migratoires. Sur ces questions, depuis plus de vingt ans, devant chaque attaque de ces valeurs par les gouvernants, par l'extrême-droite, avant chaque échéance électorale, la gauche mobilise ses troupes au nom de l'indignation humaniste et de la défense des principes démocratiques républicains. En France, la gauche a une longue histoire ; elle est très diversifiée ; il suffit de citer l'opposition endémique des représentants de la tradition autoritaire (blanquistes et marxistes) et non autoritaire (Proudhon et les libertaires), opposition révélée à maintes reprises au cours de l'histoire du socialisme (citons, par exemple, l'éviction de Bakounine et J. Guillaume, représentants du courant libertaire par le courant autoritaire, représenté par Marx et Engels au congrès de la première Internationale de 1872, à La Haye[18]). Cependant, malgré les oppositions, les divergences, quelquefois même les haines entre les personnes et les groupes se réclamant de la gauche, certaines valeurs essentielles comme l'antiracisme, le respect des personnes et de leurs droits, le combat face aux dominations et pour la dignité rassemblent cette gauche polymorphe. Au

---

16. J. Costa-Lascoux, « Les sans-papiers de Saint-Bernard » in *Revue Française des Affaires Sociales*, juin 1997, p. 103.
17. Sur la notion de solidarité voir J. Donzelot, *L'invention du social, Essai sur le déclin des passions politiques*, Paris, Fayard, 1984.
    Dans cet ouvrage, l'auteur montre, qu'à partir de 1848 et tout au long du XIXe siècle, la gauche modérée et réformatrice développe cette valeur de « solidarité », celle-ci devenant, par la suite, un concept utilisé par E. Durkheim, notamment pour contrer l'influence d'une gauche révolutionnaire qui grandit auprès des masses laborieuses exploitées et paupérisées.
18. Cf. A. Kriegel, Les internationales ouvrières, Paris, PUF, 1983, pp. 25-27 et J. Maitron, *Le mouvement anarchiste en France* (tome I et II), Paris, François Maspéro, 1983.

début des années 80, elle s'est mobilisée pour marcher pour l'égalité et contre le racisme ; au milieu des années 80, elle s'est fédérée pour lutter contre la montée de l'extrême-droite ; en 1986, elle a manifesté contre les violences de policiers voltigeurs ayant assassiné Malik Oussekine lors des manifestations lycéennes et étudiantes ; depuis le début des années 90, elle s'est également rassemblée, à maintes reprises, contre le racisme, les discriminations et pour le respect des droits des minorités et des immigrés.

Dans ce contexte, la gauche gouvernementale représentée par le parti socialiste, plusieurs fois, a su rassembler des électeurs pour lutter contre les idées xénophobes, les atteintes aux libertés des personnes et pour le respect des droits de tous, notamment ceux des étrangers.

A droite, avec « l'éthique de responsabilité », on revendique le respect de la cohésion nationale qui s'appuie sur une certaine homogénéité culturelle. Face à la crise économique, aux bouleversements mondiaux, aux métamorphoses sociales et culturelles, il s'agit de maintenir l'ordre national et républicain. Même si la globalisation du monde est une réalité qui n'est pas nécessairement néfaste puisqu'elle facilite la libéralisation des flux des capitaux et des marchés, il s'agit, néanmoins, de faire respecter certaines traditions et valeurs, fondements de l'idée de Nation et de l'État républicain. Ainsi, le « peuple de droite », lui aussi, a su se rassembler pour afficher ses valeurs quand ils les jugeaient en danger. Il a d'abord mobilisé ses réseaux d'entrepreneurs dans le monde des entreprises et d'indépendants dans l'univers du commerce, ainsi que le monde rural et paysan, traditionnellement à droite de l'échiquier politique. Par ailleurs, la droite s'est également mobilisée dans la rue pour défendre l'école privée, l'éducation catholique et les valeurs familiales[19].

Cependant, c'est surtout en mettant en avant des idées comme lutter contre la petite et la moyenne délinquance, autrement dit, « terroriser le terrorisme », rétablir la paix sociale autour du renforcement des effectifs policiers, recons-

---

19. Dans ce cadre, les milieux de droite et les associations familiales catholiques se mobilisent en appelant à manifester dans la rue, le 11 octobre 1997 contre les réformes des allocations familiales entreprises par le gouvernement de gauche de Lionel Jospin. Cf. *Le Monde* du mercredi 8 octobre 1997, p. 6.

truire un État républicain fort que, successivement, les gouvernements de droite ont cherché à mobiliser leur électorat classique et à raccrocher ainsi des électeurs prêts à voter pour le Front National. En ce qui concerne l'immigration, tous ces aspects se sont traduits par la volonté d'effectuer une limitation et un contrôle draconien des flux des personnes étrangères sur le sol français.

La complexité des problèmes

A première vue, cette photographie révèle des rapports forts conflictuels, comme aurait pu le souligner H-S Becker entre les « croisés de la morale » représentés par la droite et les promoteurs d'utopies incarnés par la gauche. Pourtant, cette image est trompeuse. Comme nous l'avons vu, il est vrai que les deux camps ont mobilisé leur électorat sur leurs valeurs conventionnelles ; cependant, malgré les alternances politiques, les axes gouvernementaux en matière d'immigration et d'intégration, eux, ont gardé une certaine cohérence.

Dans un contexte de chômage et d'insécurité, la droite renforce ses positions sécuritaires et nationalistes. Quant à la gauche au pouvoir, elle tente de contenter l'ensemble de son électorat qui n'a plus toujours les idées très claires en matière d'immigration. En effet, une partie des ouvriers et des classes moyennes, touchés de plein fouet par les mutations économiques ont peur de la marginalisation. Cet électorat fragilisé devient sensible à la manière dont on traite l'immigration et peut même tendre, quelquefois, vers le racisme. P. Bataille, chercheur au Centre d'Intervention et d'Analyse Sociologique dirigé par M. Wieviorka, a parfaitement montré, au cours d'une recherche[20] initiée par le syndicat CFDT, la réalité du racisme dans le monde du travail, ainsi que les possibilités de lutte, pour les syndicats, contre le racisme. Comme le souligne M. Rebérioux, présidente d'honneur de la Ligue des Droits de l'Homme *« cette idéologie (raciste), la CFDT et la CGT en ont, depuis deux ans, repéré l'existence non plus seulement dans les cités ravagées par le chômage, mais dans*

---

20. Cf. P. Bataille, *Le racisme au travail*, Paris, La Découverte, 1997.

les entreprises. Et la pression xénophobe, les organisations syndicales en ont aussi pris la mesure lorsqu'au printemps 1997 elles ont dû parfois renoncer à distribuer des tracts dénonçant les lois Pasqua et Debré.

Convergence : l'urgence politique, c'est la montée du Front national. Certes, le racisme n'est pas le monopole du FN ; l'orientation xénophobe des lois Pasqua et Debré ainsi que leur relative popularité suffisent à le montrer mais, avec 27 % des voix ouvrières exprimées, le FN est devenu le premier parti ouvrier de France. En ville, sur le problème du logement social, et dans l'entreprise, le F. N avance, désormais, son programme, il donne chair aux formules de la préférence nationale. Voilà en réalité de quoi il s'agit : le SMIC à 7000 francs, le RMI, la sécurité sociale doivent être réservés aux seuls Français de souche »[21].

Dans ce contexte, le gouvernement de droite d'Alain Juppé, entre 1995 et 1997, avait pourtant mobilisé, mais aussi divisé une grande partie de la gauche française, certes, d'abord, contre ou pour sa politique en matière d'emploi et de santé mais aussi, ensuite, en matière d'immigration et de lutte contre la discrimination (cf. les lois Pasqua-Debré-Méhaignerie[22], élaborées à partir de 1993[23]). Il s'agissait

---

21. M. Rebérioux, « Le racisme et la loi », in *L'Histoire*, n° 214, octobre 1997, p. 52.
22. La loi Méhaignerie introduit l'exigence d'une manifestation de volonté, entre seize et vingt et un ans, pour l'acquisition de la nationalité par les enfants nés en France de parents étrangers. Elle supprime la possibilité pour les parents d'obtenir la nationalité pour leurs enfants mineurs nés en France et restreint l'application du double droit du sol. (cf. *Le Monde* du 14 novembre 1997).
23. Le gouvernement de Juppé a suscité une mobilisation de l'opinion publique face à la façon brutale dont Debré, ministre de l'intérieur, a réprimé le mouvement des sans-papiers. Il s'agissait de familles africaines dont la situation juridique était devenue inextricable à la suite des amendements successifs à partir de l'ordonnance de 1945. Ceux-ci demandaient des papiers auxquels ils estimaient avoir droit en tant qu'immigrés insérés, ayant des enfants français et vivant en France depuis très longtemps. Ceux-ci étaient victimes de l'incohérence de la législation sur les étrangers. « *Coupant court aux tentatives de médiation d'un groupe de personnalités alertées par Ariane Mouchkine et aux avis de la Commission nationale consultative pour les droits de l'homme, Jean-Louis Debré avait mis un terme à leur occupation de l'église Saint-Bernard en les faisant expulser par quinze cents CRS, un matin d'août 1996... Il avait, dans la foulée, proposé et fait voter*

d'une grande campagne pour le réveil civique autour de grandes valeurs morales[24]. Des pétitions et des appels dénoncèrent les dérives sécuritaires qui faisaient penser aux pires moments de notre histoire récente (le régime de Vichy[25]). Un appel à la « désobéissance civique » fut lancée par un collectif de cinquante neuf cinéastes. Durant cette période, les dirigeants du parti socialiste, écoutant leur éthique de conviction, ont soutenu (bien que tardivement[26]) une partie des forces de gauche (suite à un appel de cinéastes, d'intellectuels et d'artistes, puis de représentants de nombreuses professions) manifestant dans la rue pour dénoncer des lois iniques qu'il conviendrait d'abroger s'ils venaient au pouvoir. Durant la campagne de mai 1997, le PS, avec L. Jospin, déclare « *nous*

une nouvelle loi par un Parlement largement influencé par les fantasmes concernant l'afflux massif d'immigrés difficilement assimilables, loi dont les dispositions avaient profondément divisé le pays ». (S. Hessel in *Les idées en mouvement*, n° 52, octobre 1997, p. 2). Pour un regard militant sur le mouvement des sans-papiers, voir *Le mouvement des Sans-Papiers*, Paris, Im'média/Réflex, mars 1997.

24. Au nom des valeurs morales chrétiennes, de nombreuses associations représentant les « chrétiens de gauche » se sont énormément mobilisées autour de l'affaire des sans-papiers de l'église Saint-Bernard. Voir, « Sans-papiers : une nouvelle politique », in *Cahiers de l'atelier*, n° 475, septembre-octobre, Paris, éd. ouvrières, 1997.

25. Des manifestants défilèrent avec des valises pour rappeler les pratiques de la collaboration lorsque le gouvernement de Pétain, pendant la seconde guerre mondiale, fit partir des juifs pour les camps de concentration.

26. Des enquêtes montrent que l'opinion publique est plutôt favorable à une politique restrictive en matière d'immigration. Comme le note J. Costa-Lascoux, dans la *Revue Française des Affaires Sociales*, de juin 1997, « *selon une étude de la SOFRES du 20 février 1997, les deux tiers des français (68 % contre 30 %) estimaient que la lutte contre l'immigration clandestine est un moyen efficace pour favoriser l'intégration des étrangers en situation régulière et une majorité absolue se dégageait en faveur de l'ensemble du projet de loi Debré (57 %) ; par ailleurs, près des deux tiers des personnes interrogées par IPSOS, le 17 février 1997, jugeaient que le gouvernement avait eu raison de réformer la loi sur l'immigration. Tendances de l'opinion, 3 février-2 mars 1997* ». En France, une minorité agissante critique les excès répressifs de la lutte contre l'immigration clandestine sans prendre nécessairement en compte la complexité du phénomène. Par conséquent, ces militants n'arrivent pas à convaincre l'ensemble d'une opinion publique insécurisée et, de plus en plus, à l'écoute des propos alarmistes de l'extrême-droite.

supprimerons les lois Pasqua-Debré. Nous rétablirons les droits fondamentaux au mariage, à la vie en famille, et le droit d'asile, ainsi que le code de la nationalité dans sa vision républicaine ».

Les élections législatives anticipées de juin 1997 ont amené la gauche au pouvoir. A grand renfort médiatique[27], le gouvernement annonce la régularisation de 20 000 à 40 000 sans papiers. Une circulaire, adressée aux préfets, prévoit que les dossiers des sans-papiers seront étudiés, au cas par cas, selon les critères de régularisation définis par la Commission nationale consultative des droits de l'Homme[28]. Pourtant, après plusieurs mois de pouvoir, en octobre 1997, les lois Pasqua-Debré ne sont toujours pas abrogées par le gouvernement de L. Jospin mais, simplement modifiées par un projet de loi sur la nationalité (rédigé sous l'égide d'Elisabeth Guigou ministre de la justice) et sur l'immigration (rédigé par Jean-Pierre Chevènement, nouveau ministre de l'intérieur) ; ce projet s'appuie sur les propositions du rapport de Patrick Weil[29] remis le 31 juillet 1997 au gouvernement. P. Weil est spécialiste des questions d'immigration et membre du Haut Conseil à l'Intégration.

Comme le souligne J. Costa-Lascoux, « l'affaire des sans-papiers – devient l'occasion d'une vive polémique sur les dysfonctionnements de la politique de l'immigration, sur les pratiques administratives et judiciaires à l'égard des étrangers »[30].

A nouveau, la gauche au pouvoir se retrouve coincée entre son éthique de conviction et son éthique de responsabilité. La gauche est, une fois encore, divisée entre les tenants d'une

---

27. Cf. « Le gouvernement régularise des sans-papiers » in *Le Monde* du mercredi 11 juin 1997.
28. En mars 1998, 150 000 étrangers ont déposé une demande de régularisation. Selon un bilan provisoire, en février 1998, 62 000 dossiers avaient été traités par les préfectures, se partageant entre 32 344 régularisations accordées et 30 053 rejets. Les cas les plus épineux devront être décidés en fin d'opération, prévue initialement pour le 30 avril 1998 (Cf. *Le Monde* du 18 mars 1998, p. 9) et, finalement, prolongée jusqu'au 30 mai 1998.
29. P. Weil, *Mission d'étude des législations de la nationalité et de l'immigration, Rapports au premier ministre*, Paris, La Documentation française, 1997.
30. J. Costa-Lascoux in *Revue Française des Affaires Sociales* (juin 1997), *op. cit.*, p. 102.

pensée réaliste et responsable et les promoteurs d'idées généreuses. Le conflit fait rage entre la gauche « morale » et la « gauche réaliste ». Les initiateurs du mouvement contre la loi Debré se déchirent[31]. La plupart en viennent à critiquer la « loi-Chevènement »[32] qui, comme l'indique la Commission nationale des droits de l'Homme n'est pas assez libérale[33]. Dans *Le Monde*, les pétitionnaires en appellent à « la régularisation de tous les sans-papiers qui en font la demande » au nom de la dignité et d'une politique du bouc émissaire qui fait le jeu de l'extrême-droite.

Pour faire contre poids à cet appel qu'ils jugent irresponsable, dans *Libération*, d'autres intellectuels de gauche en appellent à « sortir l'immigration de l'arène démagogique »[34], en soutenant le projet de loi gouvernemental[35].

Pour ceux-ci, « l'extrêmisme moralisateur » des « croisés de la morale » ne se situe pas qu'à droite et peut devenir dangereux pour la démocratie, l'unité nationale et la politique d'intégration. Face à l'immigration, il ne faut pas être démagogue, mais pratiquer une politique responsable « *fondée sur les principes constitutionnels, le souci de garan-*

---

31. Cf. l'article du cinéaste Dominique Cabrera in *Libération* du mardi 7 octobre 1997, p. 5. Signataire de l'appel contre les lois Debré, l'auteur explique pourquoi il ne veut pas signer la pétition « sans-papiers régularisez » contre le projet de Chevènement.
32. Derrière les slogans « *Pour la régularisation des sans-papiers qui en ont fait la demande* » ou « *Pour le respect des engagements et l'abrogation des lois Pasqua-Debré-Méhaignerie* » plusieurs manifestations, à Paris et en Province, sont organisées par une multitude de mouvements, syndicats et associations de gauche (Ligue des droits de l'homme, SOS racisme, Cimade, Mrap, CGT, FSU, Sud, Sgen-Cfdt, Unef-ID, PCF, Verts, LCR....).
33. Cf. l'appel de 1300 artistes et intellectuels in *Le Monde* du vendredi 3 octobre 1997.
34. Cf. Onze intellectuels en appellent à la fin des passions in *Libération* du mardi 7 octobre 1997.
35. En dix jours, au mois d'octobre, quatre appels et contre-appels se sont répondus. Le 2 octobre appel « pour la régularisation de tous les sans papiers » dans *Le Monde* ; un autre appel paraît dans *Le Journal du Dimanche*, le 5 octobre, appelant le gouvernement à « cesser de tergiverser avec ses propres engagements » ; dans Libération du 7 octobre paraît un contre appel qui attaque les « intellectuels laxistes et angéliques, contre appel soutenu par « l'autre pétition », signée par plus de cent intellectuels dans l'hebdomadaire *Marianne* du 13 au 19 octobre 1997.

tir les droits (des citoyens français comme des étrangers) et un large accord dans l'opinion sur la nécessité de maîtriser les flux migratoires pour réussir l'intégration »[36].

Ce contre-appel sera complété par « L'autre pétition », dans l'hebdomadaire *Marianne*, rassemblant des personnes affichées à droite et à gauche ; il faut intégrer contre l'esclavage et savoir contrôler pour accueillir. Cette pétition exprime les idées principales qui ont influencé les politiques d'immigration et d'intégration depuis vingt ans.

> « *Parce que le problème de l'immigration ne doit plus constituer le terrain privilégié d'une guerre de tranchées entre gauche et droite qui ne peut que profiter aux extrémismes anti-républicains de tout bord...* ».[37]

En réalité, on retrouve beaucoup de signataires de ces contre-appels dans le front du refus contre l'Europe de Maastricht. Ils luttent contre la « pensée unique » et pour une « pensée critique ». Il s'agit des nationaux-républicains, défenseurs de l'idée de nation, face à la « mondialisation sauvage » et au « néo-internationalisme »[38].

Globalement, la politique d'immigration dépasse les clivages droite/gauche et universaliste/différencialiste. A part les extrémistes de droite qui ne croient pas aux politiques d'intégration car jugeant les immigrés « inassimilables » et une petite minorité de gauche qui, elle, voit dans les politiques d'intégration des manœuvres politiques pour assimiler ou exclure les étrangers[39], la plupart des responsables politi-

---

36. *Libération* du mardi 7 octobre 1997, p. 5.
37. Extrait de « L'autre pétition » in *Marianne* du 13-19 octobre 1997.
38. Dépassant les clivages gauche/droite, ils se retrouvent, côte à côte, dans de multiples structures : dans l'hebdomadaire *Marianne*, créé par J-F Kahn en 1997 ; dans le club « Phares et Balises » créé par R. Debray et J-C Guillebaud, en 1992 ; dans la « Fondation Marc-Bloch », fondée par P. Cohen, E. Todd...... Ils sont proches de J-P Chevènement, du Parti communiste, de la droite gaulliste, mais croient tous en une République forte face aux enjeux de demain. Voir « Le refus de l'Europe mobilise les nationaux-républicains » in *Le Monde* du dimanche 17-lundi 18 mai 1998, p. 5.
39. Cf. « Face à la xénophobie, reprendre l'offensive », par M-H Aubert, P. Braouezec, G. Hermier, N. Mamère, J-M. Marchand, B. Outin in *Les Inrockuptibles*, n° 127 du 19 au 25 novembre 1997, pp. 16-19.
    Six députés de la « gauche plurielle » s'opposent dans le journal *Les Inrockuptibles* au projet du ministre de l'intérieur. Ils veulent

ques développe, finalement, le même type de politique. Comme l'indique P-A. Taguieff, sur ces questions, le clivage droite/gauche n'est pas flagrant.

> « *Selon les mêmes principes et la même rhétorique, la droite et la gauche, à peu de choses près, proposent, premièrement, un mode d'intégration des immigrés en situation régulière ; deuxièmement, exigent un contrôle des flux migratoires en sachant qu'il n'est pas absolument réalisable ; et, troisièmement, récusent les méthodes dures et la xénophobie ciblée, proposées par le Front national* »[40].

Il s'agit de maîtriser les flux migratoires, de distinguer l'immigration régulière et l'immigration irrégulière, de garantir les droits inscrits dans la Constitution et de favoriser l'intégration des étrangers et des immigrés vivant durablement sur le sol français.

Ainsi, le nouveau gouvernement de gauche garde-t-il les mêmes grands axes que ceux de ses prédécesseurs. C'est vrai pour l'ensemble des gouvernements depuis bientôt vingt ans. Souvent, malgré les apparences, entre un gouvernement de droite et un gouvernement de gauche, ce n'est pas le fond de la politique d'immigration et d'intégration qui change mais plutôt la forme, la gauche insistant plus sur la dignité des personnes, la droite sur la systématisation des contrôles et sur l'idée qu'être français, cela se mérite. Tous croient à une politique d'immigration dans le cadre de l'État de droit. Contrairement à ce qu'affirme Kofi Yamgnane[41], ancien se-

---

« *rompre radicalement avec la dérive répressive de la législation* », ils dénoncent « *le fantasme de l'invasion* », ils rejettent la « *distinction artificielle entre réguliers et irréguliers* », ils se prononcent « *pour un acte législatif fondateur avec l'objectif de réécrire de façon moderne les bases du droit français en la matière* », ils veulent appuyer cette loi sur « *un droit du sol dès la naissance* » et sur « *l'égalité des droits entre les citoyens français et les résidents étrangers* ». (Cf., « Des récalcitrants au projet sur l'immigration » in *Libération* du 3 décembre 1997, p. 14 ; cf. *Le Monde* du jeudi 20 novembre 1997). Par ailleurs, toujours dans les *Inrockuptibles*, des associations (Act-Up, Cedetim, Droits devant !, Fasti, Gisti, Syndicat de la magistrature) dans une lettre adressée à L. Jospin, veulent un débat examinant l'hypothèse de « l'ouverture » des frontières.

40. P-A. Taguieff, *La République menacée*, Paris, éd. Textuel, 1996, p. 101.
41. Cf. L'interview de K. Yamgnane in *Libération* du mercredi 8 octobre 1997, p. 18.

crétaire d'État à l'Intégration des gouvernements Bérégovoy et Cresson et président de la Fondation pour l'intégration républicaine[42], le plus souvent, les gouvernements de droite et de gauche cherchent un consensus républicain implicite en matière d'immigration. Pourtant, cette réalité est, le plus souvent cachée pour des raisons électorales.

Novembre-décembre 1997

Encore aujourd'hui, comme l'a indiqué E. Guigou, ministre de la justice (cf. nouveau code de la nationalité), il s'agit, avant tout, de maîtriser les flux migratoires par la lutte contre l'immigration clandestine.

> « Au moment où nous proposons une loi beaucoup plus généreuse pour le droit d'asile, le regroupement familial et les retraités, nous devons être plus rigoureux dans la lutte contre l'immigration clandestine »[43].

Comme le souligne S. Naïr[44], conseiller auprès du ministre de l'Intérieur dans un article du journal *Le Monde*[45] intitulé : *Immigration : une loi au service de la dignité*, il s'agit, parallèlement à la maîtrise des flux migratoires, de renforcer les divers processus d'intégration des étrangers vivant sur le sol national. Dans ce cadre, l'évolution des recherches en scien-

---

42. Depuis 1993, Kofi Yamgnane préside la Fondation pour l'intégration républicaine, reconnue d'utilité publique. Pour construire la cohésion sociale, cette fondation tente de mobiliser les énergies en faveur de l'insertion des personnes issues de l'immigration. Autour d'une position assez différencialiste, cette fondation médiatise les actions d'intégration, notamment à travers la réalisation d'un Festival annuel de l'Intégration Républicaine ou par la mise en place d'un Train Forum de l'Intégration Républicaine.
Fondation pour l'Intégration – 62, Bd Garibaldi – 75015 Paris – Tél : 01. 43. 06. 91. 03. – Fax : 01. 43. 06. 91. 04.
43. Cf. *Le Monde* du samedi 4 octobre 1997, p. 11.
44. S. Naïr est docteur en philosophie politique, en lettres et en sciences humaines. Il a participé à la fondation de l'université Paris VIII – Saint-Denis au sein de laquelle il enseigne les sciences politiques. Se définissant comme un « social républicain » il est, depuis longtemps, le compagnon de route de J-P Chevènement au sein du PS d'abord, du Mouvement des Citoyens, ensuite. Il a publié notamment *Le Regard des vainqueurs : les enjeux français de l'immigration*, Paris, Grasset, 1992 et *Contre les lois Pasqua*, Paris, Arléa, 1997.
45. Cf. *Le Monde* du vendredi 3 octobre 1997, p. 17.

ces sociales dans le domaine des faits migratoires, a fait émerger des observations qui servent aujourd'hui d'arguments politiques. En effet, comme le souligne J. Streiff-Fenart, depuis quelques années, le recadrage, impulsé notamment par A. Sayad[46], de la problématique sociologique des migrations dans la perspective d'un rapport entre les sociétés d'émigration et d'immigration, a permis de sortir d'une vision ethnocentrique et, ainsi, a pu permettre de voir les immigrés autrement que comme un problème.

> *« Les recherches sur les pratiques entrepreneuriales des immigrés, sur la constitution et la transmission de savoirs-faire migratoires, sur les réseaux relationnels transnationaux, supports d'activités économiques, déplacent la perspective de la figure de l'« immigré » (comme victime de la domination ou candidat à l'intégration) vers l'acteur social « migrant » »*[47].

Malgré les orientations générales de la politique d'intégration, il semble que, sur le terrain, l'intégration se fait au coup par coup, action par action. En fonction des alternances politiques, telles orientations, telles structures, telles associations, telles personnes, tels projets sont plus ou moins favorisés ; en revanche, il n'y a pas encore de politique d'intégration globale.

En revanche, en matière d'immigration, depuis ces dernières années, il semble que les autorités faisant le bilan de l'ensemble des politiques d'immigration ont pris conscience que contrôler les flux migratoires et favoriser l'insertion des immigrés en situation régulière n'était pas suffisant en matière d'intégration. Comme l'indiquent C. Bachman, S. Body Gendrot, P-A. Taguieff et les autres signataires du contre appel des pétitionnaires pour la régularisation de tous les sans papiers, « *le vrai courage consiste à se battre pour une transformation en profondeur de l'ordre économique mon-*

---

46. A. Sayad, « Tendances et courants des publications en sciences sociales sur l'immigration en France depuis 1960 », in *Current Sociology*, vol 32, n° 3, 1984. *L'immigration ou les paradoxes de l'altérité*, De Boeck, 1991. Ce spécialiste du fait migratoire qui analysa, dès le début des années 60, avec P. Bourdieu notamment, les contradictions de l'exil, est décédé le 13 mars 1998. Sur le parcours de ce sociologue de l'immigration, voir *Le Monde* du samedi 21 mars 1998, p. 24.
47. J. Streiff-Fenart, « Les recherches interethniques en France : le renouveau ? » in *Migrants-Formation*, n° 109, juin 1997, p. 60.

dial »[48]. S. Hessel, ambassadeur de France et, à un moment, membre du Haut Conseil à l'Intégration, pose ainsi cette question :

> « *Quelles mesures prendre pour conjuguer une politique d'intégration des immigrés dans la société française avec une politique d'aide au développement des pays d'émigration partenaires traditionnels de la France ?* »[49].

Les responsables prennent conscience qu'il faut participer à l'aide au développement des pays pauvres. Le Premier Ministre, L. Jospin déclare au *Parisien* à propos des nouvelles directives sur l'immigration, « *le gouvernement travaille actuellement à la mise au point de mesures qui doivent les aider, de retour chez eux, à monter des projets qui contribuent au développement de leur pays* »[50].

Le jeudi **20 novembre 1997**, le Premier Ministre confiait à S. Naïr une mission interministérielle afin de redéfinir les politiques d'aide au développement des pays d'émigration. Les orientations du gouvernement Jospin visent à articuler la maîtrise de l'immigration et l'aide au développement des pays du sud. Le gouvernement préconise, notamment, une politique d'aide au retour en augmentant les primes précédemment données[51] et en suivant les dossiers des candidats au retour, avant et après leur départ. S. Naïr remettait, le mercredi 10 décembre, son rapport à L. Jospin en mettant en avant son idée de co-développement[52]. En réalité, aujourd'hui, à droite comme à gauche, pour lutter contre l'immigration, les hommes politiques affirment, comme une évidence, la nécessité d'une aide aux pays pauvres. Il s'agit de leur apporter

---

48. *Libération* du 7 octobre 1997, p. 5.
49. S. Hessel, « Une approche nouvelle des problèmes d'immigration » in *Les Idées en Mouvement*, n° 52, octobre 1997, p. 2.
50. *Le Parisien*, lundi 13 octobre 1997.
51. Cf. « Vingt ans d'aide au retour », in *Le Monde* du jeudi 20 novembre 1997, p. 10.
52. Le rapport de S. Naïr prône, notamment, la création d'une structure interministérielle permanente consacrée au co-développement, la négociation avec les pays d'origine des immigrants, de conventions de co-développement organisant la formation des migrants afin de les transformer en de véritables agents de développement, mais aussi la signature de contrats de co-développement destinés à soutenir la création d'activités et d'entreprises dans les pays d'origine par des migrants.... (Cf. *Le Monde* du samedi 13 décembre 1997, p. 6).

« les moyens financiers et technologiques nécessaires », comme le déclarait Charles Pasqua, le 17 novembre 1997, à Nanterre, à la réunion du conseil international de la fédération mondiale des cités unies. Par ailleurs, S. Naïr déclarait au journal *Le Monde* : « *Nous ne pouvons pas, ici, limiter les flux migratoires perçus comme un effet de la désagrégation et de la modernisation des sociétés pauvres, sans en même temps, agir sur les causes de cette désagrégation* »[53].

Suite à la remise de son rapport, S. Naïr était nommé, en conseil des ministres, le mercredi 29 avril 1998, délégué interministériel au co-développement et aux migrations internationales, placé près du ministre de l'emploi et de la solidarité, Martine Aubry. Comme l'indique *Le Monde*[54], S. Naïr est chargé de « *proposer des orientations et des mesures visant au renforcement de la coopération de la France avec les pays d'émigration en vue de convenir, avec eux, dans une perspective de co-développement, d'une meilleure maîtrise des flux migratoires* ».

En réalité, à travers le co-développement, il s'agit d'une prise en considération des nouveaux rapports qu'introduit la mondialisation dans les rapports Nord/Sud. La fermeture totale des frontières est un mythe qui génère la clandestinité. Ainsi, S. Naïr souligne que « *si la fermeture des frontières a stabilisé les flux, elle a aussi provoqué l'augmentation de l'immigration clandestine, du regroupement familial et des demandes d'asile. La mondialisation exacerbe les mouvements migratoires et nous oblige à gérer plus souplement les flux. Il faut, en même temps, une politique de maîtrise telle que l'organise la nouvelle loi et une organisation d'allers-retours centrée sur la formation et le co-développement* »[55].

Autour des concepts d'intégration et d'arrêt de l'immigration irrégulière, les différents gouvernements cherchent un consensus leur permettant d'agir au-delà des divergences politiques et des alternances. Concrètement, aujourd'hui, en fonction de la couleur politique des uns, des croyances personnelles des autres, les orientations des différentes politiques en matière d'immigration divergent, sensiblement, selon la définition et le sens que les responsables

---

53. S. Naïr, *Le Monde* du jeudi 20 novembre 1997, p. 10.
54. Cf. *Le Monde* du 28 avril 1998, p. 36.
55. Entretien avec S. Naïr in *Le Monde* du 5 mai 1998, p. 14.

chargés des politiques d'intégration donnent à ce mot. Cependant, malgré des orientations concrètes communes en matière d'immigration, le thème du traitement de l'immigration reste, dans les médias et dans les diverses tribunes, un enjeu politicien majeur.

D'une part, pendant une semaine, à partir du 26 novembre 1997, l'assemblée nationale a discuté du projet de loi d'E. Guigou proposant une nouvelle législation sur la nationalité et l'immigration. Une longue bataille d'amendements a fait rage. L'opposition entre la droite et la gauche reposait sur une interprétation différente du droit du sol. La gauche exprimait, principalement, sa volonté d'un retour à l'automaticité de l'acquisition de la nationalité française pour un jeune né en France de parents étrangers ; la droite, fidèle à la loi de 1993 sur la nationalité de Pierre Méhaignerie, voulait qu'un jeune continue de déclarer sa volonté d'acquérir la nationalité française à 18 ans[56]. Bien que cette divergence soit d'une grande importance pour le processus l'intégration (la loi de 1993 instaure, en effet, un soupçon, une stigmatisation des jeunes nés sur le sol national de parents étrangers), la gauche comme la droite n'ont pas remis en cause le droit du sol comme fondement de l'acquisition de la nationalité ainsi que les politiques d'intégration. Pourtant, de nombreux débats, houleux, ont eu lieu, l'immigration et son traitement apparaissant clairement comme un enjeu électoraliste[57] et le Front National est au centre de ce débat. La loi sur la nationalité a été définitivement adoptée, le mercredi 4 mars 1998, par l'Assemblée nationale. En réalité, le droit du sol n'est que partiellement rétabli ; les députés socialistes qui étaient en désaccord avec les sénateurs ont rétabli la version du texte qu'ils avaient voté le 11 février 1998. Ainsi, la loi Guigou supprime l'exigence qui était faite aux enfants nés en France de parents étrangers, depuis 1993, de manifester leur volonté de devenir français entre 16 et 21 ans. Comme le note *Le Monde*, « *Désormais,*

---

56. Cf. *Libération* du 26 novembre 1997, p. 15.
57. A propos du projet de loi d'E. Guigou sur la nationalité, le 17 décembre 1997, les sénateurs de droite ont voté une motion demandant un référendum sur ce sujet. (Cf. « L'opposition mène au parlement un combat symbolique contre la réforme de la nationalité » in *Le Monde* du samedi 20 décembre 1997, p. 8).

on ne pourra plus rester étranger sans le vouloir, mais on ne pourra pas non plus devenir français si on ne le souhaite pas »[58].

En revanche, la loi Guigou ne rétablit pas l'intégralité des dispositions sur le droit du sol en vigueur avant 1993. Dans le but que les étrangers ayant eu des enfants sur le sol français ne les utilisent pas contre une expulsion pour eux-mêmes, ils ne pourront plus (à l'exception des enfants d'Algériens[59]) obtenir la nationalité française pour leurs enfants mineurs avant l'âge de treize ans. Par ailleurs, en ce qui concerne la naturalisation, l'administration française devra répondre dans un délai de dix-huit mois et, pour le mariage, la loi permet à tout étranger se mariant avec un ressortissant français d'obtenir la nationalité française un an après le mariage au lieu de deux ans, comme c'était auparavant le cas.

D'autre part, du **4 au 16 décembre 1997**, le texte sur l'immigration de J-P. Chevènement, ministre de l'intérieur a été discuté à l'assemblée nationale. En fait, pour la troisième fois en cinq ans et pour la vingt-sixième fois depuis 1945, le parlement voulait modifier la loi sur l'entrée et le séjour des étrangers. Une fois de plus, le traitement de l'immigration est le symbole représentant la volonté de changement du nouveau gouvernement. Cependant, comme l'indique un article de P. Bernard dans *Le Monde*, « le souci de réalisme du PS et

---

58. Le Monde du 06 mars 1998. Le texte prévoit trois seuils d'âge pour les enfants nés en France de parents étrangers : « *dès treize ans, ces jeunes pourront devenir français avec l'accord de leurs parents, à condition d'avoir résidé en France depuis cinq ans ;. à seize ans, ils pourront demander à le devenir de façon autonome, sous la même condition de résidence ;. à dix-huit ans, ils seront français de plein droit à condition d'avoir résidé en France pendant au moins cinq ans depuis l'âge de onze ans. Mais s'ils ne souhaitent pas devenir français, ils pourront décliner cette nationalité dans les six mois précédant leur majorité et dans l'année suivant cet anniversaire* ».

59. Entre 1973 et 1993, le principe de « double droit du sol » s'appliquait aux enfants nés d'un parent lui-même né dans les anciennes colonies, avant l'indépendance. La loi de 1993 a supprimé totalement cette disposition sauf pour les personnes nées en Algérie, en instaurant une condition de cinq années de séjour régulier des parents, en France, avant la naissance de l'enfant. La loi Guigou permet également aux enfants nés en France d'un parent né en Algérie, avant 1962, d'être français. Les enfants issus d'autres colonies devront attendre l'âge de treize ans pour obtenir leur carte d'identité française définitive.

sa volonté affichée de rechercher « *l'équilibre* », *pour éviter de futurs retours de balancier, ont néanmoins amené J-P. Chevènement à rédiger un texte d'inspiration libérale, mais qui laisse subsister certaines dispositions de la loi Pasqua de 1993. Il n'est plus question de bloquer l'immigration, mais d'organiser certains flux indispensables pour l'économie et le rayonnement de la France. L'obsession répressive a disparu, mais la confiance accordée aux nouveaux venus reste limitée et gérée, pour l'essentiel, par une administration toute puissante* »[60].

A travers son texte, J-P. Chevènement[61], fervent républicain qui *oppose nation ethnique à nation citoyenne*, cherche

---

60. P. Bernard, « La troisième loi en cinq ans sur l'entrée et le séjour des étrangers », in *Le Monde* du jeudi 4 décembre 1997, p. 6.
61. **Visas et certificats d'hébergement** : le projet Chevènement impose la motivation des refus pour certaines catégories d'étrangers, notamment les conjoints, enfants et parents de Français, les bénéficiaires du regroupement familial et les travailleurs autorisés à exercer une activité en France. Cependant, les visas restent le principal verrou de l'immigration. En matière de certificat d'hébergement, celui-ci est toujours nécessaire comme complément au visa ; cependant, le projet prévoit la saisie du préfet lorsque le maire refuse de délivrer un certificat. En fait, les certificats d'hébergement sont supprimés le 11 décembre 1997 (adoption de l'amendement par 86 voix contre 35) suite au vote d'un amendement socialiste soutenu par le gouvernement.
Titres de séjour : par rapport à la loi de 1993, le projet supprime la condition d'entrée régulière pour la carte de dix ans, mais maintient les réserves d'ordre public pour toute obtention de la carte. Il ajoute quelques catégories de bénéficiaires de la carte temporaire, dont les « scientifiques », les « retraités » rentrés au pays et les nouveaux époux de français. Enfin, le projet accorde une carte à tout étranger disposant de solides « liens personnels et familiaux » avec la France.
Regroupement familial : la loi Pasqua de 1993 est reprise et assouplie. Le regroupement partiel, le regroupement polygamique est proscrit, en revanche, les conditions de ressource et de logement exigées du demandeur sont moins lourdes. Le demandeur peut regrouper un enfant d'une précédente union si cet enfant lui est confié par décision de justice et que l'autre conjoint est d'accord.
Droit d'asile : un réfugié qui passe par un pays européen adhérant aux traités de Schengen peut toujours être renvoyé sans que sa demande de droit d'asile soit examinée ; en revanche, le projet, s'appuyant sur la loi de 1952, créant l'OFPRA, officialise la procédure « d'asile territorial » accordé par le ministère de l'Intérieur à un étranger exposé dans son pays à des traitements inhumains. Par

un consensus en associant assouplissement et recherche d'efficacité (son projet porte sur les visas et certificats d'hébergement, les titres de séjour, le regroupement familial, le droit d'asile, l'éloignement forcé, l'interdiction du territoire). Or, ce texte devient la cible de la droite et d'une partie de la gauche qui trouvent dans une bataille d'amendements (le 4 décembre 1997, 1720 amendements au projet de loi sur l'immigration, dont environ 1 300 par l'opposition de droite sont enregistrés au Palais-Bourbon) un moyen de se construire une identité politique. D'un point de vue moral, les invectives entre intellectuels ne cessent de s'afficher dans les journaux[62]. Sur un plan politique, la droite parlementaire voit

---

ailleurs, l'OFPRA peut reconnaître la qualité de réfugié à toute personne persécutée en raison de son action en faveur de la liberté (constitution de 1946).

Eloignement forcé : le projet systématise toujours le placement en rétention des étrangers en instance de reconduite à la frontière et porte à douze jours (au lieu de dix) la durée de rétention ; cependant, le projet allonge le délai durant lequel un étranger peut avoir un recours et le parquet ne peut plus s'opposer à une décision judiciaire de remise en liberté d'un étranger.

Interdiction du territoire : un préfet ne peut plus assortir un arrêté de reconduite à la frontière d'une interdiction de territoire. Cependant, cette interdiction de territoire peut être prononcé par un tribunal, c'est la double peine. Cf. *Le Monde* du 4 décembre 1997, p. 6.

62. Voir, notamment, la polémique engagée dans *Le Monde* entre A. Finkielkraut et L. Schwartzenberg.

Pour A. Finkielkraut, s'agissant du débat sur l'immigration, une pensée unique s'installe dans les rangs des bien pensants politiques, comme au temps du pur stalinisme où P. Nizan dénonçait L. Brunschvicg, « chien de garde » du grand capital. En effet, face au processus d'intégration, les tenants de cette position « politiquement correcte » opposeraient la notion d'hospitalité (J. Derrida) sans limite. Tous ceux qui ne se rangeraient pas à leur position seraient traités de « salauds » ou de « fascistes ».

« *Saluons donc le retour d'une vieille connaissance : l'antifascisme d'intimidation. Fascistes ou pétainistes sont aujourd'hui les intellectuels qui refusent d'acclamer les performances et les installations de l'art contemporain ; fascistes ou pétainistes les partisans d'une maîtrise des flux migratoires ; fasciste, pétainiste et « paponisée », l'administration française qui s'apprête à renvoyer chez eux les travailleurs clandestins non régularisés ; contaminés enfin par le virus du Front National, Patrick Weil pour son rapport et Sami Naïr pour son rôle dans l'élaboration de la nouvelle loi sur l'entrée et le séjour des étrangers en France* ». (A. Finkielkraut in *Le Monde* du 12 décembre 1997, p. 22).

dans ce débat un moyen de se reconstruire autour des thèmes de la responsabilité et de la sécurité face à l'immigration. Une partie de la « gauche plurielle » (les Verts, certains communistes), elle, en exprimant ainsi sa différence, voit un moyen d'affirmer son existence[63].

Dans ce cadre, nous sommes en droit de nous demander si cette médiatisation, à des fins politiciennes, de la question de l'immigration ne sert pas d'abord des mouvements d'extrême-droite favorables au droit du sang, ce qui est contraire aux traditions républicaines depuis plus d'un siècle. En instrumentalisant, par leur association à l'immigration, les peurs et le sentiment d'insécurité des personnes, l'extrême-droite pourtant quasiment absente de l'Assemblée nationale (un député) est la grande gagnante de ces débats. En arrière plan des débats à l'assemblée nationale sur l'immigration, l'ombre du Front National plane[64]. D'ailleurs, en réclamant, à l'instar du Front National, un référendum sur l'immigration[65], la dérive populiste ne guette-t-elle pas toute une partie de la droite républicaine classique ? Les élections régionales et cantonales de mars-avril 1998, au cours desquelles la droite classique (UDF-RPR) se déchire suite à son échec relatif, confirment cette crainte. En effet, malgré la tactique grossière du Front National jouant avec le flou du vote à la proportionnelle pour devenir présidents ou vice-présidents de région, alors que des hommes politiques refusent toute

---

L. Schwartzenberg se sentant visé par l'article d'A. Finkielkraut lui répond violemment en attaquant ses positions qu'il juge inhumaines.
« *Que l'auteur de l'article souhaite, selon la terminologie en vigueur, la maîtrise des flux migratoires, le renvoi dans leur pays d'origine des immigrés clandestins non régularisés, la défense du rapport de M. Weil, qui souhaite, selon une formule qui mérite de passer à la postérité,* « *qu'on ne devienne pas français sans le vouloir* », *c'est son droit de penseur de la politique. Mais quand l'emportement l'entraîne à traiter ceux et celles qui ne pensent pas comme lui d'*« *angéliques haineux* », *il joint le mépris au mensonge* ». (L. Schwartzenberg, Alain Finkielkraut, « Le mépris et le mensonge » in *Le Monde* du 19 décembre 1997, p. 16).
63. Cf. *Le Monde* du 11 décembre 1997, p. 7.
64. Cf. *Libération* du 15 décembre 1997, notamment l'article intitulé « Obsédés par le FN, les élus UDF et RPR du sud rivalisent d'assiduité », p. 12.
65. Cf. P. Douste-Blazy et H. Plagnol, « Du bon et du mauvais usage du référendum » in *Le Monde* du 12 décembre 1997, p. 22.

alliance avec l'extrême-droite, plusieurs têtes de listes UDF-RPR (Charles Millon en Rhônes-Alpes, Jean-Pierre Soissons en Bourgogne, Jacques Blanc en Languedoc-Rousillon...) acceptent des voix du Front-national, mettant ainsi gravement en danger la démocratie.

Le projet de loi

Quoi qu'il en soit, malgré le peu de consensus et d'apaisement que recherchait J-P. Chevènement en présentant son projet[66] de loi, l'Assemblée nationale a adopté en première lecture, le mercredi 17 décembre 1997, par 276 voix contre 254, une nouvelle loi sur l'immigration. Voici les principales innovations introduites par ce texte, rapportées par le journal *Le Monde*[67].

– Droit d'asile :

Le texte amendé semble élargir l'accès au droit d'asile.

> *« A côté du statut de réfugié – prévu par la convention de Genève de 1951 et traditionnellement reconnu en France par l'Office de protection des réfugiés et apatrides (OFPRA) ou, en appel, par la Commission de recours des réfugiés (CRR) –, la future loi donne à ces mêmes instances le pouvoir d'accorder la protection de la France à un étranger persécuté « en raison de son action en faveur de la liberté », expression tirée du préambule de la Constitution de 1946. En outre, le texte confie au ministre de l'intérieur le pouvoir d'accorder l'asile territorial à un étranger établissant que "sa vie ou sa liberté" est menacée dans son pays ou qu'il y serait exposé à des traitements inhumains ou dégradants »*[68].

---

66. Cf. « L'agitation de la droite et la discrétion du PS » in *Le Monde* du jeudi 18 décembre 1997, p. 8.
67. Cf. « Une législation assouplie par le gouvernement et les députés » in *Le Monde* du vendredi 19 décembre 1997, p. 7.
68. « Asile «constitutionnel» et asile «territorial», in *Le Monde* du mercredi 17 décembre 1997, p. 9.

– Visas :

Les consulats doivent motiver les refus de visas pour dix catégories d'étrangers.

– Certificat d'hébergement :

Supprimant ce document (auparavant obligatoire pour l'obtention d'un visa lors d'une visite familiale) signé du maire de la commune où réside l'accueillant, le visiteur devra désormais obtenir une attestation d'accueil de la part de la personne qui héberge.

– Titres de séjour :

En ce qui concerne ces titres, la nouvelle législation est beaucoup plus souple et plus humaine qu'auparavant.
Ainsi, de nombreux titres de séjour spécifiques sont créés :
- *une carte de dix ans* sans droit au travail est donnée aux retraités ;
- les universitaires et chercheurs peuvent disposer d'une *carte scientifique d'un an* ;
- des artistes titulaires d'un contrat avec une institution culturelle pourront bénéficier *d'une carte d'un an* ;
- les personnes disposant de solides liens familiaux en France peuvent accéder à *une carte vie privée et familiale d'un an*, permettant de travailler ;
- les malades pour lesquels une expulsion aurait des conséquences d'une exceptionnelle gravité peuvent également bénéficier d'une carte d'un an.
- *Au bout de cinq ans, ces cartes provisoires se transforment en cartes de dix ans. Par ailleurs, l'accès à ces titres stables n'est plus nécessairement soumis à une entrée régulière sur le sol français.*
- Par ailleurs, la « commission de séjour » est rétablie. Composée de représentants de l'administration et de magis-

trats, elle donne son avis en cas de refus de renouvellement d'un titre de séjour[69].

– Mariages mixtes :

Un étranger peut obtenir un titre de séjour, immédiatement après son mariage avec un ressortissant français (au lieu d'attendre un an, comme c'était le cas auparavant), à condition d'être entré régulièrement en France (cependant, il peut se trouver en situation irrégulière au moment du mariage)

– Regroupement familial :

Même si le SMIC demeure le point de repère pour accorder le droit à un étranger de faire venir sa famille en France, désormais, un préfet ne peut plus refuser le regroupement familial au seul motif de « ressources insuffisantes ». Ainsi, un demandeur peut entamer une procédure de regroupement si celui-ci dispose d'un logement adéquat à l'arrivée de sa famille.

– Droits sociaux :

Les allocations aux personnes âgées, aux adultes handicapés et les allocations de logement social sont étendues aux étrangers en situation régulière. Les prestations « vieillesse » peuvent être perçues même si l'assuré réside à l'étranger. Les retraités étrangers ne résidant pas en France, ayant cotisé pendant au moins quinze ans, peuvent bénéficier de l'assurance-maladie lors de séjours temporaires en France si leur état de santé nécessite des soins immédiats.

---

69. Cf. « Le retour de la commission de séjour, toujours controversée » in *Le Monde* du dimanche 14 – lundi 15 décembre 1997, p. 6.

– Rétention :

La durée maximum de la rétention administrative passe de dix à douze jours. En revanche, le recours contre un arrêté de reconduite à la frontière pourra être déposé au cours des premières quarante-huit heures (et plus seulement vingt-quatre) et les parquets ne peuvent plus s'opposer à la remise en liberté, par le juge, d'un étranger.

– Interdiction du territoire :

Désormais, pour condamner à une interdiction du territoire un étranger, un tribunal devra spécialement motiver sa décision au regard de la gravité de l'infraction, mais aussi au regard de la situation familiale et personnelle de l'étranger en question. Les étrangers malades pour lesquels une expulsion peut avoir des conséquences d'une extrême gravité sont également concernés par ces dispositions.

Le projet de loi a, de nouveau, été examiné en seconde lecture par l'Assemblée nationale, le mercredi 25 février 1998, mais n'est définitivement adopté qu'après les élections régionales de mars[70], le 8 avril 1998[71] et validé par le conseil constitutionnel le 5 mai 1998[72] (parution au *Journal officiel* daté du 11-12 mai).

---

70. Cf. « Immigration : les députés reprennent le débat » in *Le Monde* du 26 février 1998.
71. Malgré le vote à l'assemblée nationale, en dernière lecture, du projet de J-P. Chevènement sur l'immigration et le soutien du premier ministre L. Jospin, la gauche reste divisée (les verts ont voté contre ainsi qu'un communiste, les autres communistes se sont abstenus) entre « *ceux qui tiennent la matraque et ceux qui se couchent devant les avions* » comme le déclarait J-C Cambadélis, secrétaire national du parti socialiste in *Le Monde* du jeudi 9 avril 1998, p. 8. Par ailleurs, la droite s'oppose également à ce texte qu'elle trouve trop souple. Ainsi, l'opposition RPR-UDF a saisi le conseil constitutionnel sur le texte relatif à l'immigration, le jeudi 9 avril 1998.
72. Cf. *Le Monde* du jeudi 7 mai 1998, p. 7 et celui du jeudi 14 mai 1998, p. 10 détaillant les mesures désormais applicables par la loi sur l'immigration (attestations d'accueil, visas, étudiants, droit d'asile, titres de séjour, droits sociaux, mariages mixtes, regroupement familial, éloignement forcé). Pour une description détaillée de la loi Che-

Contre la proposition de loi sur l'immigration présentée par J-P Chevènement et face au refus de régularisation des personnes en situation irrégulière (environ 70 000 personnes, surtout des célibataires) s'étant déclarées[73], la mobilisation des cinéastes, des intellectuels et des associations en faveur des sans-papiers[74] souligne le combat d'une gauche qui, dans un contexte de globalisation, de libéralisation, refuse le repli sur soi et les logiques sécuritaires. Au-delà de calculs politiciens de quelques uns, la lutte pour les sans-papiers est, avant tout, l'expression d'un réveil civique, une résistance face à la « bouc-émissarisation » de populations touchées de plein fouet par le libéralisme mondial[75]. La gauche cherche une

---

vènement relative à l'immigration, voir aussi *Actualités Sociales Hebdomadaires* (ASH) n° 2071, 15 mai 1998, pp. 13-22.

73. Les régularisations positives placent au premier plan l'immigration familiale. 80 % des réponses positives concernent les parents d'enfants nés en France, les conjoints de français ou d'étrangers réguliers, les familles constituées de longue date et les jeunes rentrés en France hors regroupement familial.
« *Sur les 108 515 dossiers traités fin avril, 48 901 cartes ont été accordées, 13 701 récépissés – qui préfigurent une réponse positive – ont été délivrés, et 45 913 rejets notifiés. Le taux de rejet s'élève donc à 42, 31 %. Un chiffre qui devrait augmenter d'ici la fin du mois, les dossiers encore en attente étant souvent les plus difficiles* » (*Le Monde* du jeudi 14 mai 1998, p. 10).

74. S'inscrivant dans la droite ligne des précédents (en février 1996, cinquante-neuf cinéastes avaient lancé un appel à désobéir aux lois contre l'immigration de J-L. Debré ; huit mois plus tard, en octobre 1997, 1 300 artistes et intellectuels lançaient un nouvel appel), afin de rester fidèles à l'esprit de février, 133 cinéastes réclamaient une régularisation massive des sans-papiers dans un appel rendu public, le 7 avril 1998. Ils réclamaient un titre temporaire d'un an pour tous ceux qui en ont fait la demande et, surtout, annonçaient leur intention de parrainer les exclus de la circulaire Chevènement. Le samedi 11 avril, à la mairie de Saint-Denis, en présence du maire communiste P. Braouezec, plusieurs cinéastes s'engageaient à soutenir un des 75 000 déboutés (cf. *Le Monde* du mercredi 8 avril, pp. 8-9). Par ailleurs, 12 écrivains lançaient également une pétition de soutien aux sans-papiers, le vendredi 10 avril 1998. (Voir aussi dans *Le Monde* du mercredi 13 mai 1998 l'article intitulé « Sans-papiers : avant qu'il ne soit trop tard » par Patrice Chéreau, Jean-Luc Godard, Anne-Marie Miéville et Stanislas Nordey).

75. Au terme de l'opération de régularisation, arrivée à échéance le 31 mai 1998, il semble que moins de la moitié des sans-papiers qui en ont fait la demande est régularisée. En fait, cette opération fortement polémique met en évidence les logiques contradictoires du gouvernement

nouvelle définition[76]. Comme le montre M. Wieviorka, dernièrement, à travers plusieurs luttes récentes, une gauche caractérisée par la « pensée du refus » se confronte à une autre gauche, se définissant par son « orientation constructive »[77]. Ici, il s'agit d'une gauche morale, non partisane, qui, au nom de la dignité, de la solidarité, de valeurs égalitaires et des droits de l'homme refuse de sacrifier son éthique de conviction au non d'une éthique de responsabilité. Se référant à l'histoire sombre de la France de Vichy, elle s'érige comme « l'avant-garde » vigilante face aux tentations autoritaires contre les opprimés, et les victimes de l'ultra-libéralisme mondial.

> «... 75 000 personnes à expulser, c'est 1 000 personnes raflées pendant 75 semaines. Qui souhaite réellement que la France se transforme en État policier ? [...] De nouveau, nous demandons donc la régularisation de tous les sans-papiers qui en ont fait la demande. D'ici là, chacun d'entre nous, conscient d'être coupable d'un délit de solidarité, s'engage à parrainer un des 75 000 déboutés »[78].

En revanche, l'unité apparente de cette mobilisation collective ne s'opère pas sur des axes de proposition politique et idéologique communs mais, avant tout, sur une dénonciation du nouvel ordre mondial, au nom de valeurs morales[79] liées

---

en matière d'immigration. En effet, d'un côté, il s'agit de montrer une certaine fermeté vis-à-vis d'un électorat inquiet face à l'immigration et, de l'autre, il s'agit de mettre en place la gestion d'une population de « clandestins officiels » de plus de 50 000 personnes.

76. Cf. P. Bourdieu, « Pour une gauche de gauche » in *Le Monde* du mercredi 8 avril 1998, pp. 1-13. Voir aussi le dossier spécial sur le « réseau Bourdieu », in *Libération* du jeudi 16 avril 1998.
77. Cf. M. Wieviorka, « Actualité et futur de l'engagement » in *Raison et conviction : l'engagement* (dir. M. Wieviorka), Paris, éd. Textuel, 1998, pp. 7-49.
78. Texte de la pétition signée par 133 cinéastes, intitulé « Pourquoi un tel acharnement répressif ? », publié dans *Le Monde* du mercredi 8 avril 1998, p. 8.
79. Cette mobilisation autour des sans-papiers, au nom des valeurs morales, s'exprime notamment à travers l'occupation d'églises avec l'accord des autorités ecclésiastiques (cathédrale d'Evry dans l'Essonne, église Saint-Pierre du Havre en Seine-Maritime, cathédrale Notre-Dame de Créteil dans le Val-de-Marne, église Saint-André de Bobigny en Seine-Saint-Denis).

aux notions de *Liberté, Égalité, et Fraternité*[80]. Quoi qu'il en soit, cette loi sur l'immigration et les mouvements contestataires qui l'accompagnent mettent en évidence les tensions existant autour de la nouvelle question sociale liée à l'exclusion et aux revendications identitaires. En effet, dans un contexte de mondialisation, la République doit-elle s'ériger comme une forteresse[81] en créant des critères d'exclusion[82] ou, au contraire, s'ouvrir en accompagnant les mutations, en se mobilisant autour de valeurs humaines ? En fait, « l'ordre républicain » doit-il l'emporter sur « l'éthique républicaine » ?[83] Comme le soulignent plusieurs intellectuels spécialistes des questions d'immigration[84], restreindre la li-

---

80. Pour F. Dubet et D. Martuccelli qui décrivent les actions collectives actuelles, les luttes seraient unidimensionnelles et portées par des mobilisations à caractère, soit revendicatif, soit identitaire, soit normatif et moral (voir F. Dubet et D. Martuccelli, *Dans quelle société vivons-nous ?*, Paris, éd. Seuil, 1998, pp. 223-234). Ici, il semble que la lutte des sans-papiers revêt un caractère fortement moral. Il s'agit d'une « croisade morale », en interdépendance avec le champ médiatique.
81. Fêtant ses 100 ans, le vendredi 8 mai 1998, La Ligue des droits de l'Homme par l'intermédiaire de son président Henri Leclerc, déclarait, à propos des sans-papiers, que « des lois de police tiennent lieu, dans notre pays de politique d'immigration ». (voir *Le Monde* du dimanche 10 – lundi 11 mai 1998, p. 6)
82. La circulaire de régularisation du 24 juin 1997 signée par J-P Chevènement, prévoit l'examen des demandes des sans-papiers en fonction de critères. Notamment, les parents ou conjoints de français se voient délivrer des papiers sans problèmes. Les conditions sont appréciées avec souplesse pour les membres de familles constituées en France. En revanche, la circulaire exige, pour les célibataires, sept ans de présence en France, un titre de séjour de six mois et la preuve d'activités régulières.
83. Des hommes politiques au pouvoir vivent sans cesse une contradiction entre les valeurs liées au respect des droits de l'homme qu'ils proclament et la politique souvent répressive qu'ils appliquent. Ainsi, lors de la célébration de l'abolition de l'esclavage, le président de la République, J. Chirac a vanté le « modèle français d'intégration », centré sur « *l'accueil d'hommes et de femmes riches de leur culture, de leur histoire, de leurs traditions, apportant ainsi du sang neuf à la nation* ». Pourtant, celui-ci a permis le vote de lois restrictives en matière d'accueil des étrangers avec les lois Debré notamment (cf. *Le Monde* du vendredi 24 avril 1998, p. 6).
84. E. Balibar, M. Chemillier-Gendreau, J. Costa-Lascoux, E. Terray, « Etrangers, la rose ou le réséda », in *Le Monde* du mercredi 15 avril 1998, p. 14.

berté des personnes en matière de circulation, faire des concessions à la mythologie de la pression migratoire a un « coût démocratique ». Or, la gauche au pouvoir semble avoir choisi le réséda (loi Relative à l'Entrée et au Séjour des Étrangers et au Droit d'Asile), symbole de désespoir pour certains poètes, plutôt que la rose, symbole des droits de l'homme. Comme l'indique M. Wieviorka : « *il est souvent plus difficile de construire que de rompre, de débattre et d'échanger que d'excommunier* »[85]. En effet, dans une société démocratique, n'est-il pas possible de lier raison et conviction ? Il s'agit, justement, comme le proposait Max Weber, de ne pas opposer obligatoirement l'éthique de conviction et l'éthique de responsabilité.

Pour les acteurs dirigeants, la fin de l'opération de régularisation des sans papiers, illustre bien les difficultés de choisir entre le tout répressif ou le tout laxiste. En effet, le gouvernement se trouve pris dans ses contradictions. D'un côté, comme l'indique S. Hessel[86], par crainte de paraître laxiste aux yeux d'un électorat inquiet face à la « pression migratoire », celui-ci ne régularise qu'environ 50 % des demandeurs de papiers. De l'autre côté, par souci de ne pas déplaire à l'autre partie de l'électorat appartenant à la minorité de la « gauche plurielle », agissant au nom de valeurs morales, le gouvernement ne peut pas aller jusqu'au bout d'une logique répressive[87].

Quoi qu'il en soit, dans la réalité, il existe toujours de nombreuses personnes vivant sur le sol national et qui sont maintenues dans une situation humaine, sociale et économique tout à fait précaire[88].

---

85. M. Wieviorka, *Raison et conviction : l'engagement (1998)*, op. cit., p. 47.
86. Cf. entretien avec S. Hessel in *Le Monde* du dimanche 31 mai – lundi 1 juin 1998, p. 7.
87. En lutte contre la « double peine », les grévistes de la faim de Lyon cessent leur mouvement après les propositions du gouvernement. Ils ont obtenu un report de six mois de toute mesure d'éloignement (cf. *Le Monde* du dimanche 31 mai – lundi 1 juin 1998, p. 26).
88. Faisant le bilan des régularisations des étrangers « sans-papiers », en application de la loi RESEDA du 11 mai 1998, réglant l'entrée et le séjour des étrangers et le droit d'asile, des universitaires et militants engagés, dénoncent les « sept contrevérités » du gouvernement et militent pour une autre logique en matière d'immigration. En effet, pour des raisons électoralistes, en tentant de construire un équilibre

– le triomphe des réseaux militants

Au mois de juillet 1998, finalement, le gouvernement assouplit sa position sur la régularisation des sans-papiers. Sous la pression continue d'intellectuels, d'artistes, d'associations défendant les droits de l'homme et de grévistes de la faim, le gouvernement annonce, en effet, le jeudi 2 juillet, la création d'une *commission consultative* destinée à réexaminer les dossiers des sans-papiers non régularisés. Pour cette commission, il s'agit de faciliter le règlement des dossiers les plus délicats.

En fait, pour les hauts fonctionnaires de cette commission[89], il s'agit d'assouplir les conditions de mise en œuvre de la circulaire Chevènement, sans que ses critères soient officiellement modifiés[90].

---

entre le droit de circulation des personnes et le contrôle répressif des flux migratoires, le gouvernement est accusé de ne pas prendre ses responsabilités ; autrement dit, en application d'une philosophie des droits de l'homme, de permettre à toutes les personnes vivant sur le sol national et européen d'accéder à la citoyenneté. En définitive, en refusant de régulariser 66 000 étrangers, le gouvernement maintient dans la précarité des milliers de personnes, alimentant ainsi le marché du travail illégal et renforçant le racisme, les discriminations et les idées d'extrême-droite (cf. E. Balibar, M. Chemillier-Gendreau, J. Costa-Lascoux, E. Terray, *Sans-papiers : l'archaïsme fatal*, Paris, éd. La Découverte, 1999).

89. Cette commission est présidée par Jean-Michel Galabert, président de section honoraire au Conseil d'État qui est épaulé par un membre de la Cour des Comptes, un membre de la Cour de cassation, un inspecteur général de l'administration, un inspecteur général des affaires sociales et trois secrétaires généraux de préfecture.

90. Cf. *Libération* du 2 juillet 1998, pp. 2-3 et *Le Monde* du samedi 4 juillet 1998, p. 8.

III

L'usage actuel des concepts d'assimilation, d'intégration et de citoyenneté

1. Un constat démographique (Michèle Tribalat)

Michèle Tribalat, démographe, montre que l'on connaît très peu les personnes nées en France de parents immigrés. Les sources sont souvent fondées sur le critère de nationalité, laissant peu ou pas d'éléments pour étudier cette population.
Pourtant, connaître cette population est d'une grande importance pour comprendre le processus d'assimilation. Injustement inutilisé en raison de son usage historique dans le contexte de la colonisation, Tribalat plaide pour l'utilisation scientifique du mot assimilation qui lui semble le mieux adapté au système socio-politique français. Tribalat utilise donc le mot assimilation en raison de son efficacité conceptuelle.

> « *Il désigne le processus social se traduisant par des ajustements de comportements manifestant l'intégration, par les populations étrangères ou d'origine étrangère, des principes fondateurs de la nation et des usages de la société d'accueil. Sa sphère privilégiée est la sphère culturelle, au sens large. Ce processus conduit à l'abandon (progressif) de spécificités par trop contradictoires à ces principes et usages, à la convergence des comportements sur des domaines importants, à la construc-*

tion d'un lien national et à des mélanges de populations, puissant facteur de résolution des différences »[1].

Il s'agit d'étudier des jeunes qui sont, pour la plupart, français ou, en tous cas, élevés et socialisés en France. D'ailleurs, la société française leur accorde une place relative mais, dans les journaux, à la rubrique « faits divers ». Cette population est stigmatisée comme étant la source des problèmes. Des idées reçues se sont forgées sur les jeunes générations d'origine étrangère et surtout maghrébine, qu'il s'agit de changer à l'aide d'enquêtes et d'un outil d'observation sérieux[2].

M. Tribalat démontre, à l'aide d'enquêtes chiffrées, que la plupart des jeunes d'origine étrangère sont en voie d'assimilation en ce qui concerne les normes françaises, notamment en matière de constitution des familles et de pratiques religieuses. En ce qui concerne les pratiques matrimoniales et les normes familiales chez les jeunes de 20-29 ans, même si l'on constate des disparités avec les jeunes « français de souche »[3] du même âge, l'évolution tend à aller vers une homogénéisation des pratiques. Pour M. Tribalat, notamment, le choix du conjoint est un bon indicateur de l'état de la progression de l'assimilation.

> *« Les unions mixtes constituent l'indicateur souverain d'appréciation de la progression de l'assimilation au fil des générations »*[4].

Les pratiques religieuses, chez les jeunes d'origine étrangère, sont de moins en moins suivies. D'ailleurs, la pratique religieuse, parmi l'ensemble des jeunes gens, est en général

---

1. M. Tribalat, « Jeunes d'origine étrangère en France » in *Futuribles*, n° 215, décembre 1996, p. 56.
2. M. Tribalat mène des enquêtes au sein de l'INED comme l'enquête intitulée « Mobilité géographique et insertion sociale » (MGIS) réalisée avec le concours de l'INSEE, en 1992. Ici, il s'agit d'étudier les jeunes nés en France de parent(s) né(s) en Algérie, en Espagne ou au Portugal âgés de 20-29 ans. D'autres publications interviennent comme les deux ouvrages : M. Tribalat, *Faire France*, Paris, La Découverte, 1995 ; M. Tribalat (avec la participation de P. Simon, B. Riandey), *De l'immigration à l'assimilation*, Paris, éd. INED/La Découverte, 1996.
3. Tribalat utilise le terme « français de souche » pour désigner des personnes nées en France de deux parents nés en France.
4. Tribalat in *Futuribles*, *op. cit.*, 1996, p. 61.

relativement faible. Ainsi, l'enquête MGIS « *indique simplement que, contrairement aux idées reçues, les migrants algériens sont les musulmans les moins pratiquants* »[5].

En revanche, certaines pratiques culturelles religieuses chez les jeunes d'origine algérienne sont toujours vivantes. Il s'agit d'abord d'une volonté de garder des repères identitaires.

> « *Si le désintérêt face à la religion semble massif parmi les jeunes d'origine algérienne, il ne semble guère toucher les pratiques culturelles du ramadan et des interdits alimentaires qui restent très vivaces lorsque les deux parents sont nés en Algérie. Ce phénomène traduit donc plus une fidélité aux origines qu'un intérêt pour la religion et un certain conformisme dans les déclarations, les pratiques réelles étant difficilement accessibles* »[6].

Par ailleurs, la pratique du jeûne et les interdits alimentaires est beaucoup plus forte dans des quartiers communautaires et de moins en moins élevée en quartier « non immigré ».

M. Tribalat indique donc que sur les domaines fondamentaux qui touchent la constitution des familles, la religion, les comportements des jeunes d'origine étrangère et surtout d'origine algérienne sont très proches des attitudes des autres jeunes du même âge.

En revanche, « *cette adaptation importante* « *aux normes françaises* » *s'accompagne cependant d'une situation sociale inquiétante, même si l'école n'a pas vraiment failli dans sa mission, compte tenu d'un certain nombre de handicaps (origine sociale et illettrisme des parents)* »[7].

Globalement, M. Tribalat montre que l'école n'a pas failli à sa mission. Compte tenu du recouvrement entre origine sociale et origine ethnique, les enfants d'ouvriers d'origine étrangère ont des performances scolaires pas si éloignés des jeunes français de souche d'origine ouvrière.

En revanche, à niveau égal, le chômage est anormalement élevé chez les jeunes d'origine étrangère, surtout chez les jeunes d'origine algérienne.

« *Les jeunes d'origine algérienne sont ceux qui connaissent le plus de difficultés : plus forte précarité dans l'emploi*

---

5. Ibid., p. 68.
6. Ibid., p. 69.
7. Ibid., p. 71.

et taux de chômage de l'ordre de 40 % chez les garçons et les filles (contre respectivement 11 % et 20 % chez les jeunes français de souche) »[8].

Commentaire

Paradoxalement, les jeunes d'origine algérienne sont sous-représentés dans la classe ouvrière par rapport aux jeunes d'origine portugaise qui sont sur représentés. Tribalat souligne que les jeunes d'origine algérienne ont une volonté d'ascension sociale plus grande et acceptent moins facilement la reproduction sociale. Pourtant, de manière empirique, les jeunes d'origine algérienne se retrouvent dans des situations inextricables. Ici, les travaux de M. Tribalat se recoupent avec ceux que fait D. Lapeyronnie au début des années 90 sur les jeunes maghrébins de la seconde génération. A cette époque, celui-ci fait une hypothèse centrale : « *par rapport aux autres jeunes immigrés, les jeunes d'origine maghrébine vivent une tension plus forte entre une intégration culturelle réussie et l'échec de l'intégration socio-économique pour une grande partie d'entre eux* »[9].

Didier Lapeyronnie montre que, du côté de la culture, ils sont engagés dans un processus d'assimilation (désagrégation de l'unité communautaire, déstructuration de la famille traditionnelle, affaiblissement de la pratique de l'islam et de la connaissance de la langue maternelle, forte mobilité professionnelle, choix de cycles scolaires longs...). Du côté de l'intégration sociale, il existe un fort décalage entre leurs aspirations (refus des emplois sous-qualifiés et surtout ouvriers) et la réalité qu'ils vivent (un taux de chômage beaucoup plus élevé que celui des jeunes portugais, victimes de discriminations surtout dans le secteur privé...).

« *Toute une partie de la population des jeunes Maghrébins est donc dans une situation de forte assimilation culturelle et de faible insertion sociale, voire en voie de marginalisation* »[10].

---

8. Ibid., p. 73.
9. D. Lapeyronnie, « Actions collectives » in *Informations Sociales*, n° 14, octobre-novembre 1991, p. 65.
10. Ibid., p. 66.

Beaucoup de jeunes maghrébins interprètent la distance entre leur assimilation culturelle et leur exclusion sociale par le racisme qu'ils subissent. Ainsi, l'action collective des jeunes maghrébins de la fin des années 80 et du début des années 90 serait liée à une forte indignation morale.

> « *L'action se forme à partir d'un appel à des principes de justice et de dignité, en dénonçant le racisme. Elle est peu revendicative mais fortement chargée de protestation morale. [...] Les demandes sociales, d'intégration sociale se surchargent alors d'une exigence de reconnaissance, non d'une différence culturelle, mais de la spécificité de l'expérience du racisme* »[11].

Les jeunes Maghrébins de la seconde génération se méfient donc de ceux qui nient leur spécificité liée à l'expérience du racisme mais aussi de ceux qui veulent les stigmatiser en leur reconnaissant une différence culturelle qui n'est plus la leur.

Au vue de la gravité de la situation, dans un contexte de pénurie de l'emploi, M. Tribalat pose le problème des « pratiques discriminatoires ». Il semble que les jeunes d'origine algérienne pâtissent de la construction stéréotypique du « jeune maghrébin » délinquant et potentiellement islamiste que divulgue largement des instances de communication au sein de la société française.

> « *Si l'enquête MGIS n'a pas été conçue pour mettre en évidence ces pratiques discriminatoires, sur lesquelles on sait peu de choses, elle en décrit les représentations. Globalement, quelle que soit l'origine ethnique, on reconnaît fréquemment l'existence de ces pratiques dont les cibles privilégiées sont les Arabes (Maghrébins...) et, dans une moindre mesure, les Africains noirs* »[12].

M. Tribalat conclut en se demandant ce qu'il va advenir de la vocation de l'école si celle-ci ne permet plus l'insertion professionnelle de toute une partie de la jeunesse vivant sur le sol national. Tribalat s'interroge sur les manières de réduire la pénurie de l'emploi et surtout de combattre les pratiques discriminatoires.

---

11. *Ibid.*, p. 67.
12. M. Tribalat in *Futuribles* (1996), *op. cit.*, p. 78.

Comme l'indique Tribalat, les anglo-saxons répondent à cette problématique dans « l'affirmative action »[13]. Depuis le début des années 60, de nombreux pays comme les États-Unis, la Grande-Bretagne, la Hollande ont mis en place des politiques de discrimination positive en faveur des minorités.

« Aux États-Unis, les minorités dites « désavantagées » (c'est-à-dire les Noirs, les Hispaniques et les Natives descendants des premiers Indiens) font parfois l'objet d'une politique d'intégration encouragée par les pouvoirs publics. Désignée par l'expression l'affirmative action, elle consiste à veiller, dans les procédures de recrutement, à ce qu'un nombre significatif d'individus issus des minorités soit représenté parmi les candidats retenus »[14].

Aux États-Unis, peu à peu *l'affirmative action* évolue et s'étend ; cette politique doit désormais construire l'avenir multiculturel du pays en s'appliquant dans les entreprises, les administrations, les écoles, les universités, etc. Un véritable clivage se constitue entre les promoteurs et les détracteurs de *l'affirmative action*. Les détracteurs voient dans *l'affirmative action* une sorte de discrimination à l'envers préjudiciable.

En France, M. Tribalat indique que *« la mise sur pied d'une politique affichant ouvertement sa volonté de pratiquer la discrimination positive paraît culturellement contre-indiquée »*. Pourtant, déjà, la France déroge à son modèle puisque diverses politiques sont spécifiquement dirigées vers des publics cibles (le FAS, notamment). Il s'agit donc de s'attaquer d'urgence au problème des pratiques discriminatoires pour ne pas mettre *« en péril le modèle français d'assimilation fondé sur un principe universaliste refusant l'étiquetage collectif »*.

En fait, M. Tribalat pose le problème du décalage existant entre une assimilation culturelle et une assimilation sociale décrite par l'École de Chicago. Ainsi, A-M. Gaillard, soulignant, qu'en 1932, F. Frazier, sociologue de l'École de

---

13. Cf. M. Kilson, C. Cottingham, « La politique de l'affirmative action dans le système américain » in *Hommes et Migrations*, n° 1162-1163, 1993.
14. Cf. *Futuribles*, décembre 1996, p. 79.

Chicago, fait une distinction entre ces deux formes d'assimilation[15], apporte ici un éclairage toujours intéressant.

> *« Selon lui, il ne suffit pas que les membres d'un groupe minoritaire acquièrent les éléments culturels en vigueur dans un groupe majoritaire dominant (comme la langue, la pratique religieuse ou certains modes de vie), ni qu'ils intègrent et respectent les codes moraux et les règles de vie pour qu'ils soient acceptés par ce groupe dominant »*[16].

F. Frazier, dans l'analyse des rapports entre les blancs et les noirs aux États-Unis, observant ce décalage, pensait que l'assimilation ne pourrait être complète qu'après la disparition de la discrimination raciale et l'installation d'une véritable égalité entre les blancs et les noirs.

> *« Le conflit entre les groupes ethniques est, dès lors, considéré comme une situation non plus temporaire mais permanente, caractérisant des rapports entre dominants et dominés. Dans ce contexte, le cycle d'intégration ne s'achèvera pas par l'assimilation, mais par le maintien de deux groupes distincts »*[17].

2. Le concept scientifique d'assimilation n'est pas neutre

Pour S. Bertaux, le concept démographique d'assimilation est un label scientifique qui n'est certainement pas neutre lorsqu'il est utilisé pour analyser l'intégration. Prenant comme exemple l'enquête démographique, *Mobilité géographique et insertion sociale* (MGIS) portant sur l'assimilation des immigrés et leurs enfants de M. Tribalat, S. Bertaux souligne la tentation des démographes de vouloir mesurer ce processus et d'en rendre compte de manière figée.

---

15. E. F. Frazier, *The Negro Family in Chicago*, University of Chicago Press, 1932.
16. A-M Gaillard, « Assimilation, insertion, intégration, adaptation : un état des connaissances » in *Hommes & Migrations*, n° 1209, septembre-octobre 1997, p. 122.
17. Ibid., p. 122.

Ainsi, montrant les différences existantes entre une définition sociologique et une définition démographique de l'assimilation, S. Bertaux indique que la définition démographique est intrinsèquement liée à l'idée de nation alors que la définition sociologique est associée à un processus se réalisant grâce à plusieurs agents de socialisation (l'école, le travail...).

> « *L'assimilation suppose alors que l'individu va subir une transformation tandis que la nation, assimilatrice, ne sera pas altérée par cet apport nouveau. Les facteurs favorables au processus ne sont plus à rechercher du côté des institutions, comme chez Durkheim, ou des communautés pour l'École de Chicago, mais sont réduits à un seul facteur « suprême » et « mesurable », le mariage mixte, ce dernier indiquant le degré, selon les démographes, de dilution des étrangers dans la nation* »[18].

En démographie française, l'immigration est l'un des thèmes majeurs avec celui de la natalité puis du vieillissement à la fin du XIXe et au début du XXe siècles. Autour de l'Alliance nationale pour l'accroissement de la population française, dès 1896, la démographie se constitue comme un courant nataliste et nationaliste. Influencés par les thèses de Maurice Barrès, qui, en 1893, a écrit un opuscule intitulé : *Contre les étrangers : étude pour la protection des ouvriers français*, les démographes cèdent à la peur des étrangers. « L'invasion pacifique » des étrangers serait une menace pour la race, pour la patrie et pour la cohésion nationale.

Dans ce contexte, apparaît de manière ambiguë la notion d'assimilation. En attendant le redémarrage de la natalité des français, il s'agit de pallier le manque de population grâce à l'assimilation de quelques étrangers.

En fait, les populations immigrées viennent en France, de façon inévitable, avec l'industrialisation du pays.

Les démographes conçoivent l'assimilation des étrangers à travers la démographie quantitative et qualitative. Il s'agit de répartir, de façon équitable, sur l'ensemble du territoire, surtout dans les campagnes, une population « ethniquement assimilable ». Les démographes de l'Institut National

---

18. S. Bertaux, « Le concept démographique d'assimilation : un label scientifique pour le discours sur l'intégration ? », in *Revue Française des Affaires Sociales*, juin 1997, pp. 38-39.

d'Études Démographiques (INED), institution fondée après la deuxième guerre mondiale, publient, en 1947 (*Documents sur l'immigration*, Cahier n° 2, *Travaux et documents*, PUF, 1947), les travaux de la Fondation française pour l'étude des problèmes humains écrits entre 1941 et 1945. L'INED est fondé à partir du personnel administratif et des chercheurs de la Fondation créée par A. Carrel[19], en 1941[20].

Les démographes de cette époque considèrent la France comme une « race-résultat ».

> « *La démographie emprunte alors à l'anthropologie : la position la plus sûre et qui doit permettre d'écarter tout risque de modifier profondément la population française et tous déboires du point de vue culturel, est certainement celle qui consiste à rechercher des immigrants dont – le type ethnique – est déjà représenté dans la – mosaïque française –* »[21].

Ainsi, les démographes définissent-ils une sélection ethnique devant permettre l'assimilation des immigrés. La démographie qualitative doit favoriser cette sélection. Comme le montre Hervé Le Bras[22], à propos des écrits de G. Mauco dans les *Documents sur l'immigration*, rédigés en 1947, à l'instar des présupposés anthropologiques qui doivent permettre une sélection à l'entrée en France, « *les démographes s'appuient sur la valeur professionnelle du migrant pour établir une hiérarchie ethnique* »[23].

C'est un démographe de l'INED, A. Girard, pourtant ancien de la Fondation française pour l'étude des problèmes humains, qui abandonne le concept d'assimilation qu'il juge « obscur ». Celui-ci préfère utiliser d'autres termes comme insertion, intégration, adaptation. Plutôt qu'une analyse biologisante en terme ethnique, Girard préfère une analyse socioculturelle en terme de nationalité.

---

19. A. Carrel (1873-1944), physiologiste et chirurgien, auteur de L'homme cet inconnu (1936), prix Nobel en 1912, est mis à l'index en septembre-octobre 1944 dans le cadre de l'épuration par le Comité National des Ecrivains comme d'autres auteurs tels : C. Maurras, R. Brasillach (fusillé), L.F Céline, A. de Chateaubriand (condamné à mort par contumace), P. Drieu La Rochelle...
20. Cf. A. Girard, *L'Institut National d'Etudes Démographiques*, Paris, INED, 1986.
21. S. Bertaux, *op. cit.*, p. 43.
22. H. Le Bras, *Le sol et le sang*, Paris, éd. de l'Aube, 1994.
23. S. Bertaux., *op. cit.*, p. 44.

En fait, pour S. Bertaux, la mise à l'écart du concept d'assimilation est d'abord idéologique, puisque les démographes considèrent « *les nouveaux flux migratoires en provenance du Tiers-Monde de facto inassimilables* »[24].

Il faut attendre M. Tribalat et sa recherche MGIS pour qu'existe une volonté scientifique d'utiliser le concept d'assimilation.

Pourtant, il semble que le concept d'assimilation soit, avant tout, un présupposé idéologique. En effet, l'indicateur et les analyses de l'assimilation sont ethnicisés. Dans l'enquête MGIS, on oppose « français de souche » et « d'origine étrangère ». S. Bertaux indique que « *la dépolitisation de la question de l'intégration, rendue possible à la fois par un large consensus et par une opération de technicisation, est révélatrice d'une définition de l'identité nationale, comme cooptation du semblable par le semblable...* »[25] ; en revanche, cette technicisation renseigne finalement peu sur les migrants et le processus migratoire.

> « *La création de catégories d'analyse séparant la population en – Français de souche – et en – population d'origine étrangère – ravive le sentiment d'une menace d'un groupe allogène (qui est d'une autre origine que la population autochtone) dont l'allégeance reste suspecte. Ainsi, le discours sur l'intégration, surface de projection, paré d'attributs pensés comme scientifiques, est lui-même producteur d'identités enracinées dans l'exclusion* »[26].

Comme le souligne J. Costa-Lascoux, essayer d'établir une série hiérarchisée d'indicateurs de l'intégration est une absurdité scientifique.

> « *... c'est précisément un contresens que d'enfermer l'intégration, processus dynamique et réciproque de transformations, en une échelle d'attitudes ; on arrive à des résultats absurdes sous des dehors scientifiques : le militant intégriste pourfendeur des valeurs républicaines est généralement instruit, averti des usages, socialement installé et économiquement prospère ; le demandeur d'emploi, logé dans un logement de*

---

24. Ibid., p. 46.
25. Ibid., p. 51.
26. Ibid., p. 51.

fortune, marié à une compatriote étrangère, peut-être un bon père de famille et respectueux de la démocratie »[27].

Le concept d'assimilation serait, en réalité, une dépolitisation, une technicisation et une moralisation ne permettant pas une visualisation scientifique du phénomène de l'immigration[28].

---

27. J. Costa-Lascoux, « Immigration : de l'exil à l'exclusion ? » in *L'exclusion : l'état des savoirs* (dir. S. Paugam), Paris, La Découverte, 1996, p. 160.
28. En 1997, une polémique oppose M. Tribalat au démographe H. Le Bras à propos du calcul des projections de la population étrangère et de l'utilisation de « catégories ethniques » dans l'observation statistique de la population vivant en France (Cf. H. Le Bras, « Dix ans de perspectives de la population étrangère : une perspective » in *Population*, 1, 1997, pp. 103-134 ; « L'impossible descendance étrangère » in *Population*, 5, 1997, pp. 1173-1186 ; M. Tribalat, « Chronique de l'immigration » in *Population*, 1, 1997, pp. 163-220 ; « Une surprenante réécriture de l'histoire » in *Population*, 1, 1997, pp. 137-148.). En fait, ce conflit, connu de longue date dans le milieu scientifique, éclate soudain au grand jour dans la presse à propos, notamment, du recensement de 1999 (Cf. « L'Insee entre éthique et ethnique » in *Libération* du 6 novembre 1998 ; M. Tribalat, « La connaissance des faits sociaux est-elle dangereuse ? » in *Le Monde* du 5 novembre 1998.). Or, en même temps, le débat se médiatise et se politise. Ainsi, pour M. Tribalat et ses partisans, il s'agit de sortir de l'ordre moral en construisant une vision de la réalité sociale grâce à la construction de « catégories ethniques », même si ce qui est décrit dérange. Pour M. Tribalat, « différencier n'est pas hiérarchiser » et il est important de visualiser la réalité pour lutter contre le racisme et les discriminations. En revanche, pour H. Le Bras et ses disciples, le terme « origine ethnique » utilisé par M. Tribalat pour définir les français d'ascendance immigrée n'a aucune signification. En outre, M. Tribalat construirait une biologisation de la catégorie « étranger », donnant une primauté aux liens du sang en utilisant la notion de « français de souche ». Par ailleurs, en plus du risque de figer des personnes dans des cases qu'ils n'ont pas choisi, la construction de catégories artificielles pourrait produire des clivages fondés sur l'origine. Finalement, cette polémique, au départ, personnelle, institutionnelle et idéologique aura eu, au moins, le mérite de faire émerger un débat entre des chercheurs, des responsables politiques et des militants à propos de la prise en compte politique des questions ethniques et sociales dans une France interculturelle (cf. D. Lochak, G. Noiriel, P. Bernard, S. Body-Gendrot, C-V. Marie, M. Aounit, « De la lutte des classements à l'antiracisme » in *Mouvements*, n° 4, mai-juillet 1999, pp. 67-80.). En effet, pour combattre le racisme et les discriminations, il s'agit de sortir de la réification des idées universelles ou particulières pour construire des

3. Le refus politique de toute « assignation communautaire »

« *La France n'est jamais plus grande que lorsqu'elle l'est pour tous* ». Voici, la phrase d'André Malraux qui conclut l'introduction d'un dossier spécial sur l'intégration de la revue du ministère du travail et des affaires sociales intitulée *Échanges*[29]. Le 15 novembre 1996, Eric Raoult est ministre délégué à la ville et à l'intégration quand un rapport visant à faire des propositions en faveur de la « relance de la politique de l'intégration » lui est remis. Ce dossier, reprenant les principales idées de ce rapport, indique la politique que le gouvernement Juppé veut pratiquer en matière d'immigration : il est clair que le processus d'intégration est une étape vers l'assimilation des individus au sein d'une identité nationale forte.

M-H. Mekachera, délégué à l'Intégration, et M. J. Gaeremynck, conseiller d'État, tous deux rapporteurs du projet, explicitent dans le préambule ce qu'ils préconisent en matière de « politique de l'intégration » :

« *Dans le préambule, les rapporteurs ont insisté sur la cohérence nécessaire entre la politique de maîtrise de l'immigration* » *et notamment la lutte contre l'immigration clandestine* » *la politique d'aide au développement des pays d'origine et la politique d'intégration des personnes d'origine étrangère résidant régulièrement sur le sol français.*

L'idée de base est simple et de bon sens : « *Lorsque l'immigration irrégulière recule, l'intégration progresse* ».

Après avoir rappelé que, dans la tradition française, l'intégration s'adresse à des personnes et non à des groupes, les auteurs du rapport ont insisté sur la volonté des individus

---

modalités d'actions concrètes facilitant le passage d'une égalité formelle à une égalité réelle.

29. « *Echanges santé-social est une revue trimestrielle, thématique et professionnelle de l'administration de l'État, chargée des affaires sanitaires et sociales. Ce trimestriel permet de faire le point régulièrement sur des sujets d'actualité en lien avec le sanitaire, le social, ou la santé/environnement. Il constitue ainsi, pour chaque dossier, une référence sur les orientations du ministère, le cadre juridique et administratif* ». (Echanges santé-social, n° 84, décembre 1996).

à avoir un projet citoyen fondé sur les valeurs de la République »[30].

Pour ces rapporteurs, la politique d'intégration s'articule autour de trois axes :
- maîtrise de l'immigration,
- adhésion des individus issus de l'immigration aux valeurs de la République,
- réduction de l'inégalité des chances (sans création de nouveaux droits mais en rendant plus efficace l'accès aux dispositifs de droit commun).

A partir de ces axes, et afin de construire l'intégration, les porteurs de ce rapport proposent au ministre toute une série de mesures articulées autour de trois autres thèmes :

– l'insertion :

Il s'agit de mettre en place des stratégies permettant aux individus une insertion grâce à l'école (accompagnement scolaire, parrainage des jeunes pour faciliter leur accès à l'emploi) et grâce à l'accès à l'emploi.

– la médiation :

Il semble que la médiation soit un moyen efficace pour résoudre les difficultés de relation entre les individus et les institutions. Par conséquent, la fonction de médiation doit être coordonnée, structurée et valorisée.

– la promotion de la réussite :

La notion d'exemplarité est un facteur important à mettre en avant, surtout chez les jeunes. Il s'agit de mettre en valeur la réussite sociale des personnes issues de l'immigration[31].

---

30. H. Mekachera, « En guise d'introduction » in *Echanges, santé-social, op. cit.*
31. Voir dans *Libération* du lundi 10 novembre 1997, le portrait du sociologue et écrivain, A. Begag, un temps instrumentalisé par les ministres de M. Chirac. A la suite des critiques médiatiques faites à

Durant cette période et encore aujourd'hui, des associations de quartier animées par des jeunes issus de l'immigration sont soutenues et mises en avant par les pouvoirs publics. Il s'agit de montrer que « quand on veut, on peut ! ». Au même titre que les sportifs issus de l'immigration, les leaders associatifs, agissant dans la sphère culturelle et médiatique, sont sollicités par les institutions pour qu'ils développent un discours et des comportements attendus par la société et ses dirigeants. Il faut valoriser des initiatives culturelles d'envergure comme les festivals permettant aux jeunes des quartiers défavorisés de rêver en s'identifiant à des vedettes du « show-bizness » (MC Solaar, Cheb Mami...), tout en restant « positif ». Des médiateurs, des « messagers » issus des quartiers de relégation doivent lutter conte la violence, la drogue, le désespoir et porter une parole constructive. Ces médiateurs doivent incarner une image de réussite, valorisée et convoitée afin de lutter contre une autre image de réussite, incarnée de manière négative par les caïds de la drogue et du trafic dans les quartiers. L'exemple de l'association « Débarquement Jeunes »[32], à Rouen, est caractéristique de

---

l'encontre du sociologue, celui-ci a voulu rompre avec cette image. Il a écrit notamment, avec R. Rossini, *Du bon usage de la distance chez les sauvageons*, Paris, Le Seuil, 1999.

32. L'histoire de l'association « Débarquement Jeunes » et de son leader Stéphane Méterfi figure aujourd'hui dans un livre : A. Madec, *Le quartier, c'est dans la tête. L'histoire vraie de Stéphane Méterfi*, Paris, Flammarion, 1998. Cet ouvrage relate d'abord la trajectoire de personnes sincères vivant quelquefois difficilement la situation dans laquelle elles sont engagées. Elles se sentent manipulées par les « grosses têtes » (autrement dit les personnes ayant fait de longues études ou qui sont dans une situation de pouvoir), mal comprises ou jalousées par les jeunes des quartiers dont elles sont issues et par les militants politiques dont elles n'ont pas la culture. Cependant, au-delà de l'aspect affectif de situations humaines difficiles, ce livre n'arrive pas à masquer le côté naïf des principaux animateurs de cette association qui, n'ayant pas de projet politique clair, sont exposés à toutes les manipulations. N'ayant que leur bonne volonté et leur rage de reconnaissance pour agir, ils sont, soit instrumentalisés, soit vivement critiqués. Les agents de « Débarquement Jeunes » apparaissent comme des victimes, les alliés (police, institutions religieuses et politiques, entreprises....) d'une sorte de néocolonialisme ayant cours dans les banlieues. Bien qu'écrit par une sociologue, cet essai relatant une expérience associative forte, est malheureusement complaisant, sans recul, défensif, souvent démagogique et, quelquefois,

cette démarche, notamment à travers son slogan « *Tout simplement positif...* »...

Par ailleurs, « *dans leur conclusion, les auteurs du rapport signalent l'importance du rôle des institutions publiques en charge de l'intégration telles que le FAS, l'OMI ou le SSAE... dont les stratégies et les actions doivent être mieux coordonnées* »[33].

Le compte rendu de ce rapport souligne le sens donné aux termes intégration et insertion. L'insertion sociale et professionnelle est ici considérée comme une étape devant aboutir à l'intégration des immigrés.

Comme nous l'avons déjà noté précédemment, et comme le souligne un responsable de la Direction de la Population et des Migrations, en France, « *le terme d'intégration a été consacré officiellement par la création simultanée, en 1989, du Haut Conseil de l'intégration, et par la nomination au sein du gouvernement d'un secrétaire d'État à l'intégration* »[34].

Cette conception de l'intégration ne considère pas les groupes comme sujets de l'intégration mais, plutôt, les individus. En effet, contrairement à d'autres modèles d'intégration, comme le modèle communautaire qu'on rapporte, le plus souvent, à la conception anglo-saxonne, ce modèle français d'intégration prend en considération les personnes. Souvent, on oppose ces deux conceptions, les acteurs des pouvoirs publics français caricaturant le modèle anglo-saxon.

> « *Dans le modèle anglo-saxon, le sujet de l'intégration n'est pas l'individu mais le groupe. Chaque groupe communautaire, non seulement, a droit de cité, ce qui est également le cas dans notre pays, mais bénéficie d'une attention particulière des pouvoirs publics, fait l'objet d'une action spécifique. Les dispositifs de protection des minorités, de même que « l'affirmative action » (généralement traduit en français par*

---

populiste. Dans tous les cas, ce livre partisan répond à des attaques locales par de bonnes formules mais ne répond pas, pour autant, aux questions de fond que ce type d'association pose. En revanche, l'ouvrage a le mérite de faire ressortir des situations, des enjeux, des logiques et des questions sociologiquement intéressantes qu'il est, aujourd'hui, nécessaire d'étudier.

33. M. Mekachera, *op. cit*...
34. P. Broudic (chef de service adjoint au directeur de la direction de la Population et des Migrations) in *Echanges, op. cit.*, p. 6.

« *discrimination positive* », *qui consiste dans les actions destinées à compenser les handicaps sociaux ou économiques des* « *minorités* ». *L'affirmative action, actuellement très critiquée aux États-Unis, en particulier par la fraction la plus libérale des républicains, procède de cette approche communautaire* »[35].

Commentaire

Pourtant, D. Lapeyronnie nous indique, que dans les deux vieilles nations britannique et française, les changements profonds de l'économie ont abouti à la disparition du monde industriel et à l'éclatement de la classe ouvrière au sein de laquelle, traditionnellement, les populations immigrées s'intégraient. Aujourd'hui, le débat ne consiste plus à choisir entre une conception universaliste ou particulariste, mais plutôt de savoir comment déconstruire le développement de l'« underclass ». Il s'agit de construire des orientations politiques qui permettent aux plus faibles de rejoindre le camp des « classes moyennes ». En effet, dans les deux pays, les zones urbaines défavorisées sont devenues étrangères à la vie urbaine des « classes moyennes ». Ces zones mythifiées sont alors pensées comme étant peuplées par des « classes dangereuses » et associées à des « immigrés » ou à des « minorités ethniques ».

> « *Le problème des quartiers défavorisés n'est pas un problème d'intégration des immigrés. Il n'est pas non plus un problème économique de pauvreté et d'inégalité et il n'est pas plus un problème de minorité ethnique, de communauté, de différence culturelle et de xénophobie. Il se constitue comme un problème social spécifique : celui d'une – underclass –, constituée par les interrelations entre l'exclusion économique, la distance et l'isolement du monde des* « *classes moyennes* », *la dislocation interne et, enfin, la construction d'ethnicités par l'expérience du racisme et la confrontation avec la police. Sans capacité de se constituer en acteur social rationnel apte à formuler des revendications pouvant entrer dans le système politique, cette – underclass – n'a pas accès à la citoyenneté* »[36].

---

35. *Ibid.*, p. 6.
36. D. Lapeyronnie, *L'individu et les minorités, la France et la Grande-Bretagne face à leurs immigrés*, Paris, PUF, 1993, p. 346.

Pour D. Lapeyronnie, les rhétoriques républicaines ou multiculturelles sont d'abord des idéologies d'élites coupées de la réalité sociale des populations marginales et humiliées. Il s'agit donc de sortir des oppositions classiques entre l'individu et les minorités et de « *construire des politiques sociales qui ouvrent l'espace nécessaire à l'individuation pour les populations exclues, qui leur redonnent l'autonomie nécessaire à la définition d'eux-mêmes dans leur particularité et leur universalité et qui reconnaissent la diversité des identités* »[37].

Or, en France, des acteurs représentant différents pouvoirs publics paraissent fiers d'agir dans le cadre d'un modèle français revendiqué. Le modèle français d'intégration, en ne prenant pas en compte le traitement communautaire, garantirait contre la formation de « ghettos ».

Les principes fondateurs de la République contenus dans la constitution et son préambule permettent aux acteurs des institutions de se réfugier derrière les principes du respect des droits individuels, de la légalité et de l'égalité. Dans ce cadre, le principe de laïcité permet de nier l'importance croissante d'un besoin de reconnaissance des identités dans l'espace public.

> « *La laïcité est une de ses valeurs fondatrices les plus fortes : face aux problèmes de l'immigration et de l'intégrisme, elle est à la fois un appui et un refuge* »[38].

4. L'intégration : le vrai/faux consensus (une tentative de synthèse)

Une recherche de consensus autour des valeurs de citoyenneté

La volonté de dépasser les clivages partisans est affichée par des responsables politiques qui affirment les valeurs de citoyenneté tels que l'intérêt général, le principe d'égalité et

---

37. Ibid., p. 348.
38. P. Broudic, *op. cit.*, p. 7.

la laïcité. Il s'agit de construire un pacte républicain face à la décomposition de la nation et de la cohésion sociale.

Dans ce cadre, le livre de M. Anicet Le Pors, intitulé *Le nouvel âge de la citoyenneté*[39] est une bonne illustration de ce courant politique démocrate dépassant les clivages droite/gauche. En effet, dans cet ouvrage collaborent Laurent Fabius (responsable du parti socialiste), Robert Hue, (dirigeant du parti communiste), Philippe Séguin (haute personnalité du RPR).

Pour ces responsables politiques, la citoyenneté autour de l'État, de la République et de la Nation représente un rempart contre tous les communautarismes, les forces incontrôlées du marché et les injustices sociales.

L'intégration est l'affirmation du principe d'égalité compris dans le « modèle français ». Reconnaître la différence au sein de l'organisation sociale mettrait en péril l'enseignement de la Révolution française et des Lumières, autrement dit : « *Les hommes naissent et demeurent libres et égaux en droits* ».

Aujourd'hui, le modèle républicain serait menacé par une reconnaissance institutionnalisée, « insidieuse », de la logique communautariste, mais aussi par un arsenal législatif répressif stigmatisant et humiliant pour les personnes immigrées ou d'origine étrangère.

En ce qui concerne l'immigration, il s'agit de redonner de la force au modèle français d'intégration. Entre les termes assimilation (intégration complète jusqu'à disparition des différences de départ) et insertion (intégration seulement fonctionnelle avec pérennisation des différences), ils choisissent le terme intégration « *au sens d'un processus d'identification dont le temps est un paramètre important* »[40] qui se rapproche, toutefois, du terme assimilation.

Les partisans d'un pacte républicain de l'intégration voient celui-ci menacé de « *l'extérieur par la logique des minorités, développée tant dans le cadre de l'Union européenne que dans celui du Conseil de l'Europe, de l'intérieur par le durcissement d'une politique ségrégative* »[41].

---

39. A. Le Pors, *Le nouvel âge de la citoyenneté*, Paris, L'atelier/Éditions ouvrières, 1997.
40. Ibid., p. 29.
41. Ibid., p. 32.

Pour faire progresser la citoyenneté, il faut « décommunautariser » mais aussi refuser la discrimination des populations immigrées ou étrangères à intégrer sous peine d'atteinte aux droits de l'homme, d'opposition aux valeurs de la République et, finalement, de construction de la guerre civile. A. Le Pors critique donc sévèrement les mesures mises en place par le gouvernement, en 1993, (loi Méhaignerie du 22 juillet 1993, lois Pasqua du 26 août et du 30 décembre 1993) concernant la réforme du code de la nationalité, les modalités d'entrée et de séjour des étrangers en France et le renforcement des contrôles d'identité. Toute législation qui permet une différenciation des droits représente une menace pour la cohésion nationale et républicaine.

Avant tout, pour ces représentants du pacte social, face aux logiques différencialistes incarnées par le modèle politique américain, il faut privilégier un projet universaliste.

Le thème de l'immigration n'est pas, pour eux, un problème en soi, c'est une réalité qu'il convient de gérer adroitement pour le bénéfice de la nation française.

> *« Il faut dire clairement qu'en raison des obligations internationales auxquelles elle a souscrit, des garanties constitutionnelles dont elle s'est dotée, des valeurs qu'elle entend respecter et de ses intérêts qui comportent des réciprocités, la France accueille et continuera à recevoir quelques 100 000 étrangers chaque année pour une implantation durable sur son territoire. Une telle franchise serait de nature à mieux séparer l'immigration s'effectuant selon les règles légales de l'immigration clandestine, et à adopter des attitudes différentes vis-à-vis de l'une et de l'autre, en sachant bien que le risque que continue d'exister une immigration clandestine est inhérent à l'état de droit démocratique, qui n'est pas compatible avec un état de police généralisé. Elle rendrait sans objet la fixation a priori de quotas sur une base ethnique ou de nationalité »*[42].

En revanche, même si la mobilité des personnes, la diversité des cultures et des sensibilités est reconnue comme une richesse pour la nation, le choix de l'intégration des nouveaux arrivants doit être clairement établi, autrement dit, la logique de l'égalité doit primer sur la logique des minorités. Une véritable politique d'intégration nationale à destination des immigrés et des étrangers conditionne l'accès à la ci-

---

42. Ibid., p. 37.

toyenneté. Des partisans du pacte républicain d'intégration citent Jaurès ; d'autres Marx ou, encore, De Gaulle, mais tous agissent au nom de l'intérêt général et contre les intérêts particuliers.

Comme l'indique P. Séguin concluant le livre d'A. Le Pors :

> « *Oui, il nous faut affirmer l'exception française, car la République est indissociable de l'État, de l'Etat-Nation. Exception française, car l'intérêt général continue d'être au cœur du projet républicain. Exception française qui place, aujourd'hui plus que jamais, la solidarité, la laïcité et l'égalité au rang des vertus cardinales de la citoyenneté* »[43].

En réalité, alors que pour quelques hommes politiques le maniement du concept de citoyenneté est une manière de dépasser les clivages partisans pour trouver un consensus républicain, pour d'autres, la citoyenneté contient, dans sa définition[44] même, le commencement d'un débat agonistique. La citoyenneté doit-elle être accordée aux personnes au-delà de l'appartenance à la nation ou, au contraire, s'inscrire dans un cadre national ?

5. La citoyenneté

Un concept flou et polysémique

D. Lochak[45], historienne et juriste, indique que le concept de citoyenneté est difficile à définir. D'une part, les termes « citoyen » et « citoyenneté » ne sont présents dans aucun texte de droit positif français, à l'exception de la Déclaration

---

43. P. Séguin in A. Le Pors, *op. cit.*, p. 173.
44. Un citoyen est un « membre de la communauté politique, (cité, Etat) jouissant d'un ensemble de droits et devoirs, dont celui de participer directement ou par des représentants (droit de vote), aux affaires publiques ». (M. Grawitz, *Lexique des sciences sociales*, Paris, éd. Dalloz, 1988, p. 55).
45. D. Lochak est professeur à Paris X – Nanterre CURAPP-CNRS, présidente du Groupe d'Information et de Soutien aux Travailleurs Immigrés (G.I.S.T.I.) et membre du comité central de la Ligue des Droits de l'Homme (L.D.H.).

des droits de l'homme et du citoyen de 1789, dans laquelle ce concept reste flou. D'autre part, le droit positif français reconnaît des notions comme celle de *nationalité*, concept juridique permettant de distinguer le national de l'étranger, ainsi que *les droits civiques* qui recouvrent, notamment, des attributs comme la liberté et l'égalité, mais qui ne permettent pas, pour autant, de clarifier totalement la notion de citoyenneté.

– Citoyenneté, nationalité et communauté politique :

Tout d'abord, dans le cadre de l'État-nation, le citoyen est la personne qui accède à une part de la souveraineté nationale grâce au droit de vote.

En référence à une communauté politique, la citoyenneté est donc le droit de participer à l'exercice du pouvoir politique au sein d'une nation.

Par conséquent, seuls les nationaux sont des citoyens. La citoyenneté est intimement liée à la nationalité et s'oppose à l'étranger. En revanche, D. Lochak note que tous les nationaux ne sont pas nécessairement des citoyens. La nationalité n'est pas une condition suffisante à la citoyenneté. En effet, l'ensemble des nationaux n'accède pas aux droits politiques ou à l'ensemble de ces droits. L'histoire française montre clairement que nationalité et citoyenneté n'ont pas toujours coïncidé. Ainsi, les femmes jusqu'en 1945, les mineurs, les condamnés à certaines peines (les articles L.5 et L.6 du code électoral énumère l'ensemble des cas entraînant l'exclusion temporaire, automatique ou définitive des listes électorales)... n'ont pas le droit de vote.

> « *Le statut des « habitants des colonies » fournit l'exemple le plus spectaculaire d'une telle dissociation. Il y a eu, en effet, jusqu'en 1946 et même au-delà, des nationaux français qui n'avaient pas la qualité de citoyens, l'Empire français comprenant deux catégories d'habitants : les nationaux-citoyens et les nationaux-sujets, ceux-ci soumis au statut de l'indigénat et privés de la majeure partie des droits civils et de la totalité des droits publics. [...] On peut également rappeler la*

« *quarantaine* » *dans laquelle ont été tenus les – naturalisés – pendant toute la période qui s'étend de 1927 à 1983* »[46].

Comme le note D. Lochak, même si la constitution de 1791 distinguait les citoyens actifs des citoyens passifs, actuellement, « *la question de savoir si les nationaux privés de l'exercice du droit de vote restent ou non des citoyens ne reçoit de réponse claire ni dans les textes ni dans les commentaires juridiques* »[47].

Dans tous les cas, même si l'octroi du droit de vote aux femmes, l'abaissement de l'âge de la majorité, la décolonisation ont limité l'importance des exclusions des droits politiques fondamentaux, il reste « *qu'un nombre non négligeable de ces citoyens sont privés de la prérogative essentielle de la citoyenneté, à savoir le droit de vote* »[48].

– Étrangers, citoyenneté et droits civiques :

La citoyenneté, établie à travers certains droits politiques, se conjugue avec l'accès aux droits civiques. D. Lochak souligne que, depuis la Révolution française, le citoyen est celui qui est membre d'une nation, ce qui lui permet ainsi d'accéder aux droits civiques. Or, ce rapport social national-citoyen est pervers, car il exclut, de fait, les étrangers-non citoyens des droits civiques.

> « *On notera ce paradoxe : en transférant la souveraineté de la tête du roi à la nation, en faisant de chaque citoyen, en tant que membre de la nation, le titulaire d'une parcelle de la souveraineté nationale, la Révolution a créé les conditions du développement de la démocratie ; mais elle a simultanément verrouillé l'État-nation en instituant une frontière plus étanche que jamais entre le national-citoyen et l'étranger non citoyen, en réservant aux nationaux la jouissance et l'exercice des droits civiques* »[49].

D. Lochak constate qu'il existe une incapacité politique totale des étrangers au niveau national et local. Or, pour

---

46. D. Lochak, « Qu'est-ce qu'un citoyen ? » in *Raison présente*, n° 103, troisième trimestre 1992, p. 15.
47. *Ibid.*, p. 14.
48. *Ibid.*, p. 16.
49. *Ibid.*, p. 13.

D. Lochak, cette incapacité politique des étrangers qui semble « naturelle » ne peut durablement exister dans un contexte européen ou plus de 6 à 7 % de la population totale est étrangère et s'installe pour longtemps ou définitivement.

> « *De sorte que la question du droit de vote des étrangers, au moins au niveau local, est désormais à l'ordre du jour et, même si l'idée rencontre encore de très vives résistances, la France ne pourra pas continuer longtemps à faire cavalier seul dans la mesure où l'on note une tendance très nette dans les pays qui nous entourent à accorder ce droit de vote* »[50].

Pourtant, D. Lochak indique, qu'à plusieurs reprises, le droit positif français fait référence, non seulement aux droits politiques, mais également aux droits civiques. Ainsi, le citoyen n'est pas seulement le titulaire des droits politiques attachés à la souveraineté nationale, c'est aussi le titulaire des droits civiques. Malgré le flou conceptuel de cette notion qui reste très souvent attachée à la nationalité, « *il n'existe qu'un rapport approximatif et non pas nécessaire entre les droits reconnus ou déniés aux étrangers et les droits civiques* »[51].

– Les pôles de la citoyenneté :

En réalité, la citoyenneté n'est pas uniquement liée à la souveraineté nationale mais plus généralement à la démocratie (liberté, égalité et participation aux affaires publiques). Reliant « droits passifs » et « droits actifs », D. Lochak distingue trois niveaux de citoyenneté à la fois autonomes et solidaires :

> « *– la citoyenneté conçue comme « l'égalité des droits », l'absence de discriminations, puisqu'aussi bien les droits de l'homme – les libertés « civiles », mais aussi les droits économiques et sociaux – sont le soubassement nécessaire des droits du citoyen ;*
> *– la citoyenneté conçue comme la capacité de « participer aux décisions » dans un ensemble de domaines variés, non réductibles au politique, une citoyenneté sociale, en somme ;*

---

50. Ibid., p. 13.
51. Ibid., p. 20.

> – la citoyenneté conçue comme la participation à la souveraineté nationale impliquant « la jouissance pleine et entière des droits politiques »[52].

Dans sa tentative de trouver une définition claire du concept de citoyenneté, D. Lochak souligne qu'exclure des personnes de l'un des pôles définis ci-dessus constitue une entrave à la construction de la citoyenneté. Par conséquent, certaines catégories de personnes deviennent des « citoyens » de seconde zone. Dans ce cadre, il est évident que les étrangers ne sont pas considérés complètement comme des « citoyens »[53]. En outre, il faut noter également que les nationaux les plus faibles (exclusion économique notamment), bien que bénéficiant de leurs droits politiques sont, néanmoins, des « citoyens » diminués. La pauvreté, l'absence de sédentarité sont la source de craintes et aboutissent, pour beaucoup de citoyens potentiels, à l'exclusion effective de la citoyenneté. Travailler à « l'intégration sociale », c'est donc favoriser la citoyenneté.

En ce qui concerne les étrangers, D. Lochak indique que les discriminations liées à la « liberté individuelle », à la « liberté d'expression » et à la « liberté économique » renforcent les processus de non-citoyenneté.

– Pour une « nouvelle citoyenneté » :

D. Lochak conclut sa pensée, en abandonnant l'objectif de cerner totalement le concept de citoyenneté. Constatant que l'accès aux droits politiques n'est pas le garant de l'accès à une citoyenneté véritable, D. Lochak exprime une aspiration plutôt que la constitution d'un concept figé. Il s'agit de construire une « citoyenneté sociale » dépassant les prérogatives nationales et en même temps, prise en compte

---

52. Ibid., p. 21.
53. D. Lochak milite au sein du GISTI pour la reconnaissance du droit de vote des étrangers aux élections locales, contrairement à d'autres, comme P-A. Taguieff ou P. Weil, qui pensent, eux, que ce droit entraînerait des conséquences préjudiciables pour la République française. Sur cette opposition, voir *Hommes & Migrations*, n° 1139, janvier 1991, pp. 3-13.

d'un point de vue juridique. Cette citoyenneté élargie donnerait alors les mêmes droits aux étrangers qu'aux nationaux.

> Avec la « nouvelle citoyenneté », une dissociation est possible entre la notion de citoyenneté et la sphère politique. La « nouvelle citoyenneté », c'est la participation active, la responsabilisation des personnes dans l'édification de leur cadre de vie. La citoyenneté est donc un processus plutôt qu'un concept, tendant à aller vers plus de liberté et plus d'égalité. Le droit est alors un cadre nécessaire pour permettre la conquête de cette citoyenneté.

D. Lochak, universitaire engagée, se place du point de vue de l'éthique de conviction, renvoyant à la défense de la démocratie et des droits de l'homme. Dans le débat sur le traitement de l'immigration, elle se place au dessus de l'État-nation car, « *comme l'a dit Hannah Arendt, l'État de droit, dans le cadre de l'État-nation, ne s'exerce qu'au seul bénéfice des nationaux* »[54].

Elle est partisane d'un droit des étrangers qui respecte leur vie privée et leur vie familiale ; elle est aussi favorable à une libre circulation des personnes.

Il faut sortir de l'engrenage dans lequel « l'autre » représente un danger. Ainsi, au nom de l'éthique de responsabilité, devons-nous arrêter les politiques de fermeture qui sont inefficaces et fabriquent des effets pervers et mettre en place des politiques permettant de lutter contre les déviations des principes démocratiques.

> « *Le couple « immigration zéro + droits de l'homme » ne marche pas. Il n'y a pas de façon humaine de priver les gens de droits et de les expulser. Dans ces conditions, la seule alternative n'est-elle pas l'ouverture des frontières ?* »[55].

Pour une citoyenneté de type national
(Dominique Schnapper)

Dominique Schnapper pose aussi la question de la citoyenneté aujourd'hui ? Or, en tentant de synthétiser l'ensemble des réflexions en cours dans l'hexagone,

---

54. D. Lochak, entretien avec P. Weil in *Le Monde* du 23 octobre 1997.
55. Ibid.

D. Schnapper s'oppose à la conception défendue par D. Lochak. La citoyenneté politique et nationale garantit les droits de tous. En effet, la France a une relation très forte avec la notion de citoyenneté liée à l'idée de nation. L'État-nation actuel est confronté à un défi : comment vivre ensemble avec des populations d'origine étrangère ? Dans des débats sur le droit de la nationalité et sur les droits politiques des étrangers, la France s'interroge sur le sens nouveau de la citoyenneté et de la nation.

Dans ce contexte, D. Schnapper repère deux tendances théoriques nouvelles remettant en cause la citoyenneté classique.

La première perspective (la nouvelle citoyenneté) est de nature économico-sociale. Il s'agit de dépasser la dévaluation de la citoyenneté politique et nationale et de la remplacer par une citoyenneté renouvelée, autrement dit, économique et sociale.

La seconde perspective est de nature politique, mais postnationale. Il s'agit de dépasser la citoyenneté nationale pour construire une citoyenneté européenne, basée sur les droits de l'homme.

Pour les tenants de la première perspective, « *la véritable appartenance à la collectivité ne se définit plus par la participation à la politique mais par l'activité économique* »[56].

Avec l'Europe et ses institutions, existe une nouvelle citoyenneté en émergence. Les démocraties modernes qui constituent l'Europe ne peuvent plus accepter le rapport d'exclusion qui existe entre citoyens et non-citoyens. Toutes les personnes qui vivent et travaillent en Europe participent à son développement économique et social. Ne pas accorder de droits politiques à tous, c'est donc favoriser l'existence de citoyens de seconde zone.

> « *Donner le droit au séjour, garantir l'exercice des droits civils, économiques et sociaux sans accorder le droit de voter et de participer à la vie politique au sens étroit du terme, c'est faire naître des citoyens de seconde zone qui ne peuvent comme les autres, défendre leurs droits et leurs intérêts par l'action politique* »[57].

---

56. D. Schnapper, *La relation à l'autre, op. cit.*, p. 414.
57. Ibid., p. 416.

Il n'est pas nécessaire d'être assimilé culturellement pour bénéficier de la nationalité.

> « *L'acquisition de la nationalité devrait être l'un des instruments de l'intégration, non sa consécration* »[58].

Dans cette perspective, il existe plusieurs tendances, mais toutes ces positions « *reposent sur une conception de la société qui tend à exclure l'idée de communauté historique et politique pour lui substituer celle d'une organisation de production et de redistribution des richesses au nom de valeurs communes. Les partenaires ne sont plus unis par un contrat de nature politique mais par leur participation à la vie économique et sociale* »[59].

La citoyenneté se déduit de la participation de fait à la société.

Dans la seconde perspective, autrement dit, la citoyenneté politique postnationale, la citoyenneté n'est pas coupée d'une communauté historique et politique. Au contraire, « *la citoyenneté doit traduire les valeurs communes aux démocraties européennes telles qu'elles s'expriment à travers l'adhésion aux droits de l'homme* »[60].

Ce courant représenté en France par J. Costa-Lascoux notamment, prend en compte la mobilité des populations au sein de l'Europe et veut donc dissocier totalement l'appartenance nationale et le droit à la citoyenneté. Aujourd'hui, on peut être « citoyen autrement » ; autrement dit, on peut vouloir garder sa nationalité et sa culture d'origine et, en même temps, vouloir participer activement à la société dans laquelle on est installé durablement. La nationalité est une référence culturelle, héritée de l'âge des États-nations ; la citoyenneté est un droit politique. Il s'agit simplement, afin de garantir une certaine cohésion sociale, de passer un « contrat de citoyenneté » plutôt qu'un « contrat d'intégration ».

> « *Les droits de la citoyenneté seraient accordés à des nationaux étrangers à condition qu'ils prennent un engagement en* « *faveur de l'adhésion aux valeurs démocratiques* » *et qu'ils*

---

58. Ibid., p. 417.
59. Ibid., p. 417.
60. Ibid., p. 418.

> *adhèrent aux législations nationales conformes aux droits de l'homme. Par ailleurs, ils seraient libres de rester attachés à une culture particulière – à condition que les pratiques sociales issues de cette culture ne soient incompatibles avec les principes supranationaux des droits de l'homme »*[61].

Dans une perspective européenne, J. Costa-Lascoux voudrait construire une « intégration participative », prenant en compte l'adhésion à des valeurs démocratiques essentielles.

> *«... le contrat de citoyenneté devrait être clairement défini. Quels seraient les obligations ? Le respect des droits fondamentaux de la personne (notamment la non discrimination raciale, sexuelle ou religieuse, les droits de l'enfant...), une laïcité reformulée, la contribution généralisée à l'impôt et aux charges sociales ? Certains États ont prévu un droit de vote et d'éligibilité soumis au contrôle de la domiciliation (obligatoire), avec inscription sur des registres communaux de population, et imposent le respect de certaines obligations, telles que le droit des enfants à l'éducation, le paiement effectif des contributions fiscales et sociales, l'observance de certaines règles d'ordre public. Dans les sociétés européennes, le caractère pluriculturel et les nouvelles mobilités, résidentielles ou professionnelles, obligent à imaginer et à définir les termes du contrat »*[62].

Dans ce même ordre d'idée, Jürgen Habermas en appelle à un « patriotisme constitutionnel », autrement dit, à des principes abstraits.

> *« Il faudrait, en conséquence, dissocier l'ordre du patriotisme de celui de la citoyenneté ; dissocier la « nation », qui resterait le « lieu de la loi ». On pourrait ainsi séparer l'identité nationale, avec ce qu'elle comporte de dimensions ethnico-culturelles, de la participation civique et politique, fondée sur la raison et les droits de l'homme »*[63].

Il s'agit de penser un mode de fonctionnement démocratique, en essayant de dissocier les liens nationaux et culturels d'une part et, d'autre part, une organisation politique. Dans ces conditions, D. Schnapper nous invite à réfléchir sur les effets et les conditions d'exercice de la citoyenneté.

---

61. Ibid., p. 418.
62. J. Costa-Lascoux, « L'immigration au gré des politiques » in *Intégration & Exclusion* dans la société française contemporaine (dir. G. Ferreol), Lille, PUL, 1994, p. 77.
63. D. Schnapper (1998), *op. cit.*, p. 419.

> « *Dans quelle mesure peut-elle (la citoyenneté) se passer, dans l'avenir prévisible, des institutions et des traditions politiques qui ont été élaborées par les nations ?* »[64]

– Relations interethniques et communauté des citoyens :

Bien que, partout dans le monde, la citoyenneté ait été installée, à un moment particulier de l'histoire par une organisation politique particulière comme un État national, la « communauté des citoyens » a une vocation universelle.

Pour D. Schnapper, le droit de vote traduit l'idée de la communauté des citoyens. Ainsi, l'État-nation démocratique est une organisation politique qui, comme toute organisation, contient un principe d'inclusion-exclusion. Dans le cas de l'État-nation, il s'agit d'être citoyen ou non citoyen. Or, contrairement à d'autres types d'organisations politiques se fondant sur l'ethnie ou la religion, la citoyenneté moderne contient, dans son principe même, une relative ouverture à « l'autre ».

> « *Définie en termes juridiques et politiques, la société des citoyens a pour vocation de s'ouvrir à tous ceux qui sont susceptibles de participer à la vie politique, quelles que soient leurs caractéristiques particulières, et de faire partie de la communauté des citoyens* »[65].

Une nation est, par essence, plus ouverte à « l'autre » qu'un groupe ethnique ou communautaire. En effet, un individu dispose de plusieurs façons pour acquérir une nationalité. Cependant, cette ouverture toute théorique ne signifie pas, pour autant, qu'elle se réalise pratiquement. Les droits de la nationalité varient, notamment, en fonction des époques, de l'opinion publique et des dirigeants.

Le fait qu'il existe une différence entre nationaux et étrangers, société politique et société civile, caractérise la « communauté des citoyens » et fonde sa légitimité politique.

L'identité nationale et citoyenne, historiquement, a permis aux nations démocratiques de sortir de solidarités communautaires pour construire des solidarités communes plus ouvertes. La citoyenneté est devenue la source juridique du lien

---

64. Ibid., p. 420.
65. Ibid., p. 448.

social. Même si la nation civique a entretenu des rapports ethniques, culturels, d'ordre communautaire entre ses membres (langue, histoire...) pour conjuguer une identité affective et une identité plus fonctionnelle, la caractéristique d'une nation démocratique, c'est que le droit l'emporte toujours sur les dimensions communautaires.

> « *La singularité de l'idée de la nation démocratique par rapport aux autres modes d'organisation politique tient à ce que le lien civique et le principe de la citoyenneté doivent, en dernière analyse, avoir la prééminence sur les particularismes historiques ou religieux, sur les solidarités domestiques ou claniques* »[66].

Ainsi, une dimension universelle de la citoyenneté moderne, progressivement, depuis la seconde guerre mondiale, consiste à accorder des droits aux non citoyens. Les non-nationaux ne disposent pas des droits politiques mais, en revanche, peuvent accéder aux mêmes droits civils, économiques et sociaux que les nationaux.

Au nom de la cohésion sociale et du respect des droits de l'homme et du citoyen, D. Schnapper s'oppose à la « citoyenneté-résidence » des partisans de la nouvelle citoyenneté. Une société démocratique ne peut s'auto-réguler à partir de l'économie et des droits sociaux. Il faut une instance de régulation représentée par l'État-nation.

> « *Le droit de la nationalité doit être ouvert à tous les individus susceptibles de participer à la communauté des citoyens par-delà les différences d'ethnies, de religions ou de cultures, mais il doit être contrôlé par des exigences d'ordre non pas ethnique, social ou religieux, mais politique et civique* »[67].

Même si, de manière empirique, on peut constater des manquements aux principes de la citoyenneté et à sa dimension universelle, il ne faut pas oublier que c'est seulement en se référant à des valeurs universelles que les individus peuvent combattre pour que la « société des citoyens » soit moins injuste et inégale. Contrairement aux tenants d'une citoyenneté post-nationale qu'elle juge trop utopiste, D. Schnapper ne croit pas qu'une société uniquement civique, fondée sur des principes abstraits, puisse exister. Ces principes ne peuvent pas limiter les passions et les identités ethnico-

---

66. Ibid., p. 451.
67. Ibid., p. 453.

religieuses. Le seul moyen pour limiter ces passions, c'est l'intériorisation de la tradition politique et culturelle nationale chez chacun des citoyens. D. Schnapper reconnaît qu'« *entre la nation et la citoyenneté, le lien n'est pas logique mais historique. Mais on ne peut négliger le fait historique que les pratiques de la citoyenneté se sont, jusqu'à présent toujours exercées au plan national* »[68].

Seule la citoyenneté permet de dépasser les particularismes. La citoyenneté est un cadre démocratique qui affirme que l'ensemble des hommes sont égaux, que ceux-ci doivent être traités de manière égale d'un point de vue juridique et économique. Le principe de la citoyenneté impose aux sociétés démocratiques de s'organiser, au moyen de l'État-providence notamment, afin que les conditions d'existence des personnes leur permettent d'exercer leurs droits.

---

68. Ibid., p. 455.

IV

Discrimination, stigmatisation, racisme :
des logiques qui dépassent les déclarations de principe

Nous l'avons vu, plusieurs concepts existent (intégration, assimilation, insertion, acculturation) pour décrire une pluralité de mécanismes ayant tous en commun la volonté d'inclure dans une société donnée des personnes venues de l'extérieur. Or, derrière cette réalité sociale « positive », il existe un autre versant plus sombre, celui de la discrimination qui, selon le Haut Conseil à l'Intégration (H.C.I.), mettrait en péril le principe républicain d'égalité. Ainsi, le H.C.I. note que le droit international et le droit français avec l'article 225-1 du code pénal, ont défini que les discriminations (fondées sur l'origine, l'appartenance ou la non-appartenance, vraie ou supposée, à une ethnie, une nation, une race ou une religion) sont passibles de sanctions pénales lorsque l'exercice normal d'une activité sociale ou économique est ainsi entravé. Or, le Haut Conseil relève que les discriminations n'ont pas nécessairement une origine intentionnelle et consciente. Dans ce cadre, il définit la notion de discrimination comme « *toute action ou attitude qui conduit, à situation de départ identique, à un traitement défavorable de personnes du fait de leur nationalité, origine, couleur de peau ou religion, qu'une intention discriminante soit, ou non, à l'origine de cette situation* »[1].

---

1. Haut Conseil à l'Intégration, *Lutte contre les discriminations : faire respecter le principe d'égalité* (rapport au Premier Ministre), Paris, La Documentation française, 1998, p. 10.

En réalité, les logiques d'exclusion et de discrimination sont au cœur des préoccupations des sociétés contemporaines. Ainsi, dernièrement, la France, pourtant longtemps à la traîne par rapport aux Anglo-Saxons[2] quant à la réflexion sur les moyens à mettre en œuvre pour lutter contre des discriminations, prend en compte ce fait social incontournable[3]. Au nom de la cohésion sociale, il n'est plus possible, pour la société républicaine, de ne pas prendre au sérieux la multiplication des phénomènes discriminatoires. En effet, les discriminations opérées dans tous les actes de la vie quotidienne creusent l'écart entre l'égalité formelle et l'égalité réelle, déstructurant ainsi les fondements de la démocratie citoyenne. Or, même s'il est aujourd'hui important que l'État et la société civile se saisissent de ces phénomènes, lourds de conséquences pour l'équilibre du corps social[4], la connaissance de ces processus ne date pas pour autant, d'hier. Outre-

---

2. Cf. L. Dominelli, *Anti-racist social work. A challenge for white practitioners and educators*, London, Macmillan Press, 1997.
3. Le 21 octobre 1998, la ministre de l'Emploi et de la Solidarité, Martine Aubry, souligne que le succès ou l'échec de l'intégration dépend grandement de l'existence de discriminations. Celle-ci annonce la création d'un Groupe d'Etudes contre les Discriminations (G.E.D.), et confie à Jean-Michel Belorgey une mission portant sur la création d'une autorité administrative indépendante de lutte contre les discriminations. Par ailleurs, le ministre de l'intérieur, Jean-Pierre Chevènement, parallèlement à ses appels à la fermeté contre les « sauvageons », autrement dit, les jeunes délinquants, dans les cités, crée les Commissions Départementales d'Accès à la Citoyenneté (CODAC) dont le but est « d'aider des jeunes nés de l'immigration à trouver un emploi, une place dans la société, et de faire reculer les discrimination dont ils sont l'objet en matière d'embauche, de logement, de loisirs »... Pour une vision claire et synthétique des différentes initiatives institutionnelles prises dernièrement pour lutter contre les discriminations, voir le dossier intitulé « Connaître et combattre les discriminations » in Hommes & Migrations, n° 1219, mai-juin 1999, mais aussi l'article de P. Farine, « Vers une «autorité indépendante» de lutte contre les discriminations ? » in *Migrations société*, vol. 11, n° 63, mai-juin 1999, pp. 5 -14.
4. Une enquête menée par la Commission Nationale Consultative des Droits de l'Homme (CNCDH) montre que les discriminations sont de moins en moins acceptées en France. Un réveil citoyen semble se construire du côté des personnes issues de l'immigration ou du mouvement syndical qui refusent le racisme. Voir l'article intitulé « Les indicateurs du racisme et de la xénophobie sont en légère baisse » in *Le Monde*, jeudi 25 mars 1999, p. 12.

Manche, à la fin des années 50, N. Elias et J-L. Scotson décrivent, empiriquement, le fonctionnement au sein d'une petite cité anglaise des mécanismes de ségrégation, d'exclusion et d'inégalité entre les hommes. En définitive, derrière les déclarations de principe, les cadres législatifs des États démocratiques, les croyances idéologiques des personnes et des groupes prônant l'égalité entre les hommes, la réalité sociologique est quelquefois terrible. La prise en compte de cette étude fondamentale éclaire admirablement les phénomènes d'exclusion et de discrimination.

1. Comprendre les phénomènes de discrimination : l'éclairage de N. Elias

Une expérience vécue

Le sociologue Norbert Elias[5] a fini sa vie, à Amsterdam, en 1990, à l'âge de 93 ans. Pourtant, aujourd'hui encore, sa pensée est d'une très grande importance pour la compréhension des processus d'intégration, d'assimilation, mais aussi d'exclusion et de stigmatisation de nos sociétés occidentales contemporaines.

En tant qu'homme, N. Elias a vécu, dans sa chair, la confrontation entre une société majoritaire et un groupe minoritaire ; comme sociologue, il a conceptualisé ce rapport social

---

5. Norbert Elias (1897-1990) est né à Breslau, en Allemagne, dans une famille juive plutôt aisée et imprégnée de la culture allemande classique. Après avoir participé à la grande guerre en 1915, il entreprend des études de médecine, puis de philosophie, à Breslau, en 1918. Il soutient une thèse de philosophie, en 1924, et commence des études de sociologie à Heidelberg, en 1925. En 1930, il s'installe à Francfort comme assistant de Karl Mannheim. En 1933, il fuit l'Allemagne pour la Suisse, puis la France qu'il affectionne particulièrement. Cependant, les perspectives d'emploi sont minces. En 1935, il s'installe en Angleterre où il écrit son livre sur « le processus de civilisation ». En 1954, il devient professeur de sociologie à l'université de Leicester. De 1962 à 1964, il monte le département de sociologie de l'université du Ghana. De 1964 à 1984, il est professeur invité aux Pays-Bas et en Allemagne. En 1984, il s'installe à Amsterdam où il décède en 1990.

particulier en constituant la théorie sociologique des rapports entre groupes établis et groupes marginaux[6].

Dans des *Notes sur les juifs en tant que participants à une relation établis-marginaux* (un ouvrage sur lui-même[7]), N. Elias explique, qu'en tant que juif-allemand dans les années trente, sa situation était tout à fait singulière.

> « *C'est une expérience singulière que d'appartenir à un groupe minoritaire stigmatisé et, en même temps, de se sentir complètement inséré dans le courant culturel et le destin politique et social de la majorité qui le stigmatise* »[8].

S'appuyant sur son expérience personnelle, celle de la montée du nazisme sur fond d'antisémitisme, *N. Elias analyse les mécanismes qui conduisent des individus appartenant à la société majoritaire et dominante à exclure et à stigmatiser* d'autres individus appartenant à un groupe minoritaire.

Prenant l'exemple de la société allemande, en crise après la première guerre mondiale, N. Elias montre que le problème des juifs allemands était d'abord un problème de rapports entre groupes établis et groupes marginaux. Dans une société en crise – l'Allemagne impériale face aux juifs, les États-Unis face aux communautés noire et hispanophone...–, N. Elias explique qu'une forte tension peut naître entre des groupes marginaux et le groupe établi qui pense alors que son statut est menacé et que ses valeurs sont en danger.

> « *Ce ressentiment surgit quand un groupe marginal socialement inférieur, méprisé et stigmatisé, est sur le point d'exiger l'égalité non seulement légale, mais aussi sociale, quand ses membres commencent à occuper dans la société majoritaire des positions qui leur étaient autrefois inaccessibles, c'est-à-dire quand ils commencent à entrer directement en concurrence avec les membres de la majorité en tant qu'individus socialement égaux, et peut-être même quand ils occupent des positions qui confèrent aux groupes méprisés un statut plus élevé et plus de possibilités de pouvoir qu'aux groupes établis dont le statut social est inférieur et qui ne se sentent pas en sécurité* »[9].

---

6. Voir N. Elias, J-L. Scotson, *Logiques de l'exclusion*, Paris, Fayard, 1997.
7. N. Elias, *Norbert Elias par lui-même*, Paris, Fayard, 1991.
8. Ibid., p. 150.
9. Ibid., p. 152.

Esquissant une des causes du racisme de nos sociétés modernes, N. Elias montre que la tension entre les groupes établis et les groupes marginaux augmente lorsqu'un groupe marginal aspire à une égalité sociale, légale et économique au même titre que le groupe établi. Un groupe marginal, méprisé et stigmatisé, n'est toléré que s'il reste à son rang inférieur, que s'il est soumis et subordonné au groupe supérieur/établi.

> « *Tant que les nègres restent des esclaves et que les juifs restent des petits commerçants ou des colporteurs qui voyagent de par le pays, bizarrement vêtus et clairement identifiables comme des membres du ghetto, la tension entre les groupes établis et les marginaux, bien sûr toujours présente, se situe à un niveau relativement bas* »[10].

Ainsi, N. Elias montre que ce n'est pas nécessairement lorsqu'un groupe est réellement distinct du groupe majoritaire (condition sociale, pratiques religieuses...) que celui-ci peut craindre le pire. *La plupart des juifs allemands, à l'instar de N. Elias, étaient assimilés culturellement et égaux économiquement lorsqu'ils furent maltraités, puis déportés par l'Allemagne nazie.*

L'inquiétude des établis pour leur statut et leur identité, fabrique de l'animosité contre ceux qui apparaissent comme des concurrents potentiels. Ainsi, N. Elias, citant le cas de l'Allemagne prè-hitlérienne, indique que « *moins on était sûr de son statut, plus on était antisémite* ».

Le rapport établis-marginaux peut constituer une identification symbolique génératrice d'exclusion.

> « *La régularité que j'ai observée plus tard dans les autres rapports entre groupes établis et marginaux se vérifiait ici également (et peut-être l'ai-je remarquée dans d'autres situations parce que je l'avais pour ainsi dire vécue dans ma chair) : les groupes établis se forgent **leur image du « nous »** sur le modèle de la minorité des meilleurs et **leur image du « ils »**, celle des marginaux méprisés, sur le modèle de la minorité des plus mauvais* »[11].

En fait, les réflexions de N. Elias sur les rapports entre groupes établis et groupes marginaux nous aide, aujourd'hui,

---

10. Ibid., p. 152.
11. Ibid., pp. 154-155.

à comprendre les mécanismes d'intégration et d'assimilation en œuvre dans la société française.

> « *L'assimilation des groupes marginaux est toujours un processus de longue durée qui se poursuit au moins pendant trois générations et souvent plus. Le degré d'intégration dépend de la volonté d'assimilation des marginaux et de la capacité des groupes établis à les assimiler. En général, les groupes établis qui ont vécu sans heurts pendant plusieurs siècles l'évolution sociale de leur État et qui possèdent une conscience très forte du « nous » et de leur propre valeur sont plus aptes et plus disposés à accepter l'assimilation de groupes marginaux que des peuples au développement souvent interrompu, qui vivent dans l'ombre d'un passé plus prestigieux avec un sentiment de leur propre valeur très fragile et profondément blessé, qui s'imposent de prétendre à une valeur inaccessible et qui doivent se mettre en quête d'un sens nouveau pour eux-mêmes dans un présent plus modeste* »[12].

En effet, N. Elias souligne que l'assimilation des groupes marginaux dans un groupe majoritaire est d'autant plus facile que celui-ci dispose d'une forte conscience du "nous".

Au contraire, si le groupe majoritaire est constitué de valeurs incertaines, celui-ci est prompt au rejet de l'autre et à l'exclusion. Or, notre société, en quête de sens et de repères, ne tendrait-elle pas à basculer du côté obscur ? Pour le savoir, N. Elias nous invite à analyser la réalité sociale, à parler des problèmes, au lieu de les occulter et de les laisser couver sous la cendre.

Une analyse micro-sociologique :
à propos de « The Established and the Outsiders »[13]

La monographie réalisée par N. Elias et J-L. Scotson dans une petite ville d'Angleterre dans les années 50 et intitulée « The Established and the Outsiders » est une mine sociologique. Aujourd'hui encore, cette étude réalisée par un « chasseur de mythes » nous aide à comprendre les processus

---

12. Ibid., p. 158.
13. Cet ouvrage de N. Elias et J-L. Scotson publié pour la première fois, en 1965, est traduit de l'anglais par P-E. Dauzat, en 1997, aux éditions Fayard, sous le titre *Logiques de l'exclusion. Enquête sociologique au cœur des problèmes d'une communauté*. (avant-propos de M. Wieviorka).

de stigmatisation que mettent en place des groupes humains pour en exclure d'autres.

Nous choisissons de développer, ici, plus en profondeur, l'introduction de l'ouvrage rapportant cette recherche, sorte de synthèse théorique rédigé par N. Elias, ainsi que le chapitre VIII sur les jeunes qui donne une vision idéal-typique des rapports entre établis et marginaux.

– De quoi s'agit-il ?

Dans l'introduction de l'ouvrage rédigé par N. Elias, en 1976, des années après la première publication de la recherche, en 1965, celui-ci résume parfaitement l'ensemble des résultats que cette monographie a révélé concernant les rapports entre installés et intrus.

La recherche de N. Elias et J-L Scotson sur les relations sociales dans une petite communauté est une étude microsociologique. Elle débute parce que la population locale attire l'attention de N. Elias sur le fait que l'un des quartiers de cette petite communauté a un taux de délinquance beaucoup plus élevé que les autres. Or, peu à peu, l'intérêt des chercheurs s'est déplacé de l'étude des explications de la délinquance vers les caractéristique des quartiers et les rapports qu'ils entretenaient les uns avec les autres. L'intention des auteurs « *était de maintenir l'équilibre entre la présentation simple des faits et les considérations théoriques* »[14].

Les auteurs décrivent la spécificité de trois quartiers distincts : un quartier bourgeois-résidentiel (zone 1), un quartier ouvrier central et ancien considéré comme respectable (zone 2) et un autre quartier ouvrier plus récent, moins bien équipé et considéré comme mal fréquenté (zone 3).

Dans cette petite cité de banlieue anglaise, *Winston Parva*, N. Elias présente des relations sociales marquant une division tranchée entre un groupe de primo-arrivants et un autre groupe plus récent dans les zones ouvrières. Les premiers considèrent les seconds comme des marginaux, des intrus (*outsiders*).

---

14. N. Elias, in N. Elias, J-L Scotson, *Logiques de l'exclusion*, Paris, Fayard, 1997, p. 27.

L'étude de Winston Parva traite des rapports entre groupes établis et groupes marginaux au sein d'une petite communauté de voisinage.

> « Les habitants du quartier des « vieilles familles » se jugeaient « meilleurs », humainement supérieurs, à ceux qui habitaient le quartier voisin, le plus récent de la cité. [...] En un mot, ils traitent les nouveaux venus comme des gens qui n'appartenaient pas à leur cité, comme des intrus (outsiders) »[15].

– Problématique

En étudiant les rapports Insider-outsider, à Winston Parva, N. Elias révèle un thème humain universel.

> « Les occasions ne manquent pas d'observer que les membres des groupes qui, en termes de « pouvoir », sont plus forts que d'autres groupes interdépendants s'imaginent, humainement, « meilleurs » que les autres »[16].

Ainsi, N. Elias constate que le quartier le plus ancien stigmatisait le quartier le plus récent (alors que les différentiels de délinquance entre les deux quartiers avaient pratiquement disparu). Prenant de nombreux exemples (les seigneurs avec les gueux, les blancs avec les noirs, les protestants avec les catholiques, les hommes avec les femmes, les grands États avec les petits...), les auteurs indiquent que les groupes ayant le pouvoir sont persuadés d'être supérieurs aux groupes minoritaires.

A Winston Parva, il s'agit donc d'un groupe de la classe ouvrière déjà installé qui se croit supérieur à un autre groupe de la classe ouvrière, installé lui, depuis peu de temps, dans le voisinage.

> « Les plus puissants s'imaginent pourvus d'une espèce de charisme collectif, doués d'une vertu spécifique que partagent tous leurs membres quand elle fait défaut aux autres. Qui plus est, à chaque fois, les « supérieurisés » sont en mesure de faire sentir aux moins puissants que ces qualités leur font défaut, qu'ils leur sont humainement inférieurs.

---

15. Ibid., p. 31.
16. Ibid., p. 30.

> *Pourquoi ? Comment les membres d'un groupe s'entretiennent-ils dans la conviction qu'ils sont non seulement plus puissants, mais aussi meilleurs ? De quels moyens usent-ils pour imposer cette croyance en leur supériorité ? »*[17]

Commentaire :

Pour comprendre l'opposition insider-outsider que construit N. Elias, il est important de considérer cette conceptualisation en rapport avec ce qu'a vécu N. Elias en tant que Juif-Allemand durant la seconde guerre mondiale[18].

Ce qui est intéressant, dans le cas de Winston Parva, c'est que le groupe se percevant comme supérieur n'est pas lié à l'autre groupe qu'il juge inférieur par un rapport ethnique ou de revenu. *C'est l'échelle des représentations qui construit une relation de stigmatisation.*

> « *Entre les résidents des deux zones, il n'y avait pas la moindre différence de nationalité, d'origine ethnique, de « couleur » ou de « race » ; ils ne différaient pas non plus par leur activité, leur revenu ou leur niveau d'éducation, en un mot, par leur classe sociale. Il s'agissait de deux quartiers ouvriers. La seule différence était celle qu'on a déjà signalée : un groupe était formé des résidents installés depuis deux ou trois générations, l'autre était celui des nouveaux venus* »[19].

– Rapports entre groupes établis-groupes marginaux

Analysant cette communauté, N. Elias et J. L Scotson pensent rendre compte d'une constante universelle de la configuration établis-marginaux. Les auteurs veulent étudier la sociodynamique de la stigmatisation.

> « *le groupe installé attribuait à ses membres des caractéristiques humaines supérieures ; il se gardait de tout contact social autre que professionnel avec les membres de l'autre groupe ; le tabou entourant de tels contacts était perpétué par des moyens*

---

17. Ibid., pp. 30-31.
18. Cf. N. Elias, *Norbert Elias par lui-même*, Paris, Fayard, 1991, notamment « Notes sur les juifs en tant que participants à une relation établis-marginaux », pp. 150-160.
19. N. Elias (1997), *op. cit.*, p. 32.

> *de contrôle social : commérages (gossiping) élogieux pour ceux qui l'observaient et menace de potinages désobligeants pour ceux qu'on soupçonnait de passer outre »[20].*

En même temps, le groupe marginal semble admettre qu'il appartient à un groupe de respectabilité moindre.

> *« Dans cette lutte pour le pouvoir, le dénigrement social par les puissants a généralement pour effet d'inculquer au groupe moins puissant une image dévalorisée, et ainsi de l'affaiblir et de le désarmer »[21].*

Le modèle des relations entre établis et marginaux, découvert à Winston-Parva, peut ainsi servir de « paradigme empirique ». Celui-ci se manifeste dans un ensemble de comportements relevant du sentiment de supériorité et du mépris collectif du groupe ancien à l'encontre du groupe plus récemment installé dans la cité.

> *« En l'occurrence, il était clair que l'ancienneté d'association, avec tout ce qu'elle impliquait, pouvait engendrer une cohésion de groupe, une identification collective, une communauté de normes, susceptibles d'inspirer la satisfaction liée à la conscience d'appartenir à un groupe supérieur et au mépris, qui l'accompagne, des autres groupes »[22].*

Pour un groupe installé, les mécanismes d'exclusion et de stigmatisation qu'ils mettent en œuvre à l'encontre des intrus (outsiders) sont *« des armes puissantes... pour perpétuer (leur) identité, affirmer (leur) supériorité et maintenir les autres à leur place »*[23].

L'étude de Winston Parva montre que le groupe installé fabrique de fausses représentations de lui-même et des autres, favorisant ainsi la constitution d'une identité valorisante.

> *« Comme l'indique l'étude de Winston Parva, un groupe installé a tendance à attribuer à son groupe intrus, dans sa totalité, les – mauvaises – caractéristiques de ses – pires – éléments – de sa minorité anomique. A l'inverse, le groupe installé a tendance à calquer l'image qu'il a de lui sur sa section exem-*

---

20. Ibid., p. 31.
21. Ibid., p. 36.
22. Ibid., p. 33.
23. Ibid., p. 33.

plaire, la plus – nomique – ou normative, sur la minorité des – meilleurs »[24].

Les nouveaux arrivants apparaissent comme une menace pouvant mettre en péril la cohésion du groupe anciennement constitué.

> « *Les anciens résidents – des familles dont les membres se connaissent depuis plus d'une génération – avaient instauré en leur sein un mode de vie et un ensemble de normes communs. Ils observaient certaines règles et s'en flattaient. En conséquence, ils vivaient l'afflux de nouveaux venus dans leur voisinage comme une menace pesant sur leur mode de vie, alors même que les nouveaux venus étaient des compatriotes* »[25].

– Critique du « rapport de race »

Dans sa logique, N. Elias critique la spécificité que l'on donne aux « relations de race ». Pour lui, il s'agit de relations établis-marginaux d'un type particulier.

> « *Des adjectifs comme – racial – et – ethnique –, largement employés dans ce contexte tant en sociologie que dans l'ensemble de la société, semblent symptomatiques d'un évitement idéologique. En y recourant, on attire l'attention sur un aspect périphérique de ces relations (la couleur de la peau, par exemple), au détriment de ce qui est essentiel (par exemple, les rapports de force et l'exclusion du groupe le moins puissant des postes d'influence)* »[26].

Pour N. Elias, même lorsqu'il existe des différences d'apparence physique entre deux groupes inégaux, la sociodynamique n'est pas liée à cet aspect, mais à la nature du lien existant entre installés et marginaux.

– Stigmatisation et interdépendance

Fidèle à sa conception sociologique de l'interdépendance[27], N. Elias envisage la stigmatisation au niveau d'un groupe et pas seulement au niveau individuel.

---

24. Ibid., p. 34.
25. Ibid., p. 37.
26. Ibid., p. 47.
27. Cf. N. Elias, *Qu'est-ce que la sociologie ?*, La Tour d'Aigues, éd. de l'Aube, 1991.

> « *Il était clair que la capacité d'un groupe à épingler un badge d'infériorité humaine sur un autre et à le perpétuer était fonction de la représentation que les deux groupes formaient l'un de l'autre* »[28].

> « *Par bien des côtés, l'attitude et les perspectives des établis et des marginaux étaient inéluctablement solidaires de l'interdépendance de leurs quartiers : elles étaient complémentaires ; elles avaient tendance à se reproduire et à se conforter mutuellement* »[29].

Il faut faire attention de bien distinguer *stigmatisation collective et préjugé individuel*.

Ce ne sont pas les qualités individuelles qui sont en cause à Winston Parva, mais bien l'appartenance des personnes à un groupe particulier.

> « *Ainsi passe-t-on à côté du problème du – préjugé social – si l'on en cherche la clé exclusivement dans la structure de la personnalité des individus. On ne la trouvera qu'en prenant en compte la représentation formée par les deux (ou plus) groupes concernés ou, en d'autres termes, la nature de leur interdépendance* »[30].

N. Elias indique bien qu'il s'agit d'abord d'un rapport de forces inégal qui permet la stigmatisation d'un groupe intrus par un autre groupe installé.

> « *L'étiquette de – moindre valeur humaine – attachée à un autre groupe est l'une des armes auxquelles recourent les groupes supérieurs afin d'asseoir leur supériorité sociale* »[31].

– Mythes et réalités

La stigmatisation se construit autour de mythes et de réalités. Ainsi, les installés associent l'ensemble du groupe des intrus à la « minorité des pires ». Dans ce cadre, à Winston Parva, les intrus étaient considérés comme les fauteurs de troubles, mais aussi comme des gens sales. N. Elias souligne

---

28. N. Elias (1997), *op. cit.*, p. 35.
29. Ibid., p. 225.
30. Ibid., p. 35.
31. Ibid., p. 36.

que « *comme bien des groupes marginaux sont déshérités, probablement avaient-ils souvent raison* »[32].

A l'aide d'exemples, notamment la description d'un groupe d'intrus au Japon, les *Burakumin*, c'est-à-dire, crasseux, N. Elias indique que « *lorsque les inégalités de pouvoir sont très grandes, les groupes intrus et opprimés sont souvent entachés d'une réputation de crasse ; c'est à peine s'ils sont encore humains* »[33].

Ainsi, la peur d'être contaminé par l'anomie et par la saleté ne font plus qu'une.

– La constitution du groupe dominant : une cause diachronique

A Winston Parva, le constitution du « nous » (installés) par rapport à « eux » (intrus) a une dimension temporelle. Les vieilles familles avaient constitué une cohésion que n'avaient pas les nouvelles familles. Ainsi, au début, malgré la volonté des nouvelles familles d'entrer en relation avec les anciennes familles, les nouveaux arrivant « *prenaient-ils conscience que les anciens se considéraient comme un groupe fermé, « nous », et que « eux » n'étaient à leurs yeux qu'un groupe d'intrus qu'ils entendaient tenir à distance* »[34].

– Les comportements individuels et collectifs du groupe dominant

A Winston Parva, N. Elias étudie la représentation que se fait une personne de la place de son groupe par rapport aux autres groupes et, par conséquent, de sa propre position comme membre de ce groupe.

Dans un groupe dominant, N. Elias observe que les personnes qui en font partie accordent la supériorité de leur pouvoir à leur « charisme collectif ». Ainsi, appartenir au groupe dominant, au « groupe supérieur » entraîne-t-il une forte maîtrise des pulsions et des affects. Il existe un fort

---

32. Ibid., p. 42.
33. Ibid., p. 43.
34. Ibid., p. 54.

« auto-contrôle » social. On ne peut avoir l'aval du groupe qu'en se pliant à ses normes, sinon on s'expose à perdre son pouvoir et son statut. Le self-control et l'opinion du groupe sont liés. La conformité aux règles du groupe est assurée par la participation gratifiante à la supériorité dudit groupe.

> *« La participation à la supériorité d'un groupe et à son charisme collectif est, pour ainsi dire, la récompense de la soumission aux normes spécifiques de ce groupe. Chacun de ses membres doit en payer individuellement le prix en pliant sa conduite à des modèles spécifiques de contrôle d'affects. La fierté d'incarner le charisme de son groupe, la satisfaction de lui appartenir, de représenter un groupe puissant et, selon son équation émotionnelle, humainement supérieur et d'une valeur unique, sont fonctionnellement liées à l'empressement de ses membres à se soumettre aux obligations que leur impose l'appartenance audit groupe. Comme dans d'autres cas, la logique des affects est stricte : la supériorité de pouvoir est assimilée au mérite humain, et celui-ci à la grâce particulière de la nature ou des dieux. La gratification que chacun tire de sa participation au charisme collectif compense le sacrifice personnel de la soumission aux normes collectives »*[35].

En fait, l'autorégulation des membres d'un groupe établi est liée à l'opinion forte de supériorité que ce groupe a de lui-même.

Pour les personnes appartenant au groupe des dominants, cette particularité, « ce supplément d'âme », ne peuvent être observés chez une personne appartenant au groupe marginal puisqu'elle est, avant tout, anomique aussi bien individuellement que collectivement.

> *« A Winston Parva, on pouvait observer en miniature un noyau dur composé des membres des vieilles familles, un establishment central préservant la vertu et la respectabilité du village tout entier qui, en tant qu'establishment de moindre niveau, fermait ses rangs aux habitants d'un quartier jugé moins respectable, peuplé par des gens de moindre valeur ».*[36]

Ne pas fréquenter des membres du groupe inférieur est un moyen de préserver la supériorité des installés et de garantir leur pouvoir.

---

35. Ibid., pp. 38-39.
36. Ibid., p. 59.

> « *En même temps, éviter tout contact social plus étroit avec des membres du groupe marginal présente toutes les caractéristiques émotionnelles de ce qu'on a appris à appeler, dans un autre contexte, « la peur de la pollution ». Les intrus étant réputés anomiques, frayer avec eux c'est courir le risque d'une « infection anomique » : on pourrait soupçonner le membre d'un groupe installé de briser les normes ou les tabous de son groupe ; il les enfreindrait du seul fait de s'associer avec des membres d'un groupe intrus. Tout contact avec des intrus menace d'abaisser son statut au sein du groupe installé. Il risquerait d'y perdre la considération des autres, aux yeux de qui il ne partagerait plus la supériorité que s'attribuent les installés* »[37].

La stigmatisation exercée par le groupe dominant à l'égard du groupe démuni peut ainsi annihiler chez celui-ci toute capacité de riposte et de mobilisation des ressources en vue de la construction d'un rapport de forces. N. Elias indique qu'au sein de nombreuses sociétés humaines des mots stigmatisants sont utilisés par les installés à l'encontre des marginaux dans le but d'affirmer la supériorité de statut de leur groupe (« nègre », « youpin », « macaroni »….).

> « *Tous ces mots ont valeur de symboles : ils rappellent qu'on peut faire honte au membre d'un groupe marginal parce qu'il ne satisfait pas aux normes du groupe supérieur, parce qu'il est anomique* »[38].

Par ailleurs, un « nom d'oiseau » ne fait mal que lorsque le rapport de forces reste inégal. Ainsi, quand les marginaux utilisent des mots stigmatisants à destination du groupe établi (« goy », « toubab »…), ils restent sans effet.

> « *S'ils commencent à faire, c'est le signe que le rapport de forces est en train de changer* »[39].

– De « l'idéal du moi » à « l'idéal du nous »

A Winston Parva, le self-control et l'opinion du groupe sont solidaires. Ainsi, N. Elias indique que Freud a fait grandement avancer la connaissance du processus du self-control. Freud « *a découvert que le processus collectif de la relation*

---

37. Ibid., p. 39.
38. Ibid., p. 40.
39. Ibid., p. 40.

père-mère-enfant a une influence déterminante sur la structuration (patterning) des pulsions élémentaires et la formation des fonctions de maîtrise de soi dans la petite enfance »[40].

Or, selon Freud, les fonctions du self-control (moi, surmoi et idéal du moi) sont indépendantes des processus collectifs et, en ce sens, Freud néglige l'importance de « l'idéal du nous » et considère les individus comme des personnes isolées.

> « *Or l'image et l'idéal du nous d'une personne font autant partie de son image et de son idéal du moi que l'image et l'idéal de soi de la personne unique qui dit – je –. Il n'est pas difficile de voir que des propos du style : – Moi, Pat O'Brien, je suis irlandais –, impliquent une image du je autant qu'une image du nous* »[41].

– Les comportements individuels et collectifs du groupe dominé

N. Elias note que lorsque que le rapport de forces est très inégal entre installés et intrus, le groupe des intrus se juge par rapport à la grille d'analyse des installés. Le rapport d'infériorité (en termes de rapport de forces) que vivent les intrus structure la personnalité individuelle et collective.

> « *Au regard des normes de ces derniers, ils sont enclins à se dénigrer, à se dévaloriser. Tout comme les groupes installés voient naturellement dans leur pouvoir supérieur un signe de leur valeur humaine supérieure, les groupes intrus, aussi longtemps que le différentiel de pouvoir reste grand et la soumission inéluctable, vivent émotionnellement leur infériorité de pouvoir comme un signe d'infériorité humaine* »[42].

N. Elias développe une représentation sociologique *finalement très proche du paradigme interactionniste*[43] (Simmel,

---

40. Ibid., p. 60.
41. Ibid., p. 60.
42. Ibid., p. 42.
43. H. Blumer (1901-1987) définit le terme « interactionnisme symbolique », en 1937. Il expose les fondements théoriques de ce paradigme en 1969 (H. Blumer, Symbolic Interactionism) :
    « *1 – Les humains agissent à l'égard des choses en fonction du sens que les choses ont pour eux...*

Becker, Goffman...). Ce qui est important, c'est la relation entre des personnes, entre des groupes et son incidence sur la structure de la personnalité et des conduites.

Ainsi, N. Elias indique, « faites à un groupe une mauvaise réputation, il aura tendance à s'y conformer »[44] ; parallèlement, H-S Becker souligne qu'« *être pris et publiquement désigné comme déviant constitue probablement l'une des phases les plus cruciales du processus de formation d'un mode de comportement déviant stable* »[45].

– Le rapport installés-exclus n'est pas seulement économique

Dépassant K. Marx, N. Elias indique qu'il existe des strates de conflits non économiques entre groupes installés et groupes marginaux. Il ne s'agit certainement pas de nier l'importance de l'inégale répartition des richesses pour comprendre les rapports entre installés et marginaux (ouvriers-classe dirigeante) ; en revanche, ce rapport économique n'est pas la seule source de conflit. « Si les exclus ont à peine de quoi vivre, le montant de leurs revenus – leurs ressources économiques – leur permettent de satisfaire des aspirations humaines autres que leurs besoins animaux ou matériels les plus élémentaires ; et plus les groupes sont alors enclins à ressentir leur infériorité sociale, l'infériorité de pouvoir et de statut »[46].

K. Marx a révélé un rapport social et économique très important en décrivant la distribution inégale des moyens de production et, par conséquent, la distribution inégale des

---

2 – Ce sens est dérivé ou provient des interactions de chacun avec autrui.

3 – C'est dans un processus d'interprétation mis en oeuvre par chacun dans le traitement des objets rencontrés que ce sens est manipulé et modifié.

Ces trois principes constituent, ensemble, l'approche spécifiquement interactionniste ». (De Queiroz J-M., Ziolkowski M., *L'interactionnisme symbolique*, Rennes, éd. PUR, 1994, p. 31).

44. N. Elias (1997), *op. cit.*, p. 44.
45. H-S, Becker, *Outsiders, études de sociologie de la déviance*, Paris, Métailié, 1985, p. 54.
46. Ibid., p. 49.

moyens permettant de satisfaire les besoins de tous les hommes. Chez les êtres humains, l'assouvissement des besoins matériels est un axe fondamental, mais ce qui les caractérise et les différencie des animaux, c'est « *l'enjeu des luttes pour le pouvoir entre groupes humains* ».

Les jeunes de Winston Parva

– Contexte : répartition inégale de la délinquance juvénile

A Winston Parva, il existe trois principaux groupes de jeunes qui correspondent aux divisions communautaires des zones 2 et 3 de cette ville :
- les garçons et les filles du « village »,
- les garçons et les filles respectables du lotissement,
- les garçons et les filles appartenant à la minorité de « familles à problèmes ».

Les auteurs constatent qu'en ce qui concerne la délinquance, à Winston Parva, d'une zone à l'autre, la différence était importante.

> « *En 1958, quelques uns (délinquants) venaient de la zone 2, beaucoup plus de la zone 3, mais aucun de la première. Comme partout ailleurs, seule une minorité avait affaire avec la justice. Cette année-là, il y eut 19 cas de délinquance juvénile (soit 6, 81 % des 7-16 ans) dans la zone 3, et 3 cas (soit 0, 78 % dans la zone 2. D'une zone à l'autre, la différence était donc considérable* »[47].

Cependant, N. Elias et J-L. Scotson notent que, dans l'ensemble des zones, la plupart des jeunes ne font pas de délits.

– Inégalité des deux zones face à la socialisation

Les auteurs montrent que :
• dans la zone 2 (le village), les règles communautaires sont fortes et relativement uniformes. Les contrôles sociaux sont importants, quelquefois pesants pour les jeunes, mais équilibrants.

---

47. Ibid., p. 185.

> « *Une communauté soudée, comme celle du – village –, était mieux armée que le lotissement pour que les adultes exercent une autorité régulière sur les enfants, ce qui est l'une des conditions d'une croissance équilibrée* »[48].

- dans la zone 3 (le lotissement), ce sont surtout les familles qui inculquent à leurs enfants les normes de conduite. Par ailleurs, ces normes peuvent différer d'une famille à l'autre.

> « *Devenir adulte était beaucoup plus difficile pour les jeunes du lotissement que pour ceux du – village –, parce que leur communauté manquait d'armature, parce que les habitudes et les règles étaient très différentes entre les familles du même quartier, et parce que ce qui était permis aux uns était interdit aux autres* »[49].

N. Elias et J-L Scotson font une description des différences existantes entre la vie au « village » et la vie dans le « lotissement » ; cette description rappelle fortement la différence que font de nombreux analystes français aujourd'hui, entre les « zones pavillonnaires » et les grands ensembles d'« habitation à loyer modéré » (HLM).

- dans le « village », même quand les parents travaillent, il y a toujours quelqu'un (famille, amis, voisins...) pour s'occuper des enfants. Par ailleurs, quand les enfants jouent dans la rue, c'est l'ensemble de la communauté qui se sent concernée par ce qu'ils font. Les parents se connaissent entre eux ; ils peuvent donc intervenir et avoir de l'autorité sur chaque enfant.
- dans le lotissement, les jeunes sont livrés à eux-mêmes. Là où ils jouent les adultes ne se connaissent pas ou presque pas et, surtout, ne se sentent aucune obligation envers l'ensemble des enfants. Ainsi, les auteurs notent que « *les habitants répugnaient à intervenir ou à entrer en contact avec eux et se montraient indifférents, voire hostiles, aux enfants qui jouaient – lesquels leur rendaient la pareille. On ne menace pas un gosse de tout dire à sa mère si l'on connaît à peine ses parents et qu'on a aucune envie de les connaître* »[50].

---

48. Ibid., p. 186.
49. Ibid., p. 186.
50. Ibid., p. 186.

Par ailleurs, N. Elias et J-L Scotson font une différence importante, au sein du lotissement, entre deux sortes de familles et de jeunes :
- les jeunes, enfants de familles ouvrières du lotissement, qui veulent donner une bonne éducation à leurs « rejetons » ;
- les jeunes, enfants de familles ouvrières du lotissement, qui laissent leurs « gamins » voler de leurs propres ailes.

En effet, « *alors que la majorité des jeunes que l'on rencontrait sur le lotissement après l'école ou le travail faisaient en gros les mêmes choses que leurs camarades du – village – et n'étaient pas particulièrement visibles dans les rues de Winston Parva, une minorité semblait n'avoir rien d'autre à faire que de traîner dehors : c'étaient toujours les mêmes, ceux des familles nombreuses habitant des logements trop exigus, qui n'avaient nulle part où aller à Winston Parva. La plupart appartenaient aux huit ou neuf familles – à la mauvaise réputation* »[51].

– Inégalité des structures d'éducation entre les zones

Il existe six groupes paroissiaux dans la zone 2 et aucun club de jeunes dans la zone 3. Par ailleurs, toutes les autres organisations de jeunesse (sauf une) refusent les jeunes du lotissement. Ainsi, à part quelques uns, l'ensemble des jeunes de la zone 3 avaient été écartés des activités sociales et des facilités de formation offertes par les clubs de jeunes.

Cependant, une association, « l'Open Youth Club » ouvrait ses portes aux jeunes du lotissement et du village. Ce fut pour N. Elias et J-L. Scotson « *une – expérience **in situ** – qui (leur) permit d'étudier de près quelques-uns des problèmes nés, pour la jeune génération, de la division des deux quartiers ouvriers* »[52].

– Activités extra-scolaires et extra-professionnelles et transgression de la règle

Dans une communauté ouvrière et industrielle comme Winston Parva, le système de valeurs faisait que tout ce qui

---

51. Ibid., p. 187.
52. Ibid., p. 188.

touchait de près ou de loin au travail avait un intérêt et pouvait, par conséquent, être financé par l'argent public (notamment scolarisation et formation). En revanche, les activités extra-scolaires et professionnelles semblaient être des activités de luxe non indispensables et relevant des familles elles-mêmes.

Pourtant, pour N. Elias et J-L Scotson, ces activités étaient loin d'être insignifiantes pour les jeunes de Winston Parva. Grâce à des activités collectives les jeunes pouvaient se construire, mais aussi *défier la règle*.

Au cinéma, « *la façon dont les jeunes se conduisaient collectivement montrait combien était pressant, chez eux, le besoin de défier ouvertement les règles de la société établie et, si possible, de provoquer ses représentants* »[53].

– « Monkey Walk » : rapports établis-marginaux

Après les séances de cinéma, les auteurs montrent que des bagarres éclataient sur le « Monkey Walk » (terrain neutre appartenant ni à la zone 2, ni à la zone 3). Or, ces situations de conflits se retrouvent dans l'ensemble des sociétés à grands centres urbains. En fait, ces conflits expriment les rapports établis-marginaux, caractéristiques de la jeune génération :

> « *ces scènes étaient symptômatiques de la guérilla quasiment incessante qui opposait les groupes établis de ces sociétés aux groupes d'exclus que celles-ci produisaient – en l'occurrence, aux groupes marginaux de la jeune génération* »[54].

Le cinéma cristallise les rapports entre établis-marginaux.

> « *Le public du cinéma n'avait rien d'un rassemblement aléatoire de jeunes « en rupture de ban ». Il était représentatif d'un phénomène assez normal dans les grandes sociétés urbaines qui, toutes, produisent et reproduisent sans discontinuité des groupes plus ou moins adaptés à l'ordre établi* »[55].

Ici, les adolescents se trouvaient dans un espace de transition : « *les uns étaient des délinquants, ou allaient le deve-*

---

53. Ibid., p. 190.
54. Ibid., p. 192.
55. Ibid., p. 192.

nir ; d'autres apprendraient à se glisser dans les règles établies des adultes »[56].

– Délinquance et environnement sociologique

Pour N. Elias et J-L Scotson, les conduites délinquantes des jeunes sont liées avant tout au contexte environnemental dans lequel ils évoluent et non pas à des facteurs psychiques et individuels.

> *« On ne peut étudier les délinquants, les expliquer et faire des prédictions à leur propos à partir des seuls critères individuels, sur la base d'un diagnostic psychologique qui ne serait pas étayé par un diagnostic sociologique. Car les conditions de la reproduction continue de groupes de jeunes délinquants résident dans la structure d'une société et, en particulier, dans celle des communautés où vivent des groupes de familles avec enfants – délinquants – et où grandissent ces enfants »*[57].

Ainsi, on comprend les attitudes provocantes de jeunes appartenant aux familles nombreuses du lotissement, si l'on analyse leurs conditions de vie par rapport aux autres jeunes du « village » et du lotissement.

– Dans la zone 3 :

La plupart des jeunes de la zone 3 vivent une sorte de désœuvrement. N. Elias et J-L Scotson notent qu'après le travail ou l'école, ces jeunes sont livrés à eux-mêmes, ils traînent dans les rues en ne sachant pas véritablement ce qu'ils cherchent.

> *« Ils avaient de l'énergie à revendre, mais peu d'occasions de l'employer de manière satisfaisante »*[58].

Ces jeunes se sentent stigmatisés, oppressés, ils se heurtent « au mur d'une prison invisible ». Par conséquent, certains emploient leur énergie à importuner ou à provoquer ceux qui les enferment.

---

56. Ibid., p. 192.
57. Ibid., p. 193.
58. Ibid., p. 193.

– Au « village » :

Ici aussi, les jeunes ont l'impression d'étouffer sous la pression familiale et celle de la communauté ; pourtant ils sont mieux armés pour vivre ces frustrations associées à des objectifs plus clairs et réguliers.

> « De surcroît, dans la communauté du – village –, les frustrations de l'enfance et de l'adolescence étaient compensées par un sentiment d'appartenance et par la fierté qui lui était associée. Les jeunes du – village – étaient beaucoup mieux armés que leurs camarades du lotissement pour se faire une idée de leur place par rapport aux autres, pour se forger une image de leur identité d'individus dans leur cadre social, et l'image qu'ils pouvaient se forger était affectivement plus gratifiante : elle montrait leur valeur en tant que membre d'une communauté dont on leur disait qu'elle était bonne et supérieure à d'autres, une communauté dont ils apprenaient à être fiers. S'ils en respectaient les règles, ils pouvaient trouver dans les générations précédentes des exemples pour les guider et les aider à surmonter leurs problèmes. Mais ils devaient aussi en payer le prix »[59].

– Atouts et inconvénients d'être jeune au « village » ou au lotissement : construction de l'identité[60]

Au « village » les jeunes ne peuvent échapper au contrôle social exercé par les vieilles générations. Dans ce cadre, ces

---

59. Ibid., p. 195.
60. N. Elias renvoie à un appendice, en fin d'ouvrage, intitulé « aspects sociologiques de l'identification ». Citant S. Freud, G. H Mead, E. H Erikson et d'autres comme étant les premiers à avoir attiré l'attention sur les mécanisme d'identification, il note qu'il faut dépasser les aspects biologiques de l'hérédité en étudiant l'interaction avec les phénomènes sociologiques. Ce qu'il est important de prendre en compte, c'est l'interaction entre l'image que les gens ont d'eux-mêmes et les images que d'autres ont d'eux.
« ...On peut aisément observer dans la vie quotidienne que l'image que les enfants se font d'eux n'est pas marquée par la seule expérience de leurs parents, mais aussi par leur expérience de ce que d'autres disent et pensent de leurs parents.... L'assurance que retire l'enfant de la croyance à la position élevée de sa famille colore assez souvent l'assurance qu'il aura plus tard dans la vie, même si sa propre position est moins assurée ou moins élevée. De la même façon, l'expérience d'un moindre statut attribué à la famille laissera des traces sur son image de soi et son aplomb dans la vie ». (N. Elias, op. cit., pp. 258-259).

jeunes s'identifient aux codes de leurs parents, en sont fiers et regardent de haut les marginaux habitant le lotissement. Or, « *les bénéfices que les jeunes – villageois – tiraient de la stabilité et de la sécurité relativement grandes de leur communauté, ils devaient donc les payer par des loisirs d'adultes et sans grand intérêt* »[61].

Les jeunes du lotissement sont apparemment plus libres, car ils ne sont pas aussi contrôlés par leurs aînés ; « *en outre, il leur manquait les récompenses d'un réseau serré de contrôles adultes : la sécurité et la stabilité collectives* »[62].

Les jeunes appartenant aux familles à problèmes du lotissement, non seulement sont sans repères collectifs, mais également sans repères familiaux ce qui accroît leurs difficultés à se construire une identité stable. En effet, l'ensemble de leur personnalité est liée à l'extrême stigmatisation dont eux et leurs familles sont l'objet.

> «... *les enfants et adolescents appartenant à la minorité des familles à problèmes du lotissement : il leur fallait, dès le départ, chercher à tâtons leur identité en tant qu'individus, leur valeur et leur fierté personnelles en tant que membres de familles traitées en marginaux, voire en parias, par les – villageois – mais aussi par une partie de leur communauté* »[63].

Selon les auteurs, de manière très classique en sociologie (influence du fonctionnalisme et de Durkheim), des modèles, des normes, des valeurs stables permettent de maîtriser les pulsions. *Chez ces jeunes, il y a formation de leur personnalité dans la stigmatisation.* Il existe un décalage entre leur socialisation primaire et les formes normatives de l'action de la société majoritaire.

> « *Les voix et les gestes des gens disciplinés vivant autour d'eux, y compris la police, leur apprenaient dès l'enfance la piètre estime dans laquelle on les tenait, eux et leurs familles. Ils savaient qu'ils étaient identiques – et qu'on les identifiait – à une famille qu'on ne respectait guère ; à partir de là, comment auraient-ils pu concevoir de la fierté, trouver une ligne de conduite ?* »[64]

---

61. Ibid., p. 196.
62. Ibid., p. 196.
63. Ibid., p. 197.
64. Ibid., p. 197.

Ces jeunes n'ont aucune assurance, ni sur leur valeur, ni sur leur rôle, ni sur leur fonction dans la société. Ils ne savent pas vraiment ce que les autres pensent d'eux, par conséquent, ils ne savent pas non plus quoi penser d'eux-mêmes.

Ces jeunes sont, plus que les autres, plongés dans une incertitude quant à leur identité, ils craignent donc d'affronter seuls le monde extérieur. *A Winston Parva, hier, comme dans d'autres quartiers défavorisés aujourd'hui, le groupe de pairs constitue un cadre stable par substitution*, qui permet d'apaiser l'angoisse de ces jeunes face à l'attitude de la majorité qui les rejette.

> « *Peu sûrs d'eux et habitués à être traités avec une bonne dose de mépris et de méfiance par les représentants des autorités et du monde ordonné dont ils étaient exclus, ils essayaient de trouver une aide et un soutien dans les liens d'amitié temporaires qu'ils tissaient entre eux. Il leur était plus facile de faire face à des groupes hostiles et méfiants qui leur inspiraient également beaucoup d'hostilité et de méfiance en formant des groupes bien à eux. Comme leurs familles dont elles prenaient la suite, ces bandes n'étaient pas particulièrement stables. Mais aussi longtemps qu'elles duraient, les jeunes pouvaient plus facilement affronter le monde dont ils étaient exclus : les bandes étaient des antidotes à l'extrême vulnérabilité de leur opinion d'eux-mêmes* »[65].

Sur le plan de la libido, ces adolescents, ont des relations sexuelles passagères qui ne peuvent guère contribuer à leur développement personnel. Par ailleurs, ils vivent dans l'instant présent et ne font pas de projets à long terme, contrairement à la plupart des autres jeunes.

– Identité négative et reproduction de la stigmatisation

Les jeunes turbulents du lotissement veulent exister comme les autres ; ainsi, en détruisant, en provoquant, en choquant le monde bien intégré qui les exclut, ils semblent dire : « *Nous allons vous obliger à faire attention à nous : sinon dans l'amour, du moins dans la haine* »[66].

---

65. Ibid., p. 198.
66. Ibid., p. 200.

Agir de la sorte, renforce leur stigmatisation. Ces jeunes vivent dans un cercle vicieux.

En fait, les auteurs croient à une sorte d'hérédité sociologique, transmise par les parents qui, eux-mêmes, ont vécu le rejet et l'exclusion. *Ce que N. Elias et J-L. Scotson décrivent est finalement très proche de la notion d'**habitus de classe** que développera Pierre Bourdieu.*

« *Les modèles de personnalité propres à une génération et la configuration sociale spécifique dont elle faisait partie tendaient, ici, à se perpétuer dans la génération suivante, développant chez les enfants les mêmes traits de personnalité qu'entretenait une même configuration sociale* »[67].

Commentaire

Chez P. Bourdieu, l'articulation entre l'individuel et le collectif se réalise par l'habitus. C'est à travers cette notion que le système social produit des agents et que ceux-ci construisent leur logique d'action. Chez P. Bourdieu, l'incorporation des habitus de classe, construit l'appartenance de classe des personnes tout en reconstruisant la classe en tant que groupe partageant le même habitus. L'habitus est le fondement de la reproduction de l'ordre social.

> L'*habitus*, ce sont les structures sociales de notre subjectivité, qui se constituent avant tout à travers nos premières expériences (*habitus* primaire), puis de notre vie adulte (*habitus* secondaire). Les structures sociales s'impriment dans nos corps (*héxis* corporelle) et dans nos têtes (*éthos*). L'*habitus* est un système de dispositions durables acquis par la personne au cours du processus de socialisation[68].

N. Elias et J-L Scotson pensent même que les familles à problèmes de Winston Parva sont les descendants des familles ouvrières à « mauvaise réputation » du début de l'ère industrielle en Angleterre.

---

67. Ibid., p. 200.
68. Cf. P. Bourdieu, *Le sens pratique*, Paris, éd. de Minuit, 1980, pp. 88-89.

> *« Si l'on considère cette évolution à long terme, on s'apercevra probablement qu'une partie des familles ouvrières désordonnées, des – familles à problèmes – d'aujourd'hui, sont un reliquat régressif de générations de familles de ce genre : un reliquat qui, par une forme d'hérédité sociologique de certains comportements, n'a pu sortir du cercle vicieux qui engendre chez les enfants des familles troublées des propensions à former à leur tour des familles troublées »*[69].

Les jeunes les plus violents du lotissement sont victimes du cercle vicieux de l'interdépendance des rapports sociaux dégradés. Leur conduite hostile envers leur entourage s'explique par le fait qu'ils sont nés dans des familles à problèmes et qu'ils sont traités comme des marginaux depuis leur tendre enfance, *« leur communauté les rejetait parce qu'ils se conduisaient mal et ils se conduisaient mal parce qu'ils étaient rejetés »*[70].

– Hérédité sociologique

En construisant une analyse synchronique et diachronique des rapports sociaux, Norbert Elias dépasse l'opposition classique individu/société ; cependant, il semble que N. Elias et J-L. Scotson aient une vision assez déterministe du monde social qui, à certains moments, risque de les faire basculer vers une conception évolutionniste.

> *« On retrouve là l'immense talent d'Elias, capable de relier de façon cohérente histoire et sociologie, synchronie et diachronie, sans les réduire l'une à l'autre, ni les fusionner, circulant de l'individuel au collectif avec profondeur et finesse, et évitant les impasses de l'évolutionnisme,* **même s'il semble par moment risquer de s'y fourvoyer** *»*[71].

Pour N. Elias et J-L. Scotson, l'hérédité sociologique a une part dans la formation des traits de personnalité des individus et des familles. Ainsi, le self-control des personnes est lié à l'opinion que le groupe a de lui-même.

Si des familles, à Winston Parva, se retrouvent au bas de l'échelle au sein de la hiérarchie sociale de la communauté,

---

69. N. Elias (1997), *op. cit.*, p. 202.
70. Ibid., p. 210.
71. M. Wieviorka in N. Elias, J-L. Scotson, *op. cit.*, p. 20.

c'est que « *très certainement, ce classement n'était pas dû aux différences – économiques –, comme on dit, mais à l'incapacité ou au manque d'empressement des membres de certaines familles à se conformer dans leur conduite personnelle et dans la tenue de leur foyer aux étalons définissant la norme aux yeux de la majorité* »[72].

Le manque de socialisation que ces familles font apparaître est lié au fait que ces « parents à problèmes » sont, eux-mêmes, les enfants de « parents à problèmes ».

– Reproduction des rapports établis-marginaux entre les jeunes eux-mêmes

Idéalisation des jeunes villageois : Les adultes appartenant au groupe dominant (le « village ») ont une image idéalisée de leurs jeunes (bons sportifs, bons résultats scolaires, bonne éducation…). Cette représentation idéalisée influence les jeunes « villageois » qui se sentent investis d'une mission : ne pas décevoir leurs parents et ne pas détruire le « charisme collectif ».

> « *La conviction de leurs aînés qu'ils avaient un bon fond ne pouvait que renforcer le besoin qu'avaient ces jeunes de faire bonne figure et d'éviter de laisser penser qu'ils ressentaient l'envie de faire des choses que leurs parents ou le voisinage désapprouveraient s'ils les apprenaient* »[73].

Ainsi, les jeunes villageois ont une haute opinion d'eux-mêmes par opposition aux jeunes du lotissement. Leur fierté collective d'appartenir à la communauté du « village » se traduit donc par le mépris des jeunes du lotissement.

En fin de compte, les rapports sociaux « insiders-outsiders » des parents se retrouvent aussi chez les jeunes, notamment à l'Open Youth Club.

> « *Un jeune – villageois – qui se serait fait des amis par delà les barrières invisibles se serait rabaissé aux yeux de ses camarades comme, probablement, aux siens. La ségrégation était strictement maintenue, jusque dans le cadre du Club. Sortir avec*

---

72. N. Elias (1997), *op. cit.*, p. 224.
73. Ibid., p. 203.

> *une fille du lotissement, c'était s'exposer au mépris des autres adolescents du – village –, voire à une semonce parentale* »[74].

Le mauvais exemple des jeunes les plus déviants donnait des repères aux jeunes « villageois » tout en ordonnant l'attitude de ceux-ci envers l'ensemble des jeunes du lotissement.

> « *Les seconds tenaient aux yeux des premiers le rôle du – mauvais exemple –, qui dans bien des sociétés, semble être l'indispensable complément du – bon exemple – que les chefs souhaitent voir leur groupe suivre* »[75].

– Stigmatisation par amalgame et commérage

Les dominants, en critiquant les comportements, les attitudes et les vêtements d'une minorité démonstrative des jeunes du lotissement, peuvent critiquer l'ensemble des gens vivant dans cette zone en associant les « mauvaises pulsions », les « comportements déviants » et l'infériorité sociale. Pour les « villageois », l'amalgame se fait entre les « mauvaises mœurs » et tous les habitants du lotissement. Ceux-ci ne discernent pas les nuances entre ceux du lotissement qui partagent leurs normes et la « minorité des pires » qui, elle, ne les partage pas.

> « *Et tandis que la mauvaise réputation du lotissement dans son ensemble empêchait pratiquement les jeunes – villageois – de discerner entre ceux du lotissement qui partageaient leurs normes et ceux qui ne les partageaient pas, il y avait certainement toujours assez de jeunes de la seconde catégorie, aux yeux du public, pour permettre aux **gardiens de la morale** – villageoise – d'invoquer leur – mauvais exemple – avec un : – Qu'est-ce que je vous avais dit ?* »[76].

Cet exemple suggère un rapprochement possible entre l'analyse de N. Elias et J-L Scotson et celle de H-S. Becker qui, dans son ouvrage, *Outsiders*[77], parle, lui, à propos de ceux qui imposent les normes, en Amérique, de « *croisés de la morale* ».

---

74. Ibid., p. 204.
75. Ibid., p. 205.
76. Ibid., p. 206.
77. H-S. Becker, *Outsiders*, Paris, éd. Métailié, 1985.

A travers le commérage, les jeunes « villageois » stigmatisent les jeunes du lotissement au regard de la « minorité des pires » qui provoquent des débordements. Le ragot est une « arme sociale » destinée à reproduire la supériorité des uns et l'infériorité des autres en termes de pouvoir.

> « *Si la signification sociale de ces incidents, leur signification pour la vie de la communauté, était considérable, le nombre de jeunes concernés était réduit : moins de 10 % des jeunes du lotissement, peut-être même pas plus de 5 %, formaient des bandes de ce type. Les récits des méfaits des « hooligans du lotissement » se répandaient comme une traînée de poudre à travers les circuits de commérage du village, où se trouvaient les clubs et dont les intrus écumaient la rue principale. Ce qu'ils voyaient ne faisait que confirmer les « villageois » dans leur conviction que les jeunes de « là-bas » n'étaient pas du même calibre et « manquaient d'une vie familiale digne de ce nom »* »[78].

– Variance et déviance

S'agissant des rapports sexuels, pour les « villageois » comme pour la plupart des membres du groupe du lotissement, parler de sexe reste un tabou.

Ainsi, bien que les jeunes « villageois » aient des pratiques sexuelles différentes, plus poussées que celles de leurs aînés, ils ne supportent pas certains comportements ostentatoires des jeunes turbulents du lotissement. En fait, il s'agit du rapport bien connu en sociologie entre *variance* et *déviance*. La communauté des jeunes « villageois » fait évoluer les codes de leurs aînés, mais reproduisent immédiatement un autre contrôle en imposant de nouvelles normes.

> « *Les adolescents du – village – finirent par être de plus en plus indisposés et dégoûtés par leurs façons de faire. Les jeunes – villageois – enfreignaient eux aussi le code de leurs aînés, mais dans une certaine mesure, comme c'est souvent le cas, aujourd'hui, dans la chaîne des générations ; ils avaient instauré entre eux un nouveau code, sans en avoir peut-être pleinement conscience. Ce code était appliqué et contrôlé par les adolescents du – village –, largement majoritaires au conseil du Club. Comme les autres – villageois –, les membres du conseil ne*

---

78. Ibid., p. 216.

dédaignaient pas le pelotage, ni les autres formes bénignes d'attouchement »[79].

– Entre fantasme et réalité

N. Elias et J-L. Scotson se demandent si les stéréotypes des « villageois » à l'encontre des jeunes du lotissement ne s'accompagnent pas de quelques vérités.

Ainsi, les « villageois » ne cessent de critiquer ces futurs délinquants potentiels que représente la masse d'enfants présente dans la zone 3. Or, les auteurs découvrent que *les moins de dix-huit ans, en fonction de la population totale, étaient bien plus forte dans la zone 3.*

Cependant, bien que reconnaissant que le nombre d'enfants était beaucoup plus important dans le lotissement que dans le village (Dans la zone 1, les moins de dix ans représentent 19, 9 %, dans la zone 2 : 20, 1 %, dans la zone 3 : 32, 2 %), N. Elias et J-L Scotson affirment que c'est, avant tout, leurs conditions de vie qui est en cause.

> « *Les plaintes concernant les – essaims de gosses – qui troublaient la paix du – village – n'étaient pas totalement injustifiées, mais ce qui comptait n'était pas tant le nombre réel des enfants du lotissement que leurs conditions de vie. [...] Logeant dans des maisons relativement exiguës, les enfants de ces familles nombreuses n'avaient nulle part où aller ailleurs que dans la rue après le travail ou l'école* »[80].

– Stigmatisation et contre-stigmatisation

Considérant l'attitude des jeunes du « village » envers eux, la plupart des jeunes de la zone 3 se contentent de ne plus faire attention aux jeunes « villageois ». En revanche, un petit groupe de jeunes de la zone 3 construit une relation idéaltypique des rapports établis-marginaux.

> «... *Une minorité de jeunes du lotissement, souvent issus des familles à problèmes, réagissaient différemment. Ils prenaient plaisir à importuner les gens qui les rejetaient. Le cercle vicieux, le mouvement de bascule dans lequel l'ancien quartier*

---

79. Ibid., p. 214.
80. Ibid., p. 208.

et le nouveau étaient impliqués depuis qu'ils étaient devenus interdépendants, jouait à plein dans les relations entre jeunes »[81].

Face à la stigmatisation dont ils sont victimes de la part des « enfants respectables », « *la minorité plus rebelle des jeunes gens se sentait rejetée, ceux-ci cherchaient à prendre leur revanche en s'appliquant à se conduire mal* »[82].

Ces jeunes construisent *un renversement du stigmate* par une exagération des faits qu'on leur reproche (tapages, déprédations...). Les « ragots de rejet » deviennent ainsi des armes caduques car ces jeunes aspirent au rejet et aiment générer la contrariété. L'attitude de ces jeunes, au sein d'un club paroissial, caractérise leur volonté de déplaire et de choquer.

Exemple :

> « *En fait, la bande n'attendait qu'une chose, c'est qu'on lui demande de sortir. Elle savait bien qu'on la prierait de se conformer aux règles de conduite fixées par les Églises ; elle s'attendait à être rejetée, sauf à accepter sans réserve les normes du – village –. A l'heure fatidique, le groupe se retirait bruyamment avec force noms d'oiseaux et en claquant les portes pour se retrouver dans la rue à brailler et à chanter un moment. Parfois, quelques-uns consentaient à passer le reste de la soirée en s'appliquant à se rendre désagréables ; ils renversaient les chaises, – harcelaient les filles – et se répandaient en longs commentaires obscènes sur les activités du club* »[83].

– Description de la « minorité des pires »

Dans un tableau sur les membres de la bande des « boys » (pp. 211-212), les auteurs dépeignent une image plutôt accablante de la zone 3.

Ceux-ci font une sorte de lien entre la situation familiale (foyer très pauvre, père absent ou violent, famille à mauvaise réputation), l'emploi (ouvrier), la conduite scolaire (absentéisme, médiocrité, instabilité, le taux de QI, généralement en dessous de la moyenne, étant avant tout associé à un refus de l'école plutôt qu'à un manque d'intelligence réel) et le casier judiciaire de ces jeunes.

---

81. Ibid., p. 209.
82. Ibid., p. 209.
83. Ibid., p. 210.

> « *Leurs résultats scolaires étaient généralement médiocres, leur Q. I en deçà de la moyenne – ce qui n'était pas nécessairement la cause, mais plutôt un signe supplémentaire de leur hostilité à l'ordre établi, dont l'école, y compris les tests d'intelligence, faisait partie.)* »[84].

Le seul jeune de la bande qui a de bons résultats scolaires est issu de la zone 2 ; cependant son casier n'est pas vierge et sa famille est d'origine immigrée irlandaise.

– Évolution de la « minorité des pires » agissante

Lors de leur enquête, N. Elias et J-L Scotson constatent que la minorité des turbulents, à Winston Parva, est sur le déclin. En effet, le premier signe de cette évolution est la baisse de la délinquance juvénile (de 1958 à 1960, le taux de délinquance des enfants de 7 à 16 ans jugés, passe de 6, 81 % à 0, 70 %). En ce qui concerne la délinquance des adultes, la baisse est aussi significative (dans la zone 3, les agressions passent de 8 en 1958 à 1 en 1960 et les atteintes à la propriété de 5 à 1).

Les auteurs donnent une explication prosaïque de ce changement. Suite à la suppression de la loi sur le contrôle des loyers (1957-1958), les propriétaires des maisons du lotissement augmentent considérablement ceux-ci.

Parallèlement, « *s'acheva à Winston Magna la construction d'un nouveau lotissement (plus spacieux) – le Council Estate –, à juste un kilomètre et demi de la zone 3* »[85].

Dans ce contexte ; plusieurs familles du lotissement, notamment des familles « à la mauvaise réputation » partent s'y installer.

> « *Plusieurs familles nombreuses, y compris quelques-unes – à la mauvaise réputation –, calculèrent qu'au lieu de payer des loyers plus élevés pour une petite maison sans commodités modernes, mieux valait s'inscrire pour obtenir une maison du Council, la taille de leur famille leur donnant priorité* »[86].

---

84. Ibid., p. 210.
85. Ibid., p. 220.
86. Ibid., p. 220.

Par la suite, les garçons des familles qui commettaient des délits à Winston Parva continuent, ailleurs, mais ces infractions n'entrent plus dans les statistiques de la ville.

C'est donc un changement notable de la composition de Winston Parva, notamment au moyen d'une sélection par l'argent, qui fait baisser le taux de délinquance dans les statistiques.

> « *Dans l'ensemble, on peut dire que ces changements – une chaîne d'événements menant de la suppression du contrôle des loyers, de la hausse de ces derniers, de l'attraction de nouvelles maisons un peu mieux équipées et dotées de loyers comparables, à une diminution du nombre de familles à problèmes sur le lotissement – expliquent assez bien la diminution des délits portés devant la justice* »[87].

Comme le souligne M. Wieviorka dans l'avant-propos de la traduction française de l'ouvrage, N. Elias propose un raisonnement qui dépasse les théories fonctionnalistes. En décrivant la délinquance juvénile de la zone 3 de Winston Parva, il va au-delà des explications en termes de « dysfonctionnement » ou « d'anomie » et propose une vision dialectique du monde social. Il faut penser les rapports sociaux dans leur interdépendance ; il s'agit avant tout de rapports de pouvoir.

> « *Le souci d'Elias de proposer un raisonnement à la fois complet et intégré le conduit, ici comme ailleurs, à s'opposer aux théories fonctionnalistes, et à se démarquer, en particulier, de notions comme celle de dysfonctionnement. Ainsi, les comportements du groupe des – outsiders – semblent relever d'un – dysfonctionnement – aussi longtemps que l'analyse isole ce groupe ; dès que les interdépendances avec les – established – sont prises en compte, dans leur épaisseur historique, la perception ne peut que changer : le – dysfonctionnement – des uns est une face de la médaille, qui voit les autres bien fonctionner ; il est inscrit dans les rapports de pouvoir, dans les interactions entre exclus et dominants* »[88].

N. Elias et J-L. Scotson, utilisant des notions importantes comme « civilisation », « interdépendance » ou « configuration », décrivent concrètement la discrimination d'un groupe par la mise à l'écart des structures de la vie collective et des

---

87. Ibid., p. 221.
88. M. Wieviorka in N. Elias, J-L. Scotson, *op. cit.*, p. 21.

postes de pouvoir, par la médisance, par les ragots, par le commérage et, finalement, par l'intériorisation du stigmate par le groupe discriminé.

Dans une relation d'interdépendance, le « préjugé individuel » est d'abord lié au « préjugé social ». Une personne n'est pas jugée pour ses qualités individuelles mais, avant tout, pour son appartenance à un groupe. Ainsi, les auteurs de *Logiques d'exclusion* esquissent-ils une explication possible du racisme.

> *« Les – relations de race –, comme on dit, ne sont donc jamais que des relations établis-marginaux d'un type particulier »*[89].

C'est la sociodynamique de l'opposition des groupes établis-marginaux qui explique la discrimination d'un groupe à l'apparence physique différente. Des groupes plus anciennement installés, possédant une plus grande cohésion sociale que les nouveaux venus (la sociologie du temps est importante chez Elias) élaborent une identité fantasmatique, un « idéal collectif » de leur groupe qui soude les membres de celui-ci. Cette identité de groupe « supérieur » se différencie et s'oppose à l'autre groupe perçu, lui, comme « inférieur ». Par ailleurs, le développement d'images fantasmées est d'autant plus décalé par rapport à la réalité que le groupe majoritaire se sent en danger. En réalité, dans cette étude microsociologique, N. Elias montre qu'il faut également penser les rapports sociaux en termes de pouvoirs et de représentations symboliques. L'individuel et le collectif s'entremêlent pour construire une image valorisée ou dévalorisée du « moi » par rapport au « nous ».

N. Elias montre que, pour un groupe anciennement installé, l'arrivée d'un autre groupe considéré comme « inférieur » est perçu par les premiers comme une menace, le groupe inférieur les renvoyant à une image dévalorisée d'eux-mêmes. Le paradigme « etablis-marginaux » peut grandement nous aider à décrypter les processus actuels d'exclusion, déjà bien exploités par des idéologues d'extrême-droite.

---

89. N. Elias (1997), op. cit., p. 46.

2. De la déformation de l'« autre » à la formation de soi (Didier Lapeyronnie)

D. Lapeyronnie considère que les pratiques discriminatoires et le racisme ne dépendent pas seulement de la crise sociale et de l'anomie. Ce point de vue prolonge la pensée de N. Elias[90]. Le racisme est un phénomène complexe, polymorphe, qui dépend de situations historiques et de rapports sociaux particuliers. Le racisme est surtout un mode d'expérience sociale. *Analyser le racisme, c'est donc comprendre les rapports sociaux dans lesquels il se développe.* D. Lapeyronnie choisit, notamment, d'aborder la construction du racisme dans les banlieues.

Pour toute une partie de la population des quartiers défavorisés, le racisme est une manière de se séparer de l'image infâmante que vous renvoie « l'autre » ; autrement dit, le voisin d'infortune auquel on refuse de s'identifier. Dans ces quartiers stigmatisés semble exister, sous le regard extérieur de la société intégrée, une certaine unité que des habitants réfutent au nom de leur droit à exister en tant que personnes.

> *« L'autre devient une menace pour l'identité personnelle. C'est ce qui explique le racisme obsessionnel de beaucoup d'individus, racisme qui ne s'exprime pas seulement à travers la violence du langage, mais aussi par le corps et les attitudes. Il s'agit d'abord d'affirmer une différence comme une sorte de point d'appui pour s'extirper du marécage que constitue le quartier. Mais il s'agit aussi, en même temps, en arrachant la part de l'autre qui est déjà en soi, de faire face à des processus sociaux qui dissolvent et rendent informes »*[91].

---

90. Dans son ouvrage *Logiques de l'exclusion*, N. Elias montre que la stigmatisation d'un groupe par un autre groupe n'est pas nécessairement liée à une situation socio-économique différente, ni reliée à une situation de crise. Dans l'échelle des représentations identitaires, certains se construisent une identité personnelle survalorisée en s'identifiant à la minorité des meilleurs de leur communauté d'appartenance, en même temps qu'ils s'opposent à un autre groupe qu'ils dévalorisent en identifiant l'ensemble des membres de ce groupe à la minorité des pires.
91. D. Lapeyronnie, « L'Ordre de l'Informe » in *Hommes & Migrations*, n° 1211, janvier-février 1998, p. 72.

Dans ces « zones » incertaines, la population se sent « engluée » au sein d'une identité commune liée à l'inexistence sociale relevant de « l'informe ». Dans l'échelle de représentation des dominants, la banlieue, les quartiers de relégation sont liés à une sorte d'image stéréotypée sans forme bien délimitée. Comme le souligne D. Lapeyronnie, « *le racisme consiste alors à se donner – forme – en construisant ou en produisant de l'« autre – informe »*»[92].

Dans ce contexte, se détacher de l'« autre », l'expulser de soi, c'est, d'une certaine manière, se purifier et se construire une identité valorisante. En se séparant de l'« autre », en le rejetant, on se donne une image de soi détachée des stigmates généralement rattachés à l'habitant d'une banlieue. Comme l'indique P-A. Taguieff, à propos du néo-racisme culturel, rejeter l'« autre », c'est une façon de refuser la souillure d'un mélange culturel et social, renvoyant à une partie de soi-même que l'on refuse de voir. Par une pratique raciste, il s'agit de rompre avec une perspective identitaire négative.

Dans ce cadre bien particulier d'expression du racisme dans les quartiers périphériques, D. Lapeyronnie note que la violence (insultes, mépris des femmes et des homosexuels, les affrontements, la violence physique) est un mode de constitution du racisme plutôt que la conséquence de celui-ci. D. Lapeyronnie exprime là un point de vue original, considérant que les expressions de violence raciste sont un moyen pour l'agresseur de se donner une forme particulière en déformant l'autre qui, sans cesse, tend à se confondre en lui dans une condition sociale et culturelle commune. Ici, la violence est un moyen de se différencier de l'autre, de construire une altérité en marquant une distance absolue. D'ailleurs, D. Lapeyronnie souligne que moins cette différence est clairement établie, plus la violence envers l'autre s'exerce de manière radicale. Il faut donc comprendre cette violence raciste « *comme le moyen de la construction des ethnicités et de leur différenciation, un moyen de lutter contre l'indifférenciation ou l'assimilation, un moyen d'affirmer une identité personnelle en s'arrachant au – marécage – de l'autre* »[93].

---

92. Ibid., p. 72.
93. Ibid., p. 73.

– De la volonté d'intégration au rapport de domination entraînant le racisme

Pour D. Lapeyronnie, il s'agit de penser *les conduites racistes au sein de rapports sociaux plus vastes*, opposant les « groupes intégrés » et les « groupes exclus », ceux-ci correspondant à la population vivant dans les quartiers défavorisés de la périphérie des grandes villes. Dans les quartiers sensibles, les comportements racistes sont la conséquence de rapports sociaux inégaux organisés autour de « la prédominance des modèles de consommation » et de « la monopolisation du langage ».

– La prédominance du modèle de consommation et la dévalorisation du « je ».

Se traduisant par un profond conformisme, les catégories populaires désirent s'identifier à un modèle de consommation individualisé porté par les classes moyennes. Or, il existe un fort décalage entre les aspirations de la population des banlieues et la réalité à laquelle elle peut accéder. Pour que ce fossé n'apporte pas nécessairement de la souffrance, il faudrait qu'existent des « filtres culturels » comme, auparavant, la « culture de classe » du mouvement ouvrier, au temps de la société industrielle.

> *« L'ajustement des aspirations à la réalité des opportunités, ou plus exactement leur contrôle, supposerait l'existence de filtres culturels, sur le mode des cultures de classe, ou des capacités d'action collective permettant de projeter socialement ce qui est vécu personnellement. Or, la pénétration des modèles de vie des classes moyennes a fait voler en éclat tous les filtres sociaux et culturels pour ne valoriser que des formes très individualisées et privées de consommation »*[94].

Dans ce contexte, l'individu se retrouve seul pour affronter une tension insoluble. En effet, une lutte collective portant un *contre-modèle ne peut exister sans une « conscience de classe » revendiquée*. Aujourd'hui, c'est le modèle de consommation individualisée qui s'est imposé à tous et qui représente le mode d'intégration de la société contemporaine.

---

94. Ibid., p. 74.

Pour construire une identité de soi valorisée, il faut, par conséquent, pouvoir accéder au monde de la consommation. D. Lapeyronnie indique que les membres des « groupes exclus » n'ont pas d'autres choix qu'entre la rupture ou la soumission au modèle dominant consumériste.

> « *Dès lors, la reconnaissance et l'intégration sociale individuelles s'obtiennent par l'aptitude à participer aux flux d'échanges de marchandises, de signes et de langages, et par la conformité personnelle aux standards dominants* »[95].

Le décalage entre les aspirations d'expériences riches pour la construction de l'identité personnelle et la réalité de l'expérience vécue, renforce, non seulement le sentiment de frustration, mais encore l'enfermement intérieur. *Dans la société de consommation, « chacun est renvoyé à lui-même »*, chacun désire donc se conformer à des standards dominants afin de se constituer une identité personnelle valorisante. Nous sommes tous un puits de possibilités, mais c'est à nous seuls de les exploiter et de les faire vivre.

Or, dans les cités, l'autre renvoie à une image négative de soi ; il montre votre incapacité à sortir du quartier sinistré et à vous donner une « forme » particulière. Paradoxalement, les problèmes sociaux et culturels des habitants des cités sont vécus sur le mode personnel ; ils sont intériorisés.

> « *L'injustice et l'échec restent sur l'estomac de chacun et se vivent sur le mode de la honte ou de la dévalorisation individuelle, engendrant apathie et dépendance, mais aussi la rage et une sorte de haine de soi et d'un environnement social auquel on est identifié* »[96].

L'expérience vécue des personnes vivant dans les cités peut être appréhendée d'un point de vue interactionniste. Le regard extérieur des dominants et intérieur des voisins participe au « déficit de la subjectivité », entravant les capacités d'action des personnes. *Le « je » plein d'espoir est finalement emprisonné par le « soi », cette identification collective au quartier*. Cette non-reconnaissance du « je » conduit certaines personnes vers le doute et l'abandon de soi, la violence et l'auto-destruction. Dans ces conditions, les pratiques racistes, sexistes et violentes sont une tentative de

---

95. Ibid., p. 74.
96. Ibid., p. 76.

« subjectivation négative » (anti-sujet, voir M. Wieviorka, *Sociétés et Terrorisme*, Paris, Fayard, 1986) pour développer le « je » en s'opposant au « soi », représenté par l'autre auquel on refuse de s'identifier.

> « *Il faut détruire le – soi – pour faire vivre et faire reconnaître le – je –. Il faut s'arracher au magma et au marécage pour se donner forme* »[97].

– La monopolisation du langage et le modèle d'intégration renforcent la « désubjectivation »

Parallèlement à ces processus d'identification, les rapports institutionnels et politiques qu'entretiennent les « catégories supérieures » avec les « groupes exclus » renforcent la « désubjectivation » des habitants des cités populaires. L'injonction faite aux habitants de banlieue de se conformer au modèle dominant renforce l'écart entre les groupes dominants et les groupes dominés. La supériorité des normes des premiers empêchent les seconds de construire un langage et des formes de mobilisation collective. En voulant entrer dans des cadres normatifs, les membres des groupes dominés s'entre-déchirent, s'autodétruisent ou se soumettent. Ainsi, les enseignants, les travailleurs sociaux et les représentants de l'État deviennent des missionnaires laïques, chargés de « normaliser » et de « citoyenniser » les populations « banlieusardes ».

> « *La pensée sociale est ramenée à un appel conservateur à l'ordre et à la norme qui se traduit par une dialectique de l'éducation et de la répression, de l'incorporation et de l'extériorisation* »[98].

Dans ce contexte, *l'appel à la citoyenneté est l'appel à des comportements normés*, reliés à la tradition du modèle national et républicain d'intégration. Tout ce qui est différent du modèle républicain d'intégration est invalidé, taxé de communautarisme, jugé inadapté à la bonne société « éduquée ».

---

97. Ibid., p. 77.
98. Ibid., p. 78.

> « *La vertu des uns a pour contrepartie le vice des autres. Le monopole du sens des uns suppose l'invalidation du langage des autres* »[99].

Par conséquent, le plus souvent, dans les quartiers, les institutions sont liées à un rapport de pouvoir humiliant. Elles sont ressenties comme un « système d'ordre et de normalisation » faisant le lien entre le monde de la forme et celui de l'informe.

En outre, parallèlement à cette résistance face aux institutions hégémoniques, ce « non-rapport social » favorise le développement du racisme. En effet, puisqu'il n'existe pas d'alternative entre l'intégration et l'exclusion, certains se définissent totalement à l'extérieur de la société (les intégristes par exemple) alors que d'autres veulent se rapprocher, le plus près possible, de la « société normale ».

> « *Si les individus sont définis par leur distance à la norme de l'intégration à la française, la séparation entre ce qui est – français – et ce qui ne l'est pas devient un enjeu essentiel pour qui veut se faire reconnaître, et pour donner une explication et une signification politique à la situation vécue. Il s'agit de faire passer la « frontière » du bon côté et de s'y situer* »[100].

En rejetant l'autre, l'étranger, le raciste sort de l'informe tout en traduisant l'idéologie politique du modèle français républicain.

> « *Pour les catégories populaires, il prolonge l'idéologie politique de l'ordre qui fait de la différence et de l'autre un problème pour l'intégration et la source des difficultés sociales. Le racisme permet ainsi d'unifier l'expérience vécue à des significations politiques générales* »[101].

Selon D. Lapeyronnie, dans les banlieues, « *l'injonction d'intégration* » *est une forme moderne de rapport colonial, autrement dit, un rapport de domination exercé par les classes supérieures sur les classes populaires.* En effet, les normes sociales sont imposées de l'extérieur puis intériorisées par les habitants des cités. Ce rapport aliénant empêche les habitants de banlieue de construire une réelle subjectivité, favorise un

---

99. Ibid., p. 78.
100. Ibid., p. 80.
101. Ibid., p. 80.

rapport à soi négatif et, finalement, engendre la haine raciste envers l'« autre ».

> « *L'injonction permanente à la citoyenneté, à la morale et à l'intégration portée par les catégories supérieures, les institutions et les médias, accroît la désubjectivation : ce sont les groupes sociaux externes qui en définissent les caractéristiques, qui imposent leur langage et qui décident des critères de l'intégration et des capacités des uns et des autres à manifester leur intégration. Il s'agit alors de se faire – consacrer – en marquant sa proximité ou son identité avec les catégories supérieures* »[102].

En réalité, pour D. Lapeyronnie, le processus d'intégration républicaine contient en lui-même, un mécanisme d'infériorisation conduisant au mépris de soi et à la haine de l'autre.

> « *Le racisme se fonde sur la haine de l'autre qui est en soi, qui – est – soi, et qui fait honte parce qu'il identifie négativement et entrave l'affirmation de la subjectivité personnelle et la recherche de reconnaissance politique* »[103].

Par conséquent, pour combattre le racisme, il faudrait non seulement casser la dichotomie entre inclus et exclus, mais aussi permettre aux personnes de construire leur subjectivité en reconnaissant l'expression de différences au sein de l'espace public et politique.

3. Une nécessaire analyse du sens des mots (Dominique Schnapper)

D. Schnapper souligne l'importance qu'il y a à définir les termes que nous utilisons lorsque nous pratiquons la sociologie ; c'est, pour elle, la condition nécessaire à toute démarche scientifique. Nous devons bien distinguer « racisme », « racialisme » et « idéologie racisante ». *Le racisme désigne avant tout une idéologie à prétention scientifique qui affirme qu'il existe des races biologiquement différentes et inégales ;*

---

102. Ibid., p. 81.
103. Ibid., p. 82.

c'est le biologique qui détermine le social. Le racialisme serait les conduites (on peut traiter les personnes de manière différente selon qu'elles appartiennent à telle ou telle race) tirant leur inspiration auprès de l'idéologie raciste. L'idéologie racisante ne se fonde pas nécessairement sur une théorie biologique des races. C'est maintenant ces idéologies racisantes qui sont en plein développement. Le racisme a connu son apogée entre 1830 et 1930. Depuis la Seconde Guerre mondiale et les découvertes des atrocités nazies, peu nombreux, aujourd'hui, sont ceux qui revendiquent, de manière stricte, l'inégalité biologique des races ; en revanche, le néo-racisme, les idéologies racisantes se développent en dévalorisant certains groupes humains, jugés différents et fondamentalement inégaux. Dans ce cadre, la culture est jugée héréditaire ; elle n'est pas associée à un processus historique et à une dynamique de changement.

Qu'il s'agisse de l'idéologie raciste ou de l'idéologie racisante, *ces deux modes de pensée sont essentialistes* ; autrement dit, tous les membres d'un groupe possèdent des traits qui se retrouvent chez tous les membres de celui-ci, et ces traits existent en fonction de la nature même du groupe et non de la situation sociale ou des conditions de vie. Citant R. Aron, « *quand ce groupe est tenu pour bon, les traits favorables passent pour caractéristiques ; quand il est tenu pour mauvais, seuls les traits défavorables passent pour caractéristiques. Les individus exemptés du mépris qui s'adresse à leur communauté deviennent des exceptions atypiques* »[104].

Cette caractéristique essentialiste ou substantialiste fait beaucoup penser aux processus de stigmatisation décrits par N. Elias et J-L Scotson dans leur ouvrage traduit en français sous le titre *Logiques de l'exclusion*. En se donnant une identité, un groupe social se fait une représentation des autres groupes sociaux à partir de stéréotypes[105] et de préjugés[106].

D. Schnapper affirme que *la race n'est pas une réalité scientifique* ; en revanche, il s'agit bien d'une *réalité sociologique*, notamment lorsque les institutions prennent en

---

104. R. Aron cité par D. Schnapper in *La relation à l'autre. Au cœur de la pensée sociologique,* Paris, Gallimard, 1998, p. 23.
105. Grille de lecture simplificatrice appauvrissant la réalité sociale.
106. Attribution de clichés à divers groupes humains.

compte cette notion en mettant en œuvre des pratiques racisantes.

> « *La race n'est pas une donnée scientifique, mais une réalité sociologique, dans la mesure où elle a été et reste un mode de perception de la vie sociale, liée à des représentations héritées du passé, des pratiques et, éventuellement, des institutions* »[107].

Le racisme institutionnel fait largement état de ces pratiques racisantes.

4. Du racialisme au racisme (Pierre-André Taguieff)

P-A. Taguieff indique que la signification du racisme contemporain s'exprime à plusieurs niveaux : ceux des attitudes, des comportements, des fonctionnements institutionnels et des constructions idéologiques.

> « *Par le mot racisme –, l'on réfère aujourd'hui à des attitudes (opinions, croyances, préjugés, stéréotypes), à des comportements ou à des pratiques sociales (évitement, discrimination, ségrégation, etc.), à des fonctionnements institutionnels de type exclusionnaire, et à des constructions idéologiques, se présentant comme des doctrines ou des théories* »[108].

Avec l'avènement de la modernité, P-A. Taguieff montre que les pratiques discriminatoires vont cesser d'exister sous l'égide des mythes religieux mais vont plutôt être portées par des doctrines politico-scientifiques s'appuyant sur l'idée de « race ».

> « *Nous les dirons – racialistes – en tant qu'élaborations idéologiques centrées sur une visée explicative et « racistes » en tant qu'elles comportent des prescriptions, définissent des valeurs et des normes, qui se traduisent par des discriminations ou des ségrégations, des expulsions ou des persécutions, voire des exterminations* »[109].

---

107. D. Schnapper, op. cit., p. 27.
108. P-A. Taguieff, *La couleur et le sang*, Paris, éd. Mille et une nuits, 1998, p. 16.
109. Ibid., p. 12.

En conséquence, il est important d'étudier la naissance des idéologies racialistes puisqu'elles « justifient » des pratiques discriminatoires. Le racialisme, peu à peu, aide à construire les normes et les valeurs racistes. Le racisme est un « projet politique ».

P-A. Taguieff fait bien la différence entre les pratiques ethnocentriques qui existent depuis la nuit des temps et de manière universelle et le racisme qui serait un phénomène moderne né en Europe et aux Amériques entre le XVe et le XIXe siècle.

P-A. Taguieff souligne qu'il faut différencier le « racialisme » du « racisme ».

> *« Ce que j'appelle **racialisme**, c'est une **école sociologique**, au sens large du terme, qui apparaît vers le milieu du XIXe siècle et qui prétend expliquer les processus sociaux par des facteurs héréditaires et raciaux. Mais cette prétention n'implique pas nécessairement l'appel à la violence et à la discrimination, il s'agit simplement de faire entrer l'histoire ou la théorie politique dans les sciences naturelles »*[110].

Le racisme conjugue des croyances racialisantes et des utopies fondées sur l'exclusion, la purification ou la reconstruction de populations au moyen de normes biologiques.

> *« Le racisme est centré sur la haine et l'appel à la violence ou la discrimination »*[111].

Les théories racialistes préparent donc le racisme. Une théorie racialiste devient raciste lorsqu'elle conduit à des prises de position politique. Au XIXe siècle, le racisme se construit comme vision du monde, comme idéologie politique. Étudiant trois grandes doctrines racistes françaises, le racialisme pessimiste de Gobineau (1816-1882), le racialisme évolutionniste et le darwinisme social de Gustave Le Bon (1841-1931) et, enfin, le racialisme eugéniste de Georges Vacher de Lapouge (1854-1936), P-A. Taguieff montre que le racisme n'est pas une pensée homogène. Les pensées racistes évoluent sans cesse en même temps que change la société. En revanche, ce qui ne change pas, c'est la signification idéologico-politique du racisme. Aussi faut-il toujours être vigilant face aux nouvelles formes de racisme.

---

110. P-A Taguieff in *Sciences Humaines*, n° 81, mars 1988, pp. 39-40.
111. Ibid., p. 40.

Pendant tout le XIXᵉ siècle, nous vivons la pleine période des idéologies scientistes et naturalistes. Dans ce contexte, plusieurs visions biologico-racistes se développent. P-A. Taguieff montre que l'histoire des doctrines racistes à la française commence avec le racialisme de Gobineau. Cette doctrine se situe « *au croisement du matérialisme biologique, d'un pessimisme culturel singulier et d'une vision de l'histoire comme décadence finale* »[112].

L'« Essai sur l'inégalité des races humaines » (1853-1855) est une synthèse d'un ensemble de savoirs articulés sur des thèmes liés à l'imaginaire européen de la fin du XVᵉ et du début du XXᵉ siècle. Autrement dit, la hantise du mélange des « sangs » ou du métissage, le schème de la « lutte des races », l'axiome (proposition évidente et indémontrable d'où se déduisent des propositions) de l'inégalité des « races humaines », le mythe répulsif de la décadence conçue autant comme déclin culturel ou intellectuel que comme dégénérescence biologique. Chez Gobineau, le racialisme est, avant tout, une théorie de la « race perdue », « *Il est la longue narration de la disparition du « sang pur » par l'effet des mélanges inter-raciaux* »[113].

La doctrine gobinienne contemple, sans espoir, la décadence de l'espèce humaine. La vision de Gobineau est tellement pessimiste qu'elle ne peut s'accompagner de la « formulation d'un projet politique ». La question du mélange racial est au cœur de la doctrine pessimiste de type gobinien alors que l'idée de la « lutte des races » est, elle, liée aux doctrines racialistes évolutionnistes. C'est l'idée de l'inégalité des races. Seules les meilleures races pouvant survivre, c'est donc la survivance des plus aptes.

> « *Si le gobinisme est une impolitique, le racialisme évolutionniste tend à définir le meilleur régime politique comme celui qui permet à la « lutte pour la vie » et à la sélection des « meilleurs » de s'exercer sans obstacle : le régime du « laisser faire » ou de la « libre concurrence »* »[114].

---

112. P-A. Taguieff, *La couleur et le sang*, op. cit., p. 17.
113. Ibid., p. 17.
114. Ibid., p. 18.

C'est une orientation pro-capitaliste et libérale-conservatrice qui caractérise les « darwinistes sociaux », tel que Gustave Le Bon.

Vers la fin du XIXe siècle, un troisième type de doctrine apparaît avec Vacher de Lapouge. Ce courant synthétise l'idée du déterminisme biologico-racial (une race correspond à tel ou tel type d'aptitudes) et le projet eugéniste de sélection et d'amélioration d'une race. Cette conception est liée à une construction politique : il s'agit de construire un État fort. En effet, pour pouvoir sélectionner, il faut, inévitablement, que puisse intervenir un État puissant. Pour P-A. Taguieff, en France, les doctrines racistes et racialistes commencent au XIXe siècle avec la doctrine gobinienne (1853-1855) et se termine, au XXe siècle, avec l'après-nazisme.

Pour une grande part, la vision biologico-raciste semble avoir disparu avec la fin du nazisme. *En revanche, le racisme est loin d'être éradiqué. En fait, au déterminisme biologico-racial s'est substitué un autre déterminisme ethno-culturel.* Un néo-racisme, en plein développement, considère que des peuples, des civilisations, des cultures ne peuvent pas se mélanger mais plutôt entrer en conflit de façon irrémédiable.

> « *Le néo-racisme ne se réfère plus centralement à la race biologique et n'affirme plus directement l'inégalité entre les races. Il présuppose à la fois l'incommensurabilité et la conflictualité des cultures –, annonce comme un destin — le choc des civilisations – et les conflits inter-ethniques* »[115].

P-A. Taguieff montre bien que le racisme revêt plusieurs visages en lien étroit avec l'histoire des sociétés. Ainsi, même si, aujourd'hui, le racialisme pessimiste, le darwinisme social et le racisme biologique ne sont plus prépondérants au sein des pensées racistes, l'influence de tous ces courants est encore forte au sein du néo-racisme. La pensée libérale est, d'une certaine manière, l'héritière du darwinisme social et la tentation d'utiliser les biotechnologies en les appliquant à l'homme trouve bien sa source dans l'eugénisme. D'ailleurs, on parle de plus en plus du développement d'un certain eugénisme social. Il s'agit, au-delà de la stigmatisation, de nier et même d'éliminer de l'environnement social les exclus, les marginaux, ainsi que les étrangers et les immigrés considérés

---

115. Ibid., p. 20.

comme des « classes dangereuses »[116]. Aussi, la pensée majoritairement néo-culturaliste du Front National utilise-t-elle, aujourd'hui, de manière pragmatique l'ensemble des arguments racistes produits au cours de l'histoire.

> « Chacun chez soi, gardons nos frontières ! », les frontières ne concernant plus les nations mais les civilisations. Cette vision néo-culturaliste rejoint la dernière idéologie du Front National, qui définit l'identité européenne par l'appartenance à la race blanche et à la culture catholique. Car si Le Pen est nationaliste pour les classes populaires, il est européen pour des raisons civilisationnelles et raciales, car les notions de race et de civilisation transcendent les frontières »[117].

5. L'espace théorique du racisme (Michel Wieviorka)

Dans ses travaux sur le racisme[118], M. Wieviorka montre que les comportements et les attitudes racistes (préjugés, comportements électoraux, insultes...) des personnes sont souvent liés à la « *conjonction, variable selon les situations ou les individus, d'un sentiment de menace pour l'identité*

---

116. Ainsi, au nom de la lutte contre la délinquance, Serge Dassault, le maire (RPR) de Corbeil-Essonnes veut « restructurer » la cité des Tarterêts en détruisant une partie des tours HLM et en éliminant une partie de ses habitants constitués en grande majorité par une population immigrée qu'il juge en surnombre. Pour « requalifier » un quartier en Zone Urbaine Sensible, Serge Dassault veut détruire des tours de la cité et, par la même occasion, évacuer de sa commune les familles étrangères qui les habitent. Ainsi, dans une lettre adressée au directeur régional du logement français, Serge Dassault écrit-il que, pour éviter la constitution de ghettos, il faut se passer de personnes potentiellement dangereuses pour la cohésion sociale de la commune en appliquant cette politique : « *1 – Plus un seul étranger venant de l'extérieur ; 2 – Vider les trois tours et les démolir le plus vite possible ; 3 – Mettre en place le nouveau centre commercial* ». (cf. Le Monde du samedi 11 mars 1998, p. 12).
117. P-A. Taguieff in *Sciences Humaines* (1998), *op. cit.*, p. 41.
118. M. Wieviorka, *L'espace du racisme*, Paris, Le Seuil, 1991 ; M. Wieviorka, P. Bataille, D. Jacquin, D. Martuccelli, A. Peralva, P. Zawadzki, *La France raciste*, Paris, Le Seuil, 1992 ; M. Wieviorka (dir.), *Racisme et modernité*, Paris, La Découverte, 1993.

nationale, d'une crise ou d'une peur de la crise sociale, et d'une perception devenue très négative de l'État, des institutions, du système politique et des acteurs de ce système »[119].

Les différentes études réalisées par le Centre d'Analyse et d'Intervention Sociologique (CADIS) ont permis de construire un espace théorique du racisme. M. Wieviorka remarque que le racisme s'exprime sous des formes diversifiées (préjugés et stéréotypes, rumeurs, comportements politiques, doctrines et idéologies, violences, ségrégation, discrimination), pouvant même se combiner au sein d'une même expérience. En revanche, M. Wieviorka note qu'il ne faut pas pour autant conclure à un éclatement de la notion de racisme. Il existe, au contraire, une sorte d'unité de cette notion que M. Wieviorka structure autour de deux propositions théoriques.

Dans la première proposition, *il existe deux logiques principales (différenciation/infériorisation) qui se conjuguent*. En effet, dans les relations entre un groupe racisé et un groupe racisant, il n'existerait pas deux formes de racisme, l'une biologique et naturaliste et l'autre culturelle, mais plutôt la combinaison de deux logiques. L'une liée au rejet et à l'exclusion (différentialisme) renvoie à des références identitaires comme la nation ; l'autre liée à l'exploitation (infériorisation) renvoie aux rapports sociaux et à la question sociale. Toute expérience raciste est façonnée par ces deux logiques.

Longtemps, les pratiques et le discours colonial se sont inscrits au sein d'un *racisme d'infériorisation*[120]. Ce type de racisme *« infériorise au nom de la race des groupes qui ne sont pas entrés dans la modernité, peuples colonisés par exemple, et qu'il maltraite en même temps qu'il prétend leur ouvrir l'accès au progrès : c'est toute l'ambiguïté, souvent artificielle, du discours colonial que d'avoir, tout à la fois, exploité et violenté les peuples colonisés, et considéré qu'il leur offrait la participation au monde moderne, la santé,*

---

119. M. Wieviorka in *Pour une sociologie du racisme. Trois études* (N. Guenif, E. Guirand, D. Jacquin, F. Khosrokhavar, P. Zawadzki), Rapport final/FAS, CADIS-CNRS-EHESS, 1996, p. 1.
120. Voir P. Blanchard, N. Bancel, *De l'indigène à l'immigré*, Paris, Découverte/Gallimard, 1998.

l'éducation, l'inclusion dans une nation universelle – celle, pour la France, de « nos ancêtres les Gaulois »[121].

Parallèlement, *le racisme différencialiste* se développe, au nom de la singularité, du particularisme des « races » et des cultures ; il y a fermeture et incommunicabilité des groupes entre eux[122]. Ainsi, la deuxième proposition théorique que fait M. Wieviorka est que l'on peut constituer l'espace sociologique du racisme autour de quatre axes principaux en tension avec les logiques de différenciation (différencialisme) et d'infériorisation (universalisme).

La logique « universaliste » rejette un groupe racisé au nom des principes universels, de la raison, du progrès ou du développement économique, « *la deuxième fait du racisme l'expression d'une référence identitaire, d'un appel à un particularisme culturel qui détruit ou écarte le groupe racisé, jugé menaçant ou gênant pour l'unité du groupe racisant* »[123].

Les quatre pôles se définissent ainsi :

- **Le pôle universalisme/universalisme** : le groupe racisant, au nom des valeurs universelles s'oppose au groupe racisé perçu comme empêchant l'accès aux valeurs universelles (exemple : l'antisémitisme).

- **Le pôle universalisme/différencialisme** : le groupe racisant s'oppose au groupe racisé au nom des valeurs universelles, le groupe racisé étant perçu comme un obstacle au développement de ces valeurs (exemple : le colonialisme).

- **Le pôle différencialisme/universalisme** : le groupe racisant se référant à un particularisme s'oppose à un groupe racisé s'identifiant à la modernité (exemple : le nationalisme).

---

121. M. Wieviorka in *Pour une sociologie du racisme. Trois études, op. cit.*, pp. 2-3.
122. P-A. Taguieff insiste beaucoup sur ce type de racisme dans ses travaux.
123. M. Wieviorka in *Pour une sociologie du racisme, op. cit.*, p. 3.

> **- Le pôle différencialisme/différencialisme** : il s'agit de la dialectique des particularismes. L'exacerbation des particularismes du groupe racisant entraîne l'exacerbation du groupe racisé, augmentant ainsi le racisme du groupe racisant.

Actuellement, M. Wieviorka montre que nous vivons une fragmentation culturelle renforçant les identités et la poussée des différencialismes. Le racisme se développe sur fond de décomposition ou d'inversion des mouvements sociaux et de crise de la modernité. Le racisme se développe au sein même de la disjonction du social et du communautaire. Aussi le véritable défi pour la démocratie est-il de favoriser les liens entre ces deux registres.

> « *Partout où il existe de fortes identités, des consciences communautaires, il est absurde, artificiel et injuste de vouloir les broyer au nom de la modernité, et la meilleure réponse aux tendances racistes qu'ils peuvent porter consiste, plutôt qu'à les rejeter, à encourager tout ce qui permet de les arrimer à des valeurs universalistes* »[124].

6. La production d'un néo-racisme

Le racisme institutionnel

M. Wieviorka fait remonter au milieu des années 60, aux États-Unis, la découverte de l'idée de racisme institutionnel. Stokely Carmichael et Charles V. Hamilton qui publient, en 1967, un ouvrage intitulé : *Black Power : the Politics of Libération in America* (New York, Vintage Books). Pour ces deux auteurs, le racisme ne s'exprime pas exclusivement dans des actes racistes explicites, mais aussi au sein même du fonctionnement des institutions américaines. Ce ne sont plus seulement des personnes qui sont racistes, mais bien le système. Ce qui, en même temps, présente l'avantage d'éviter aux acteurs dudit système de se sentir directement coupables.

---

124. M. Wieviorka, *L'espace du racisme*, Paris, Le Seuil, 1991, p. 228.

> « *Dans cette perspective, celles-ci (les institutions) discriminent et ségrèguent de manière apparemment aveugle, au fil de processus dans lesquels aucun acteur n'intervient de manière raciste...* »[125].

En France, ce racisme institutionnel s'illustre à travers l'expérience de l'école publique, notamment par les mécanismes que des parents d'élèves utilisent pour choisir la « bonne école » pour leurs enfants. En cherchant un moyen de placer leur enfant dans une école qui, pensent-ils, favorisera les chances de réussite de leur enfant, des parents, pas nécessairement racistes, participent à la création d'un « *système scolaire inégalitaire ressemblant à un marché dans lequel les enfants des populations les plus démunies, pour une bonne part issues de l'immigration, fréquentent des établissements distincts de ceux des couches sociales plus privilégiées. Le racisme est ici apparemment l'horizon ou le résultat, et non la motivation* »[126].

Pour M. Wieviorka, l'institutionnalisation du racisme est possible, notamment avec l'institutionnalisation du Front National. Dans quatre municipalités importantes du sud de la France, les maires sont FN ; les élus FN sont également présents dans beaucoup de conseils municipaux, généraux et régionaux. Le FN est de plus en plus implanté dans la vie syndicale et associative ainsi que dans les conseils de gestion du logement social. Le racisme trouve un espace de développement favorable au cœur de nombreuses structures. En effet, alors que les institutions françaises sont sensées favoriser la justice, l'égalité et la fraternité, celles-ci fabriquent de la discrimination.

> « *On peut ainsi signaler que la discrimination dans l'accès au logement, bien que non étudiée en France, est une réalité importante, que les mécanismes de la ségrégation fonctionnent, et parfois massivement, dans l'accès à l'embauche, que l'école tend à produire des inégalités, et pas seulement à les reproduire, avec pour premières victimes les enfants issus de l'immigration. On peut également rappeler que le racisme aux guichets est une réalité épaisse dans de nombreux services publics ou assimilables, une réalité qu'amplifie souvent ce qui se*

---

125. M. Wieviorka, « La production institutionnelle du racisme » in *Hommes & Migrations*, n° 1211, janvier-février 1998, p. 4.
126. Ibid., p. 6.

passe derrière les guichets, dans le fonctionnement d'administrations où l'on traite bien différemment les français – de souche –, ou même simplement d'origine – européenne – et les personnes au nom ou à l'allure d'immigrés ; ou bien encore, on peut souligner la perversion de l'activité policière lorsqu'elle discrimine au faciès pour mieux assurer sa mission de contrôle (par exemple dans les opérations du plan Vigipirate) »[127].

Le développement du racisme institutionnel indiquerait une crispation de la société française, une « *crise générale du système institutionnel français* ».

La décomposition des institutions

M. Wieviorka souligne que la crise des institutions favorise la production d'un racisme institutionnel. Dans ce cadre, il distingue trois niveaux.

- **Le premier niveau** : Il s'agit d'un niveau social qui renvoie directement à ce que vivent les acteurs appartenant aux institutions mises en cause. Les fonctionnaires, policiers, enseignants, travailleurs sociaux, personnels de la RATP et de la SNCF apparaissent souvent, vus de l'extérieur, comme des privilégiés ; or, la réalité de leur situation les rapproche, plus qu'on ne le pense, du salariat précaire. D'une part, ils vivent des difficultés économiques (surendettement), une crise d'identification professionnelle, une dévalorisation de leur fonction et, d'autre part, ils se sentent menacés et méprisés.

> « *En un mot, policiers, enseignants, travailleurs sociaux, personnels de la RATP ou de la SNCF, etc., ont chacun des difficultés sociales spécifiques, qui se retournent éventuellement, de façon facile à comprendre, contre les populations issues de l'immigration, ou qu'ils leur assimilent (Antillais par exemple), soit pour les critiquer en termes méprisants et hostiles, soit pour les discriminer ou les tenir à distance* »[128].

- **Le deuxième niveau** : Il s'agit, dans un contexte de libéralisation et de globalisation du monde, du changement des organisations dans lesquelles les acteurs travaillent. Une tension existe entre une lourdeur organisationnelle des institutions et les impératifs de gestion actuels. Les personnels se

---

127. Ibid., p. 8.
128. Ibid., p. 10.

sentent en danger et développent des attitudes de défense qui s'expriment dans des combats corporatistes. Quelquefois, le racisme peut être le prolongement d'une défense professionnelle et statutaire.

> « *Le changement, lorsqu'il prend l'allure de la flexibilité tant vantée par les élites ou les dirigeants économiques, ne peut tendre qu'à renforcer cette logique et, paradoxalement, le refus du changement tout aussi bien, car il signifie une rigidité autour du statut qui ne peut guère bénéficier aux immigrés, qu'ils soient étrangers ou non* »[129].

- **Le troisième niveau** : désormais, il existe une contradiction entre les nécessités d'adaptation des institutions à la productivité et les idéaux de service public qui fondent lesdites institutions. Les principes d'égalité et de justice qui inspirent ces institutions ne correspondent plus complètement à la réalité sociale, et à l'évolution des mentalités dans un contexte d'ouverture au marché mondial.

> « *De plus, la définition du service public lui-même est de plus en plus incertaine, ou inadaptée, les principes de justice sur lesquels il est fondé sont contestables, il n'est pas évident qu'il soit capable d'assurer l'égalité et, de plus, une tendance croissante de la société est d'en attendre de l'équité, et donc des politiques volontaristes qui ne sont pas exactement de même nature* »[130].

Il y a bel et bien un décalage entre la devise républicaine : « Liberté, Égalité, Fraternité » *et la réalité que vivent, aujourd'hui, les institutions du service public.* La crise des institutions révèle une perte de sens des valeurs de la République et montre l'incapacité de la France à concrétiser ses idéaux. Le racisme prolifère dans un climat de crise et d'incertitude. Ce sont les personnels du service public qui, affaiblis et pleins de ressentiment, se retournent contre les « immigrés et assimilables », symboles de leur malaise profond. Dès lors, la ségrégation raciale et la discrimination s'intègrent dans le fonctionnement même des institutions.

---

129. Ibid., p. 11.
130. Ibid., p. 12.

Le racisme différentialiste

M. Wieviorka note qu'au début des années 80 un chercheur anglais a mis en lumière une autre forme de racisme que l'on qualifie de différentialiste. En 1981, Martin Barker publie The New Racism (Londres, Junction Books). Contrairement au racisme classique, il ne s'agit plus d'inférioriser mais de tenir à distance. Parlant de la société britannique, il indiquait « *que le racisme n'y est plus classique, dominé par le souci d'inférioriser ses victimes ; il est « nouveau », dans la mesure où il s'agit désormais de tenir à distance ou de rejeter des groupes qui sont perçus comme une menace pour l'identité britannique* »[131].

A partir de cette époque, de nombreux travaux montrent qu'un peu partout, en occident, le racisme différencialiste prend le pas sur l'ancienne conception plus « biologisante ». Aux États-Unis, on parle de racisme symbolique. Il ne s'agit plus de légitimer l'exploitation des noirs, mais de les accuser de pervertir l'ordre moral de la nation américaine. En France, P-A. Taguieff[132] et E. Balibar[133] développent des analyses très pertinentes sur ce nouveau phénomène.

> « *Le phénomène, désormais, serait moins sensible à l'infériorité biologique ou physique qu'à la différence culturelle des groupes visés et qui sont accusés d'apporter dans la société d'accueil de grands périls du fait du caractère inconciliable de leurs valeurs avec l'identité nationale* »[134].

Ce néo-racisme ou racisme différencialiste est appréhendé différemment selon la tradition et le fond idéologique majoritaire des pays concernés. Ainsi, dans une tradition anglo-saxonne, la lutte contre le racisme consiste à reconnaître, à légitimer des groupes culturels distincts. En revanche, en France, pour une majorité de personnes, combattre le racisme consiste à développer le droit à la ressemblance et non le droit à la différence. En effet, depuis la Révolution française, l'État reconnaît des individus qui, en principe, sont « libres et

---

131. M. Wieviorka in *Hommes & Migrations*, n° 1211, op. cit., p. 6.
132. P-A Taguieff, *La Force du préjugé*, Paris, éd. La Découverte, 1988.
133. E. Balibar, E. Wallenstein, *Race, Nation, Classe*, Paris, La Découverte, 1989.
134. M. Wieviorka in *Hommes & Migrations*, n° 1211, *op. cit.*, p. 6.

égaux en droit » et non des groupes avec leur identité collective culturelle ou ethnique.

> « *Lutter contre le racisme c'est, de ce point de vue, lutter aussi contre les tendances au différencialisme culturel, perçues comme autant de menaces communautaires pour la République* »[135].

La rigidité sociale est source de racisme

Aujourd'hui, prendre en compte la question identitaire est un enjeu fondamental pour comprendre le racisme de nos sociétés occidentales modernes. En France, très rapidement, la question de la différence culturelle a conduit à opposer les communautaristes aux universalistes. Malgré une tentative, au milieu des années 80, de la part des militants antiracistes de SOS Racisme pour reconnaître dans l'espace public des particularismes culturels, la pensée dominante française taxe de « communautarisme » toute idée tendant à reconnaître une place spécifique à la différence culturelle.

Pour M. Wieviorka, « *dès lors, le racisme prospère, paradoxalement, dans les réticences de la société française à assurer un traitement politique démocratique aux différences culturelles qui demandent leur reconnaissance. Le racisme, en effet, consiste, entre autres significations, à avoir peur ou à s'opposer à ces différences, perçues comme une menace, à ne pas entendre les demandes d'acteurs qui ne sont pas tous, loin de là, tentés par les dérives de l'intégrisme, du sectarisme et de la fermeture communautaire, à décrire l'altérité uniquement sous ses aspects inquiétants, ce qui assure la disqualification et la stigmatisation de personnes et de groupes qui, parfois, renversent le mépris en s'appropriant le stigmate, en faisant leur une différence qui leur est d'abord presque imposée par le regard des autres* »[136].

M. Wieviorka constate l'existence d'un écart entre une idéologie républicaine qui nie la différence culturelle et la pratique des institutions qui, elle, reconnait celle-ci, notamment en méprisant ou en disqualifiant certaines populations. En fait, les institutions françaises, comme beaucoup d'autres,

---

135. Ibid., p. 7.
136. Ibid., p. 14.

en Europe, sont secouées par la forte poussée des identités culturelles. La France paraît développer, pour répondre à ce problème, des pratiques rigides. En ne laissant pas de place dans l'espace public à quelques particularismes modérés, la France renforce des conduites de rupture et d'exclusion.

« *Ainsi, en refusant sèchement l'accès en classe aux jeunes filles musulmanes qui se présentent dans certaines écoles publiques avec le fameux « foulard islamique », on participe non pas d'un racisme direct à leur égard, mais d'une rigidité sociale et culturelle qui favorise les projets d'école coranique et qui s'inscrit, plus largement, dans des processus généraux de fragmentation culturelle. Le racisme peut, en effet, s'étendre là où les identités culturelles se démultiplient sans grande capacité d'échange, les relations interculturelles se tendent, et une dialectique de haine et de mépris se développe entre le nationalisme du groupe majoritaire et les identités minoritaires* »[137].

Dans ce cadre, M. Wieviorka plaide pour un aggiornamento des conceptions républicaines classiques dans les institutions.

Considérant les deux formes de racisme assez récemment mises en lumière, le « racisme institutionnel » et le « racisme différencialiste », M. Wieviorka souligne que ces deux perspectives méritent le débat. En effet, *le racisme institutionnel montre qu'en insistant sur le caractère systématique du racisme, on risque de ne plus prendre en compte la responsabilité directe des acteurs dans les mécanismes qui conduisent vers l'exclusion, la ségrégation et la discrimination raciale.*

Concernant le racisme différencialiste, M. Wieviorka ne voit pas nécessairement, là, une grande nouveauté. Cette forme de racisme, en effet, a toujours existé, puisque le racisme est la combinaison d'une logique de différenciation et d'une logique d'infériorisation. En revanche, cette logique de différenciation joue un rôle primordial pour expliquer les formes du racisme contemporain.

---

137. Ibid., p. 15.

Deuxième partie

**COURANTS ET MODÈLES
D'INTÉGRATION :
LA DIFFÉRENCE CULTURELLE
EN DÉBAT**

I
Le champ de la recherche interethnique en France

A la fin des années 80, F. Dubet tentant de représenter l'immigration au centre de trois processus sociaux (le premier niveau de définition de la situation est celui de l'intégration, le deuxième niveau est celui de l'assimilation, le troisième niveau est celui de l'identification nationale comme modèle de citoyenneté) montre à cette époque qu'il y a trois grandes perspectives théoriques qui se partagent les sciences sociales de l'immigration et se combinent la plupart du temps.

> « *une approche structurale centrée sur les problèmes économiques, une perspective culturaliste parfois liée à une approche en termes de stigmate et de réaction sociale, puis une perspective de sociologie politique* »[1].

Ce mode de classement renvoie à des objets concrets d'analyse comme l'économie, la culture, la politique.

Nous pouvons le constater, en France, la question de l'immigration est irrémédiablement reliée à des questionnements plus larges eux mêmes liés d'une part à d'autres concepts comme l'intégration, l'assimilation, l'insertion, et d'autre part à la marginalisation, à la délinquance, au communautarisme religieux et ethnique, au racisme, à la xénophobie, concepts qui, d'une façon ou d'une autre, renvoient tous à la notion d'identité.

---

1. F. Dubet, *Immigrations : qu'en savons-nous ? Un bilan des connaissances*, Paris, La Documentation française, 1989, p. 7.

Récemment, les différents chercheurs en sciences sociales qui se sont intéressés à l'immigration en centrant leurs travaux sur l'intégration, l'assimilation, la citoyenneté, le racisme..., le plus souvent de manière transversale, ont privilégié un axe de recherche sur des rencontres entre des cultures différentes. J. Streiff-Fenart parle d'ailleurs, à propos de la France, de « renouveau des recherches interethniques »[2]. Pour l'ensemble de ces chercheurs qui, souvent, s'opposent sur les analyses et les manières d'agir, le modèle français laïc d'intégration reste un repère essentiel qu'il faut préserver au nom d'une conception moderne de la démocratie.

1. Le renouvellement de la recherche autour des relations ethniques

Selon J. Streiff-Fenart, les sciences sociales françaises se sont largement désintéressés, depuis une vingtaine d'années, de la thématique des relations ethniques au profit limité d'études sur l'immigration. Or, il semble que, depuis peu, sous l'effet de facteurs internes et externes, la recherche interethnique se développe, en France, sans pour autant dissiper tous les malentendus existant sur le sujet dans une France obsédée par son héritage révolutionnaire.

Un timide commencement

Pendant longtemps, le monde universitaire français a, semble-t-il, répugné à travailler sur l'interethnique et le fait minoritaire. Les causes sont multiples. En voici quelques unes :
- d'abord, le poids de la tradition jacobine voyant dans le particularisme une menace certaine pour l'identité nationale,
- puis, pendant longtemps, la domination, depuis les années 60, du marxisme et du structuralisme dans les sciences sociales, l'ethnicité étant alors conçue comme le déguisement des conflits de classe,

---

2. J. Streiff-Fenart, « Les recherches interethniques en France : le renouveau ? » in *Migrants-Formation*, n° 109, juin 1997.

- ensuite, l'inadaptation de l'appareil statistique à mesurer les phénomènes ethniques,
- enfin, les rapports ethniques étant un champ de recherche transversale, il a été considéré comme peu noble par rapport aux découpages disciplinaires classiques (sociologie de la famille, sociologie du travail, sociologie de la déviance...).

Pourtant, dans les années 60, les relations interethniques, les relations raciales, les contacts culturels, les problèmes des minorités et la question nationale apparaissent comme de nouveaux thèmes à promouvoir dans les sciences sociales françaises. Des revues, des administrations, des colloques traitent de cette question dans un contexte social et politique lié à la décolonisation et aux revendications régionalistes. Comme le note J. Streiff-Fenart, durant cette période, « *le domaine des relations ethniques ainsi défini n'est pas l'étude des rapports entre des – ethnies – ou des rapports entre les cultures dont elles seraient porteuses, mais l'analyse de la production sociale de la différence ethnique et culturelle elle-même et des processus socio-historiques dans lesquels s'enracinent les conflits et les relations de domination entre les groupes* »[3].

Cependant, durant cette période, un domaine particulier de recherche, structuré d'un point de vue théorique, ne s'organise pas.

L'essor de la problématique immigration

Au début des années 80, les études sur les phénomènes migratoires prennent le pas sur celles portant sur les relations ethniques « *en réponse à la demande sociale de connaissance émanant des ministères et des administrations confrontés aux problèmes de l'insertion des immigrés* »[4].

A partir de cette période, c'est la « sociologie de l'immigration » qui se développe. Les relations ethniques ne sont plus pensées en fonction de concepts théoriques, mais en fonction d'une population cible : les immigrés. En fait, comme l'a noté D. Schnapper, la France refuse de se considérer comme un pays d'immigration. Alors qu'au cours des années 80, l'immigration de travail devient une immigration

---

3. Ibid., p. 50.
4. Ibid., p. 51.

de peuplement, la France, autrement dit, l'État, les systèmes politico-institutionnels, les organisations sociales préfèrent toujours parler d'une « immigration » renvoyant au mouvement plutôt que d'une « ethnicité » renvoyant aux « *race relations* ».

En effet, contrairement aux pays anglo-saxons et, notamment, à la Grande-Bretagne, culturellement et politiquement, la France refuse de reconnaître des minorités collectives.

> « *Contrairement au contexte britannique, où l'alternative entre une problématique « race relations » et une problématique « migrations » a fait l'objet d'un vigoureux débat entre les chercheurs, la recherche française a pendant longtemps évité de problématiser les questions taboues de la « race » ou de « l'éthnicité ». La réflexion sur ces thématiques y est restée durablement bridée par le primat absolu conféré au juridique dans la définition officielle de l'altérité et par le caractère quasiment scandaleux qu'a longtemps revêtu en France la prise en compte d'appartenances autres que nationales dans l'analyse des phénomènes migratoires* »[5].

En France, les travaux sur l'immigration ont privilégié trois perspectives :
- 1 – immigration et société française à travers le prisme de l'intégration,
- 2 – immigration et redéfinition des identités par le contact culturel,
- 3 – immigration et rapports d'inégalité et de domination entre le Nord et le Sud.

– **La première perspective, centrée sur le paradigme d'intégration**, est fréquemment dénoncée pour son caractère normatif. En effet, les indicateurs utilisés (mariages mixtes, participation à la vie politique, naturalisations, fécondité, langue utilisée) par les sciences juridiques, la démographie, la science politique pour mesurer le degré d'intégration ou d'assimilation des immigrés évaluent leur situation en fonction d'une norme idéale.

> « *Les « cultures » des immigrés s'y trouvent dès lors communément réifiées sous forme de traits culturels décontex-*

---

5. Ibid., p. 52.

> *tualisés (la polygamie, la prescription endogamique, l'inégalité des sexes), pensés comme des survivances de la tradition qui retardent ou entravent le processus d'intégration »*[6].

Cette démarche voudrait pouvoir agir sur la réalité sociale, donner des informations et des orientations précieuses pour une intégration réussie.

– **La deuxième perspective est radicalement différente de la première puisque la différence culturelle devient objet d'étude sociologique.** Comme le préconise R. Bastide, un précurseur, en France, par l'utilisation qu'il fait du concept d'acculturation, ce sont les rapports d'interaction constitutifs des appartenances culturelles qui deviennent objet sociologique. Ici, comme le rapporte C. Camilleri[7], ce sont les stratégies identitaires des acteurs impliqués dans des parcours migratoires qui intéressent les chercheurs. Les travaux sur la complexité des dynamiques identitaires des communautés, mobilisées dans des stratégies de distinction et d'assimilation, ont mis à mal « *les représentations naïves de l'assimilation comme parcours linéaire de la tradition vers la modernité* »[8].

– **La troisième perspective se situe dans une analyse liée à la logique de dépendance et de domination, caractéristique de la situation coloniale.**

> *« Cette perspective inscrivant l'analyse des rapports entre immigrés postcoloniaux et société française dans le cadre d'une sociologie de la domination sera renouvelée à travers les travaux très influents de A. Sayad. [...] Ces travaux placent au cœur de l'analyse des faits migratoires les relations de subordination entre les sociétés d'émigration et d'immigration, dont les relations entre les émigrés/immigrés et la société française sont le reflet et le révélateur »*[9].

Quoi qu'il en soit et malgré les apparences, ces perspectives ne débouchent pas, pour autant, sur un débat entre chercheurs autour de choix théoriques clairement définis. Les débats qui émergent se font « *selon les enjeux politiques et*

---

6. Ibid., p. 53.
7. C. Camilleri, I, Taboada-Leonetti, *Stratégies identitaires*, Paris, PUF, 1990.
8. J. Streiff-Fenart (1997), *op. cit.*, p. 54.
9. Ibid., p. 55.

les « modes » intellectuelles de la période, les conceptions assimilationnistes, les dénonciations de l'oppression et de la domination, et l'intérêt porté aux identités et aux cultures ethniques »[10].

2. Les mutations sociales, politiques et culturelles rendent pertinent « l'objet interethnique »

Malgré la volonté de beaucoup d'acteurs sociaux, appartenant à la société dominante, de maintenir un cadre d'observation et d'action centré sur une perspective normative du traitement des faits migratoires développée au sein de la société industrielle, les mutations politico-économiques, sociales et culturelles placent la question interethnique au cœur de nos sociétés contemporaines.

Ainsi, pour J. Streiff-Fenart, « *il est devenu patent au cours des dernières années que, pour des franges de plus en plus importantes de la population, le modèle universel abstrait de l'État laïque et républicain a cessé de fonctionner comme garantie de traitement égalitaire d'individus définis par leur seule qualité de citoyens, pour se révéler au mieux comme une injonction normative à une conformité sociale hors d'atteinte, au pire comme une fiction ethnocentriste ou répressive* »[11].

Dans ce contexte, J. Streiff-Fenart constate une série d'avancées de l'objet interethnique dans la recherche en sciences sociales.

1 – La remise en cause des catégories d'analyse des faits migratoires trop figés car très liés aux commandes d'État.

– « le développement de travaux portant sur le cadre normatif qui organise les représentations nationales de l'altérité » (p. 58). Voir notamment les travaux de F. Khosrokhavar qui analyse le rapport entre l'universalisme abstrait et les personnes.

---

10. Ibid., p. 56.
11. Ibid., p. 57.

– « la remise en cause du tabou des origines dans la construction des catégories statistiques » par des chercheurs en sciences politiques ou des démographes. M. Tribalat, à côté de la catégorie « étranger » utilise la catégorie des personnes « d'origine étrangère ».

En fait, une évolution des taxinomies (classifications) statistiques vers la transcription de l'ethnicité apparaît.

2 – Le développement de réflexions théoriques sur l'ethnicité.
- des études se développent sur le racisme et la discrimination (voir les travaux du CADIS[12])
- des recherches de type interactionniste sur les processus d'identification par des critères ethniques sont entreprises.

3 – « Le décentrement de l'étude des migrations de la perspective « nationale » de l'intégration ».

L'analyse sociologique ne considère plus les immigrés du seul point de vue de la société « d'accueil ». L'immigré n'est plus seulement une victime, c'est également un acteur entreprenant.

4 – « Le développement de la démarche comparative avec d'autres sociétés d'Europe ou d'Amérique ».

On comprend l'intérêt scientifique de pouvoir décentrer le regard porté, en France, sur l'immigration.

Dans la conclusion de son article, J. Streiff-Fenart note que, depuis vingt ans, la recherche française en sciences sociales a produit une somme considérable de travaux sur les phénomènes ethniques.

Depuis quelques années, on assiste à une forte théorisation du champ de l'interethnique, à une ouverture sur de nouvelles pistes d'études et à des conditions institutionnelles meilleures pour la recherche.

---

12. M. Wieviorka, *L'espace du racisme*, Paris, Le Seuil, 1991 ; M. Wieviorka (dir.), *La France raciste*, Paris, Le Seuil, 1992 ; M. Wieviorka, *Racisme et modernité*, Paris, La Découverte, 1993 ; M. Wieviorka, *Racisme et xénophobie* en Europe, Paris, La Découverte, 1994.

Cependant, le discours scientifique est confronté à la circulation de notions comme *communauté, ethnicité, pluriculturalisme* qui, pour le sens commun, sont mal comprises et encore très connotées idéologiquement. En France, le débat sur le *multiculturalisme* fait rage[13]. En effet, les chercheurs sont en prise directe avec des débats politiques encore fortement conflictuels.

> *«... les spécialistes des études interethniques ont encore à faire reconnaître que mettre en évidence l'importance des désignations et des classements ethniques dans la vie sociale ne revient pas à se faire les apôtres du « communautarisme ». Ils ont à faire admettre que si la recherche a dans ce domaine une utilité sociale, ce n'est pas de fonder scientifiquement les énoncés identitaires, qu'ils se présentent sous les traits du particularisme ou de l'universel, mais c'est précisément de rappeler que les cultures et les identités ne portent pas leur explication en elle-même, et de dévoiler les conditions sociales de leur production, de leur usage et de leurs fonctions sociales »*[14].

---

13. Concernant les débats sur le multiculturalisme, voir notamment les revues *Le Débat* et *Esprit* dans lesquelles s'expriment les défenseurs de positions assimiliationnistes comme E. Todd, R. Debray, P. Raynaud, P. Yonnet, A. Finkielkraut et les promoteurs de formes diverses de multiculturalisme comme C. Taylor, A. Touraine, M. Wieviorka....
14. J. Streiff-Fenart, *op. cit.*, (juin 1997), p. 62.

II

Quels sont les modèles d'intégration, aujourd'hui, en débat ?

Le débat s'impose dans un contexte de tradition d'intégration nationale.

Depuis une vingtaine d'années, en occident, les faits migratoires, le développement des différences structurant de plus en plus nos identités débouchent sur le débat du *multiculturalisme*. Autour de ce concept se mobilisent plusieurs ordres de discours :
- des discours sociologiques et psychologiques,
- des discours de philosophie politique,
- des discours liés aux études des systèmes politiques.

En France, le débat n'est pas dichotomique ; il n'oppose pas seulement des *liberals* et des *communitarians* repliés sur des positions tranchées. En effet, lors de son séminaire à l'École des Hautes Études en Sciences Sociales[1], M. Wieviorka définissait l'espace du débat sur le multiculturalisme autour de quatre grands pôles que nous reprenons ci-dessous.

1 – Un pôle assimilationniste (Emmanuel Todd...)
2 – Un pôle communautariste (Tobie Nathan...)
3 – Un pôle prônant une intégration républicaine de tolérance (Dominique Schnapper...)

---

1. Séminaire *identité et démocratie* à l'E.H.E.S.S du 19 novembre 1997. Pour une vision synthétique de ces courants, voir également M. Wieviorka, « Le multiculturalisme est-il la réponse ? » in *Cahiers internationaux de sociologie*, vol. CV, 1998, pp. 245-247.

4 – Un pôle de reconnaissance[2] prônant un multiculturalisme raisonnable (Alain Touraine...)

En France, lorsque l'on regarde, d'un point de vue historique, le traitement des relations interethniques et du rapport à l'immigration, on constate que ces questions ont été traitées en termes d'intégration nationale, en se référant à la tradition sociologique d'E. Durkheim. Avec l'évolution de la société, autrement dit, avec la fin de la société industrielle et l'installation définitive des immigrés venus des pays du sud, on associe la réflexion sur l'immigration à une réflexion sur l'évolution de la société française. Il s'agit de savoir si le modèle républicain traditionnel a toujours les mêmes capacités d'intégration, non seulement des étrangers, mais encore des personnes nouvellement « rangées sur le bas-côté » ?

Dans ce contexte, un débat fait rage entre des « assimilationnistes », des « intégrationnistes » et des « communautaristes ». Pour D. Schnapper qui se place du côté des « integrationnistes », ce débat est d'ailleurs récurrent.

> « *Les premiers souhaitent qu'on continue à privilégier les principes du modèle traditionnel ; ils soulignent que les problèmes d'intégration sont, avant tout, des problèmes sociaux et non ethniques. Les seconds jugent à la fois nécessaire et souhai-*

---

2. Ce pôle est appelé de « reconnaissance » en référence aux travaux du philosophe canadien C. Taylor, prônant une présomption de légitimité et d'égale valeur pour toutes les cultures qui désirent être reconnues dans l'espace public. Il s'agit de trouver un équilibre, certes difficile, entre le respect de la différence et celui de droits et de valeurs universels. C. Taylor indique qu'il faut construire une voie moyenne qui passe par une relation « dialogique ». Il est donc nécessaire de sortir de l'opposition hegelienne entre la maître et l'esclave en posant comme principe la reconnaissance mutuelle.
« *Pour Hegel la conscience de soi est le résultat de la reconnaissance par l'autre. Moi je veux être reconnu par l'autre sans le reconnaître à mon tour. Mais l'autre veut être reconnu, lui aussi, sans être obligé de me reconnaître à son tour. Cette différence des intérêts crée chez Hegel une lutte mortelle comme base de toute histoire* ». (A. Hahn, « La sociologie du conflit » in *Sociologie du travail*, n° 3, 1990, p. 375). Voir C. Taylor, Multiculturalisme. différence et démocratie, Paris, éd. Aubier, 1994 ; du même auteur, « Le fondamental dans l'histoire » in G. Laforest et P. de Lara (dir.), *Charles Taylor et l'interprétation de l'identité moderne*, Paris, éd. du Cerf, 1998.

table de renouveler les formes de l'intégration et d'adopter une politique, plus souple, plus soucieuse de respecter les identités particulières, qui reconnaisse publiquement la légitime volonté des populations issues de l'immigration de rester fidèles à leurs cultures d'origine »[3].

Or, malgré les différences de conception des uns et des autres, le véritable enjeu du débat n'est pas la remise en question du principe de l'égalité civique et de la citoyenneté individuelle. En réalité, l'enjeu porte plutôt sur le degré de reconnaissance des identités particulières et des références culturelles devant être accordé, au sein de l'espace public, à tous, quels qu'ils soient.

La tradition d'intégration nationale et républicaine a longtemps imposé, à la plupart des chercheurs français, le refus d'une discussion autour de l'ethnicité et de l'*affirmative* action telle qu'elle se développe aux États-Unis.

« Le terme – ethnicité – est contraire à la logique de l'intégration nationale »[4].

Lorsqu'E. Durkheim décrivait la sortie de la « solidarité mécanique » et l'avènement de la « solidarité organique », il pensait que le processus de division du travail éloignait l'homme de son rapport à l'hérédité donc de sa relation à la « race ». La complexité d'une société moderne, grâce à l'État éloigne l'individu de l'ensemble des contraintes propres à une société holiste (liens familiaux, ethniques, territoriaux, religieux...). Pour E. Durkheim, grâce au rôle fédérateur de l'État, l'individu gagne une liberté nouvelle inscrite dans les principes universels de justice et des droits de l'individu. Par conséquent, la référence ethnique éloigne du « progrès social », c'est grâce à la nation et à la citoyenneté qu'une société moderne et civilisée peut se construire. En fait, comme le souligne D. Schnapper, à l'instar d'E. Durkheim qui n'avait pas pensé à la résurgence des identités particulières, les descendants du père de la sociologie française voient dans la référence à l'identité un retour vers l'archaïsme.

« Il (E. Durkheim) n'a pas analysé le rapport entre les deux formes de – solidarité – en termes de dialectique ou de tension ni envisagé le retour possible des solidarités et des identités par-

---

3. D. Schnapper, *La relation à l'autre, op. cit.*, p. 410.
4. Ibid., p. 411.

ticulières ; il n'a pas prévu que l'intégration – mécanique – pourrait se développer à nouveau aux dépens de l'organique – ou que les passions ethniques pourraient se ranimer au dépens du principe civique »[5].

Aujourd'hui, la réalité sociale française montre que les revendications identitaires sont de plus en plus fortes. Ainsi, au sein d'un débat qu'ils définissent eux-mêmes de manière un peu schématique et dichotomique[6], des chercheurs se réclamant pourtant de l'intégrationnisme, reconnaissent une certaine dose de pertinence à la notion d'ethnicité. D. Schnapper fait preuve de pragmatisme en affirmant qu'il ne faut pas nier l'ethnicité, mais être prudent lorsque l'on utilise ce terme.

« On peut critiquer les effets pervers de l'utilisation du concept d'ethnicité – en arguant qu'il comporte le risque d'imposer une lecture américaine de la réalité sociale européenne – tout en étudiant certains des problèmes que recouvre ce terme. On ne saurait nier qu'il existe dans les pays européens des populations dont les fidélités et les références historiques sont multiples, éventuellement antagonistes, ni qu'il existe des réactions hostiles entre populations d'origines différentes »[7].

En revanche, dans le débat actuel portant sur le choix du modèle d'intégration que nous devrions adopter, la tradition républicaine, à la fois sociologique et politique donne une grande importance à la notion d'intégration nationale et conserve encore une grande influence. Entre des assimilationnistes, des intégrationnistes et des communautaristes le débat se cristallise sur des faits concrets (inégalité de statuts des femmes et des hommes dans certaines cultures tradition-

---

5. Ibid., p. 398.
6. *« Pour les intégrationnistes, le rôle premier de l'État consiste à organiser l'unité de l'espace commun, qui permet d'intégrer, par l'abstraction et l'égalité formelle de la citoyenneté, tous les individus, quelles que soient leurs origines sociales, religieuses, régionales ou nationales. Pour les communautaristes, étant donné l'ethnicisation croissante de la vie collective, il importe que, désormais, l'État accepte plus largement de reconnaître les particularités et les revendications ethniques. C'est de cette manière seulement que l'intégration des populations pourra ne pas rester purement « formelle » et devenir effective ou « réelle» »* (D. Schnapper, *La relation à l'autre, op. cit.*, p. 411).
7. Ibid., p. 411.

nelles, mariages d'enfants, mariages forcés, polygamie, excision, port du « foulard islamique » à l'école, rituels religieux[8]...) et pose le difficile problème du respect des cultures et des différences au nom de la tolérance sans pour autant remettre en cause les fondements politiques d'une démocratie moderne et citoyenne.

1. Un courant assimilationniste

L'assimilation : le destin des immigrés (E. Todd)

– Le contexte : une vision anthropologique du changement du monde

E. Todd[9], constatant la forte montée de l'extrême-droite en France depuis quelques années, fait l'hypothèse d'une *inversion* de la conception classique française de l'homme universel.

> « *Si l'on s'en tient à l'analyse politique des réactions à l'immigration, on doit donc aboutir à la conclusion d'une inversion de la position relative de la France sur une échelle de tolérance ou d'universalisme. Le pays de l'homme universel, qui déclara en 1791 l'émancipation des juifs, serait aujourd'hui le plus fermé aux immigrés venus du Tiers-Monde* »[10].

---

8. La fête de l'*Aïd-el-Kébir* est révélateur des tensions liées à l'intégration de l'islam en France. En effet, lors de la célébration de cette grande fête par une communauté musulmane de plus de quatre millions de personnes dans l'hexagone, des associations musulmanes s'opposent aux pouvoirs publics ayant du mal à prendre en compte l'importance de cet événement pour de nombreuses personnes vivant sur le sol national. Dix intellectuels musulmans ont rendu publique une déclaration pour déplorer « l'anomalie institutionnelle » que représente, selon eux, l'absence de représentation officielle des musulmans de France. Cf. *Le Monde* du mardi 7 avril 1998, p. 8 et celui du mercredi 8 avril, p. 10.
9. E. Todd est historien et anthropologue, diplômé de l'Institut d'Etudes Politiques de Paris.
10. E. Todd, *Le destin des immigrés, assimilation et ségrégation dans les démocraties occidentales*, Paris, Le Seuil, 1994, p. 9.

Pour E. Todd, cette montée du Front National, à partir de 1984, est le signe d'une anomalie ; cette « inversion » doit conduire à *une réflexion sur les fondements anthropologiques des démocraties occidentales*. Il s'agit de construire une analyse loin de la « pure idéologie ».
Pour comprendre le développement du Front National et l'attitude des populations face à l'immigration,

> *« une analyse anthropologique des systèmes de mœurs des populations immigrées, définissant des compatibilités et des incompatibilités, permet de comprendre la signification des adaptations et des tensions »*[11].

La construction d'une lecture anthropologique du monde est un rempart contre l'idéologie.

Au-delà de l'étiquette physique et religieuse des immigrés, E. Todd voit dans la *structure familiale* de ces groupes humains, le noyau central de leur compréhension. C'est la structure familiale qui délimite ou ne délimite pas une différence fondamentale avec le pays d'accueil.

Pour E. Todd, le statut de la femme, dans chaque système familial, est au cœur de la compréhension de ces mécanismes. En effet, c'est par « l'échange » des femmes que des groupes humains distincts entrent véritablement en contact. En s'appuyant sur cet exemple, E. Todd dévoile son questionnement principal : nos sociétés occidentales, en rapport avec des populations migrantes, sont-elles impliquées dans une dynamique d'assimilation ou de ségrégation ?

> *« Au cœur du système familial, le statut de la femme, bas ou élevé, est essentiel. D'abord, parce qu'il définit en lui-même un aspect de l'existence sur lequel les peuples ne sont guère prêts à transiger. Ensuite, parce que l'échange des femmes est, lorsque deux groupes humains entrent en contact, un mécanisme anthropologique fondamental : s'il se produit, il implique une dynamique d'assimilation ; s'il est refusé, une trajectoire de ségrégation. Le taux d'exogamie, proportion de mariages réalisés par les immigrés, leurs enfants ou leurs petits-enfants avec des membres de la société d'accueil, est l'indicateur anthropologique ultime d'assimilation ou de ségrégation, qui*

---

11. Ibid., p. 10.

peut opposer sa vérité à celle des indicateurs politiques et idéologiques »[12].

Cet « échange » est un indicateur crédible simple. Pour E. Todd, il n'existe que deux possibilités concernant les rapports interethniques avec les populations immigrées :
- l'assimilation
- la ségrégation

Un taux suffisamment élevé d'échanges des conjoints amène la population immigrée à se dissoudre au sein de la société d'accueil alors que le refus d'échanges matrimoniaux entraîne la construction de communautés enclavées Or, E. Todd croit que « *seule l'assimilation doit être considérée comme un destin ultime* »[13].

E. Todd note que, le plus souvent, les choix anthropologiques des sociétés humaines fonctionnent de façon binaire ou dichotomique. Pourtant, dans une même société, des cultures de base doivent être partagées par les divers groupes sociaux formant celle-ci.

« *A l'échelle planétaire, la coexistence de valeurs antagonistes est possible. Sur un territoire donné, certains éléments culturels de base sont incompatibles* »[14].

En réalité, E. Todd considère que la pérennisation de groupes minoritaires au sein d'une société d'accueil est à court, moyen et long termes, un facteur de désordre social. Faisant référence à l'histoire tragique des juifs en Europe, il affirme que des groupes non homogènes, au sein d'une société majoritairement cohérente, constituent une dose de danger permanent. A certains moments difficiles de l'histoire, lors de crises notamment, cette hétérogénéité peut, en effet, se retourner contre les groupes minoritaires eux-mêmes. La juxtaposition de groupes culturels différents, certes, peut, en effet, se penser en termes intellectuels, mais certainement pas se vivre concrètement, dans la réalité. L'anthropologie sociale disqualifie l'idéologie différencialiste.

---

12. Ibid., pp. 10-11.
13. Ibid., p. 11.
14. Ibid., p. 11.

– Les sociétés différencialistes et les sociétés assimilationnistes

E. Todd a fait une étude anthropologique des structures immigrées et, pour comprendre les mécanismes d'assimilation ou de ségrégation des populations immigrées dans les sociétés occidentales, a également fait une étude comparative du traitement des immigrés par plusieurs sociétés d'accueil. Une société qui favorise plutôt l'assimilation ou, au contraire, la ségrégation construit, en même temps, le destin des populations qu'elle accueille.

Dans sa vision universaliste du monde, la France a une conception de l'étranger qui conduit la nation à favoriser les processus d'*assimilation* de l'ensemble des groupes minoritaires vivant sur son sol. A l'opposé, les traditions idéologiques et culturelles de l'Allemagne (différences intérieures liées aux croyances religieuses), de l'Angleterre et des États-Unis (différences extérieures liées à la couleur de la peau) favorisent des processus *différencialistes* du traitement des minorités. Ainsi, la conception française de l'universel constituerait, à l'échelle mondiale, un particularisme. E. Todd avance une explication anthropologique des tempéraments plutôt universalistes ou différencialistes de ces société.

> « *Les structures familiales apparaissent ici fondatrices, à travers les représentations idéologiques qui en découlent : là où l'on pense les frères égaux, on croit a priori en l'équivalence des hommes et des peuples. Si l'on pense les frères différents, on ne peut échapper à la vision d'une humanité diversifiée et segmentée* »[15].

Cependant, les sociétés différencialistes entretiennent des rapports complexes entre assimilation et ségrégation. Une société de tradition différencialiste n'est pas nécessairement anti-démocratique, et la concordance entre universalisme et démocratie n'est pas toujours une évidence. Cependant, « *la contribution principale de la France à l'histoire de l'humanité est justement d'avoir fait échapper la démocratie*

---

15. Ibid., p. 13.

à sa gangue ethnique originelle et défini un corps de citoyens sans référence aux notions de race ou de sang »[16].

– La symétrie et l'asymétrie des structures mentales

Remontant dans l'histoire, E. Todd montre que l'universalisme n'est pas propre à une région ou à une culture particulière dans le monde. Il existe plusieurs types distincts d'universalisme ; c'est ainsi que plusieurs conceptions de l'homme universel peuvent s'affronter ou se compléter. E. Todd décrit les mentalités universalistes romaine, espagnole, russe, chinoise, arabe et française qui revêtent toutes des traits spécifiques (catholicisme, islamisme, communisme). Cependant, tous les universalismes n'ont pas le même degré de formalisation idéologique. C'est « *la Révolution française, qui spécule consciemment sur la notion d'homme universel (et qui) représente, du point de vue théorique, un sommet difficilement dépassable* »[17].

Par ailleurs, ces facteurs anthropologiques d'universalisme peuvent se conjuguer sur un même territoire. Ainsi, la France voit se succéder sur son sol les universalismes romain, catholique, révolutionnaire et communiste.

Face à ces universalismes, d'autres populations portent des traits différentialistes. Il existe aussi plusieurs cultures de la différence, E. Todd décrit huit différentialismes. Contre l'idée universelle d'équivalence des hommes et de fusion des peuples, « *les attitudes athénienne, allemande, japonaise, basque, anglaise, indienne, sikh, juive* »[18] postulent la non-équivalence des peuples. Malgré leur hétérogénéité, les perceptions universalistes et les cultures différencialistes ont donc un facteur commun :

> « *Un fort principe de symétrie régule la vie familiale des peuples de tendance universaliste, que l'on ne retrouve pas dans la vie familiale des peuples de tendance différentialiste* »[19].

D'un point de vue anthropologique, les structures familiales symétriques ou asymétriques vont déterminer une vision universelle ou différentialiste.

---

16. Ibid., p. 14.
17. Ibid., p. 16.
18. Ibid., p. 23.
19. Ibid., p. 24.

> « *Rome, Espagne, Portugal, France, Russie, Chine, Arabie : sept foyers d'universalisme, sept systèmes familiaux symétrisés par des règles de succession égalitaire. Chaque fois, l'équivalence des frères entraîne celle des hommes.*
>
> *Grèce, Israël, Allemagne, Japon, Pays basque, Pendjab sikh, Angleterre, Inde dravidienne : huit foyers de différentialisme, huit systèmes familiaux non symétrisés qui traitent les frères comme différents* »[20].

Dans une structure familiale mettant en avant un **principe symétrique**, les règles d'héritage sont égalitaires. Une structure familiale peut être communautaire, il s'agit d'une *symétrie masculine restreinte* (les fils mariés sont associés au père et égaux face à l'héritage), ou nucléaire : il s'agit alors d'une *symétrie généralisée* (l'héritage égalitaire ne distingue pas les filles des garçons). Dans les deux cas, puisque les frères sont égaux ou que les frères et les sœurs le sont, dans l'inconscient, les hommes en général, sont donc égaux ainsi que les peuples.

Avec ces deux variantes de la symétrie, E. Todd pense pouvoir comprendre, par exemple, les différences existantes entre une conception de l'homme universel selon les français et selon les arabes.

> « *Cette distinction est évidemment capitale lorsque l'on veut comprendre l'opposition des universalismes français et arabe. Appuyé sur un principe de symétrie familiale généralisée, l'universalisme français tend à considérer les femmes comme des représentantes, parmi d'autres de « l'homme universel ». Dérivant d'une symétrie masculine restreinte, l'universalisme arabe exclut les femmes de la notion d'homme universel* »[21].

Dans les structures familiales des peuples différentialistes, le **principe d'asymétrie** des frères et des enfants est la règle commune. Le principe d'asymétrie se traduit par le choix d'un enfant désigné comme le principal héritier au dépens des autres. En général, il existe un principe idéal de différenciation et une pratique de non égalité. Que la structure familiale soit nucléaire ou communautaire, selon différents critères et en fonction des cultures, notamment, un successeur est choisi plutôt qu'un autre.

---

20. Ibid., p. 31.
21. Ibid., p. 26.

Pour E. Todd, prenant l'exemple historique de la conquête de la Gaule par les romains, peuple à la structure familiale symétrique, le principe de symétrie permet d'annihiler l'ensemble des différences, qu'elles soient physiques ou culturelles. Cependant, dans cet exemple, ce sont les dominants qui éradiquent les particularismes.

– L'asymétrie et la symétrie dans un monde post-industriel

Trouvant les origines d'une conception égalitaire ou inégalitaire, symétrique ou asymétrique dans les structures familiales des sociétés agraires préindustrielles, E. Todd pose le problème de la validité de son hypothèse dans les sociétés post-industrielles.

En effet, « *l'origine de l'universalisme et du différentialisme dans l'éducation familiale permet de comprendre l'histoire des contacts interethniques dans le monde préindustriel* »[22], mais permet-elle encore, aujourd'hui, de comprendre ces rapports dans nos sociétés contemporaines ?

Concernant les sociétés post-industrielles, E. Todd fait donc deux hypothèses :
1 – les règles d'égalité et d'inégalité sont directement liées à la transmission des biens par héritage dans les familles. Dans ce cas, les mutations de la vie familiale annoncent inévitablement la fin des valeurs, universelles ou différentialistes, en fonction des différentes nations.
2 – les valeurs d'égalité ou d'inégalité exprimées dans les familles ne sont pas directement liées à la transmission des biens par héritage. Dans ce cas, la fin des grandes fratries et des règles d'héritage n'implique pas la disparition des attitudes ancestrales. La famille, mais aussi tout le système anthropologique continue de transmettre les idées d'égalité ou d'inégalité.

En fait, E. Todd indique clairement qu'il privilégie la deuxième hypothèse. Celle-ci lui permet d'ailleurs « *d'imaginer la perpétuation des attitudes collectives résul-*

---

22. Ibid., p. 34.

tantes dans le domaine des relations interethniques » au sein des grandes nations occidentales aujourd'hui.

> « *L'analyse détaillée du processus d'intégration des populations immigrées, menant parfois à l'assimilation, parfois à la ségrégation, conduit à la conclusion d'une permanence des valeurs fondamentales d'égalité ou d'inégalité des hommes qui réémergent actuellement, venues d'un passé très lointain* »[23].

Cette hypothèse permet de mieux appréhender les forts contrastes persistants dans le domaine des relations interethniques entre la France, l'Angleterre, l'Allemagne et les États-Unis.

– Les États-Unis, l'Angleterre, l'Allemagne, la France face au traitement de l'immigration : entre mythe et réalité

Même si les grandes démocraties occidentales que sont les États-Unis, le Royaume-Uni, l'Allemagne, la France sont proches par leur niveau de développement, elles révèlent une forte diversité d'attitudes face à la question de l'immigration et à l'altérité.

Ces pays restent séparés par « la persistance de systèmes anthropologiques inconscients ».

Le différentialisme libéral de type anglo-saxon s'accommode d'une fragmentation par catégories raciales.

> « *La persistance des conceptions raciales américaines n'est donc pas génératrice de stabilité sociale. Elle produit une aggravation des conditions de vie des Noirs et une évolution idéologique régressive* »[24].

L'Allemagne a une conception différentialiste autoritaire. Ainsi, la ségrégation dont sont victimes les Turcs (droit du sang opposé à droit du sol) ne produit pas un système social stable.

L'Angleterre dispose du même système anthropologique de type différentialiste libéral que les États-Unis ; cependant, le lien particulier qu'entretient la classe moyenne anglaise avec la classe ouvrière permet aux immigrés des mélanges non négligeables avec les milieux populaires anglais (taux d'exogamie élevé pour les enfants d'immigrés). C'est parce

---

23. Ibid., p. 37.
24. Ibid., p. 384.

que la tradition aristocratique ne permet pas un égalitarisme blanc qu'une segmentation complète, en fonction de la couleur, n'est pas envisageable au Royaume-Uni.

La France, elle, ne peut construire une racialisation de la vie sociale car sa conception anthropologique égalitaire entre dans son inconscient, « *les valeurs de liberté et d'égalité font obstacle à l'émergence d'une segmentation ethnique ou raciale stable* »[25].

En clair, « *ensemble, États-Unis d'Amérique et République fédérale d'Allemagne constituent un mauvais environnement pour la France au moment où elle doit réaffirmer sa volonté universaliste et sa capacité à assimiler tous ses immigrés, Noirs et musulmans compris* »[26].

En ce qui concerne l'Europe, les divergences (ancrées dans les lois des différents pays et dans l'inconscient des peuples), face au traitement de l'immigration et du rapport à l'étranger, doivent amener à revoir la construction européenne.

> « *La France assimile tous ses immigrés, entreprise rendue difficile par la différence objective maghrébine, et qui explique l'émergence du Front National, indicateur de tension. L'Angleterre assimile sous voile multiculturel, moins efficacement dans le cas des Pakistanais et en faisant davantage souffrir ses Antillais que la France ses Maghrébins. L'Allemagne sélectionne les ex-Yougoslaves comme assimilables et les Turcs comme minorité destinée à la ségrégation* »[27].

En ce qui concerne l'immigration, E. Todd ne croit pas à l'unité européenne qu'il considère, au même titre que le droit à la différence, comme un mythe destructeur perturbant l'assimilation réelle d'enfants d'immigrés dans la nation.

– Reconstruire le contrat jacobin traditionnel : malgré certaines représentations, les phénomènes d'assimilation fonctionnent toujours en France.

Après avoir fait une analyse critique de la prise en compte des relations interethniques par des pays différentialistes, les systèmes idéologiques ne pouvant pas dépasser les réalités

---

25. Ibid., p. 386.
26. Ibid., pp. 386-387.
27. Ibid., p. 387.

anthropologiques inconscientes (différentialistes-universalistes/ asymétriques-symétriques/ égalitaires-inégalitaires) E. Todd fait l'éloge du système assimilationniste français.

> « A aucun moment la cohésion de la société française n'a été sérieusement menacée par la constitution de communautés closes perpétuant leur culture d'origine, fût-ce de manière déformée comme c'est le cas pour les Pakistanais en Angleterre ou les Turcs en Allemagne. A aucun moment les populations françaises n'ont laissé transparaître une – négrophobie – de type anglo-saxon, susceptible d'envoyer les Noirs au ghetto comme aux États-Unis, ou de les reléguer dans un sous-prolétariat culturellement distinct comme en Angleterre »[28].

Malgré des discours alarmistes (montée du Front National, développement à droite comme à gauche de l'hypothèse que la société française s'ethnicise et se fragmente en groupes distincts) et l'influence d'images importées par les anglo-saxons (le modèle interprétatif américain a pesé sur la réalité anthropologique de la France), E. Todd conclut à une accélération tendancielle des phénomènes d'assimilation des populations immigrées en France. En effet, toutes les cultures juive, portugaise, tsigane, antillaise, camerounaise, mais aussi maghrébine, chinoise, soninké... sont porteuses d'indicateurs objectifs d'assimilation, autrement dit, une baisse des indices de fécondité et une montée des taux d'exogamie. La France, société d'accueil dominatrice, peut encore imposer ses mœurs à des cultures lointaines. Les enfants d'immigrés (école maternelle, télévision) sont notamment placés en situation d'acculturation de plus en plus tôt. En France, les problèmes douloureux que rencontrent certaines populations immigrées résultent d'abord d'une « déstructuration », plutôt que de la « stabilisation » de valeurs nouvelles venues du Tiers-Monde.

Néanmoins, dans les années 1980-1993, E. Todd constate le développement d'une idéologie différentialiste. En fait, à partir du milieu des années 60, l'homme universel est remis en cause par ceux qui défendent les identités culturelles régionalistes ; il s'agit là de la tradition de droite, catholique et maurassienne, qui pense que la culture s'inscrit dans le passé et que les étrangers sont inassimilables. Par ailleurs, à gauche,

---

28. Ibid., p. 371.

cette idéologie différentialiste se développe également autour de thèmes comme la décentralisation, le respect des cultures et des langues régionales, le droit à la différence.

E. Todd invite les différentialistes à se démasquer et prône un retour urgent des décideurs et des intellectuels à la position dominante de la culture universaliste centrale. Une plongée dans l'inconscient du différentialisme amène, inévitablement, dans son sillage, la xénophobie.

> « *L'analyse du multiculturalisme anglo-saxon a révélé que la valorisation de l'autre comme différent masque toujours une certaine forme de méfiance et qu'elle est avant tout une mise à distance. L'éloge de la différence n'est sans doute rien de plus qu'une contorsion de la conscience pour apprivoiser une phobie inconsciente* »[29].

De surcroît, le droit à la différence est un facteur d'**anomie**. Même si E. Todd reconnaît que l'idéologie jacobine, restée forte de 1789 à 1960, était répressive pour les minorités, il croit au retour de cette idéologie universaliste qui facilite le processus d'assimilation. Cette assimilation de type individualiste égalitaire « *avait le mérite de coïncider très exactement avec le comportement des populations d'accueil, effectivement prêtes à reconnaître les immigrés comme français, dès lors qu'ils acceptaient, en plus de la langue française, les quelques valeurs définissant un fond commun minimal, exogamie et équivalence des sexes en particulier* »[30].

Ne plus dire aux immigrés que la culture française est dominante ressemble à une manifestation de tolérance alors qu'en réalité il s'agit là d'une procédure hypocrite. Le droit à la différence a comme effet premier de retarder la prise de conscience, par les parents immigrés et par leurs enfants, des véritables règles culturelles et sociales de la société d'accueil. Par ailleurs, il contribue à désorienter, psychologiquement et socialement, des jeunes de la deuxième génération issue de l'immigration qui, désormais, errent sans culture d'appartenance et de référence.

> « *Le refus de s'assumer comme anthropologiquement dominant aboutit en pratique à « cacher » aux immigrés les rè-*

---

29. Ibid., p. 380.
30. Ibid., p. 381.

gles du jeu réelles de la société française : si celle-ci accepte plus que d'autres de petites différences, elle ne reconnaît dans ses tréfonds aucun droit à « la » différence »[31].

E. Todd rejette donc le terme « intégration » et affirme un « assimilationnisme franc ».

> *« Le mot d'intégration continue de régner, vide de sens puisque assimilationnistes et ségrégationnistes peuvent également s'en réclamer, lui affectant la signification qui leur convient, absorption des individus pour les premiers, enclavement des groupes pour les seconds. L'acceptation du terme assimilation, avec toutes ses conséquences morales et administratives, faciliterait la gestion d'un processus de destruction des systèmes anthropologiques immigrés que n'arrête nullement la pudeur des élites »*[32].

Cet assimiliationnisme est le garant du bon accueil des populations immigrées par la société française. Ainsi, affirmer que les immigrés constitués d'éléments anthropologiques extérieurs, au fond commun minimal, doivent s'aligner sur les mœurs majoritaires françaises réduirait l'angoisse de la population d'accueil. C'est parce que la classe politique n'affirme plus l'adhésion à des idéaux républicains clairs, qu'il y a une fermeture des frontières et des esprits à l'immigration.

La force du préjugé : épistémologie des racismes et des antiracismes (Pierre-André Taguieff[33]*)*

> *«... donner au rejet inconditionnel du racisme, de tous les racismes, un fondement philosophique »*[34].

Au début des années 90, P-A. Taguieff est la cible de quelques intellectuels vengeurs dans le journal *Le Monde*[35].

---

31. Ibid., p. 382.
32. Ibid., p. 390.
33. Le « penseur de l'universel », Pierre-André Taguieff est né en 1946, il est philosophe, politologue et historien des idées. Directeur de recherche au CNRS, il a enseigné à l'Institut d'Etudes Politiques de Paris, à l'Ecole des Hautes Etudes en Sciences Sociales, au collège international de philosophie et à l'université libre de Bruxelles. Il collabore à de nombreuses revues internationales.
34. P. A Taguieff, *La Force du préjugé*, Paris, La Découverte/Gallimard, 1992, p. 19.

En effet, son ton quelque peu donneur de leçon, sa volonté farouche de combattre les idées reçues, ses critiques acerbes et sans concession des « professionnels de l'antiracisme » ne favorisent pas le consensus mais plutôt le disensus autour de cet intellectuel. En fait, P-A. Taguieff affirme son refus de la bonne conscience[36].

Dans son ouvrage *La force du préjugé*, P-A. Taguieff, constatant les métamorphoses du champ idéologique, propose de réfléchir sur le racisme et son double, autrement dit l'antiracisme, en analysant l'idée de préjugé[37] (la lutte contre les préjugés est à l'origine de la lutte antiraciste). L'étude du racisme permet à P-A. Taguieff de proposer sa vision politique du monde. Pour P-A. Taguieff, la fin des idéologies a précipité les antiracistes dans une action irraisonnée les empêchant de penser l'évolution récente du racisme mais aussi de construire leur subjectivation, leur auto-critique et, par

---

35. Cf. *Le Monde* du 13 juillet, du 27 juillet et du 23 août 1993, notamment l'attaque de Roger-Pol Droit contre P. A.Taguieff dans un article du 27 juillet 1993 intitulé « Les mots et les faits » et la réponse de P-A. Taguieff, dans un article du 23 août 1993 intitulé « Une lourde erreur d'analyse ».
36. Contrairement à P. Yonnet qui, dans son livre, *Voyage au centre du malaise français,* construit à propos du « néo-antiracisme » une analyse idéologique, où l'antiracisme serait animé par la volonté de décomposer l'identité française via le communautarisme et le différencialisme, P-A. Taguieff fait une analyse sérieuse de l'antiracisme. M. Wieviorka, dans une polémique tapageuse dans la revue *Le débat*, dans laquelle P. Yonnet est accusé de masquer des idées lepénistes, décrit très bien ce qui oppose radicalement la démarche de P-A. Taguieff et celle de P. Yonnet.
« *Paul Yonnet est peut-être parti de l'idée, déjà explorée avant lui par Pierre-André Taguieff, d'étudier la réversibilité de certains fantasmes. Mais à n'envisager que l'un des pôles du couple qui le préoccupe, il bascule constamment, je le maintiens, vers une sympathie pour l'autre pôle* ». (M. Wieviorka in Le Débat n° 75, mai-août 1993, p. 131).
37. « *– 1 – Opinion préconçue, socialement apprise, partagée par les membres d'un groupe, et susceptible d'être favorable ou défavorable à la catégorie visée. – 2 – Attitude négative, défavorable, voire hostile, et chargée d'affectivité, à l'égard d'individus assignés à une catégorie définie. – 3 – Croyance rigide reposant sur une généralisation abusive et sur une erreur dans le jugement, qui revient à attribuer des traits formant clichés à divers groupes humains (races, ethnies, nations, etc.)* ». in P. A Taguieff, *Le racisme*, Paris, Dominos/Flammarion, 1997, p. 115.

conséquent, de construire, en même temps, des moyens de lutte appropriées. La « sur-activité » antiraciste désordonnée des années 80 se transforme en une idéologie qui limite l'analyse fondamentale, pour penser l'avenir, à une idéologie qui antiraciste très ambigüe, mal définissable et, surtout, en permanente mutation.

> « Car la fin des idéologies n'est pas la mort de l'idéologie : le terrorisme pseudo-éthique de l'action d'abord et au-dessus de tout est ce qui vient combler le vide laissé par la défection des grandes doctrines »[38].

Il s'agit de sortir d'un « nouveau dogmatisme à prétention hégémonique » sous un alibi spirituel.

a) Un cadre théorique

L'antiracisme fragile et la métamorphose du racisme : Pierre-André Taguieff constate

1 – une exacerbation idéologique autour des débats sur le racisme.
En effet, depuis la fin de la guerre et jusqu'au début des années 80, la lutte antiraciste est apaisante puisqu'elle semble structurée autour d'une problématique claire : c'est en s'appuyant sur des sciences biologiques que se structure la lutte antiraciste. P-A. Taguieff parle d'un « antiracisme des généticiens ». Les scientifiques affirment l'incohérence d'un racisme génétique. L'antiracisme des années soixante-dix se définit « comme l'autorité de la science face aux délires pervers et archaïques » d'idéologues dénués de scientificité bio-anthropologique. A cette époque, le racisme était considéré, essentiellement, comme une théorie des races, distinctes et inégales, définies en termes biologiques. Dans ce cadre, une telle pensée est, la plupart du temps, inavouée et publiquement rejetée par les scientifiques.
Or, à partir de 1983-1984, le national-populisme en expansion et la nouvelle droite (GRECE) développent

---

38. *La force du préjugé, op. cit.*, p. 12.

des argumentations racistes différentes de celles habituellement proférées depuis les années trente.

2 – la fin de l'antiracisme hégémonique d'après 1945
En premier lieu, la communauté scientifique rend publique ses divisions internes. Les partisans du déterminisme héréditariste se constituent en un groupe de pression parallèle à celui des scientifiques antiracistes. Or, peu de temps après une période de confusion, la majorité des scientifiques affirme appartenir au camp de la « vraie science », autrement dit la science antiraciste. Cependant, le doute devait bientôt s'installer.

> « *C'est ainsi que s'est terminé le débat autour de la nouvelle droite (1979-1980), elle-même vecteur principal, en France, de la thèse héréditariste : par une exclusion de ce qui était assimilé à la tradition diabolique par excellence, le – nazisme – (donc le racisme). Mais le mal était fait : les incertitudes et les ébranlements devaient persister* »[39].

3 – L'apparition de formes nouvelles de racisme dans l'espace idéologique se fait en deux temps et selon deux registres
- La constitution et la diffusion de l'idéologie *différencialiste* par la nouvelle droite (les antilibéraux du GRECE et les « libéraux » du Club de l'Horloge) au cours des années soixante-dix ; ils élaborent une théorie élitiste et un racisme différencialiste sur des bases *culturalistes*.
- L'implantation, depuis 1983, dans le champ politique de l'idéologie identitariste, par le parti national-populiste, le Front National. Il s'agit désormais de défendre le droit à l'identité des peuples et non plus, nécessairement, un national-racisme paternaliste et colonial.

L'apparition des ces formes inédites de racisme a des conséquences fortes autour des débats sur le racisme et l'antiracisme.

---

39. *Ibid.*, p. 13.

Le discours raciste s'est « culturalisé », « *en abandonnant (parfois de façon ostentatoire) le vocabulaire explicite de la – race – et du – sang –, en délaissant donc les rituelles métaphores biologiques et zoologiques* »[40].

Désormais, les néo-racistes utilisent l'anthropologie culturelle et l'ethnologie pour exprimer leur rejet du métissage, leur « *rejet phobique de tout – croisement des cultures* »[41].

Dans ce nouvel environnement raciste, d'un point de vue culturaliste, l'antiracisme, formé à la variante bio-zoologique (modèle nazi), semble décalé et inopérant face au néoracisme ethno-pluraliste.

Le développement de la *mixophobie* (hantise du mélange) dans le vocabulaire néo-raciste, l'argument différentialiste ayant quelque peu remplacé celui de l'inégalité et de la hiérarchie des races, amène les racistes à développer leur hantise du métissage.

> « *Retour de l'imaginaire catastrophal : les discours néoracistes se nourrissent de la représentation commune d'un effacement de la diversité du monde humain, d'un passage insensible et irréversible de la bonne hétérogénéité culturelle et ethnique à la crépusculaire homogénéité des individus et des cultures. Vision culturaliste et différentialiste de la – fin du monde* »[42].

Aujourd'hui, la forme de racisme, liée au nationalisme, se fait selon trois niveaux :
- infra-étatique (ethnismes : régionalisme, autonomisme, indépendantisme)
- étatique (nationalisme au sens strict)
- supra-étatique (européanisme, notamment)

P-A. Taguieff constate que *le racisme post-moderne (individualiste et différencialiste) récuse l'universel.*

> « *Toute position ou exigence universaliste est, dans un tel espace idéologique, dévaluée en tant qu'expression présumée d'un impérialisme dévastateur, destructeur des identités communautaires, terroriste, ethnocidaire. Au nom de la lutte contre*

---

40. Ibid., p. 14.
41. Ibid., p. 15.
42. Ibid., p. 15.

l'abstraction dévorante de l'universel se met ainsi en place un – intégrisme de la différence »[43].

L'idéologie antiraciste ayant beaucoup développé l'éloge de la différence n'a pas vu surgir le nouveau racisme de la différence. Il s'agit de l'usage de la « stratégie de rétorsion » par les nouvelles droites en France. Ainsi, développant une stratégie de rétorsion et s'appuyant sur une thématique ethno-pluraliste, la nouvelle-droite a racisé le « droit à la différence ».

> *« Nous définissons l'opération rhétorique de rétorsion comme une procédure triple de reprise-appropriation, de détournement et de retournement d'un argument adverse (mise en œuvre par un adversaire), opération susceptible d'engendrer un double effet d'autolégitimation et de délégitimation de l'adversaire, celui-ci étant notamment dépossédé de son argumentation propre, déterritorialisé de sa problématique et de son lexique ordinaire »*[44].

C'est ainsi que deux modes de formulation du racisme apparaissent, s'opposent ou se conjuguent :
- l'hétérophilie (éloge de la différence)
- l'hétérophobie (rejet de la différence)

> *« Les débats et controverses se sont donc recentrés sur les questions croisées des identités collectives et de leur défense, des droits des peuples (le droit d'être soi-même étant le premier de tous), du mélange et/ou du croisement des cultures, de l'interculturel et du transculturel »*[45].

Il existe donc deux formes de racisme, le racisme « universaliste-inégalitaire » et le racisme « communautariste- différentialiste ».

Paradoxalement, les racistes et les antiracistes ont donc pu utiliser les mêmes langages et les mêmes arguments (l'égalité dans la différence) avec, pourtant, des valeurs fondamentales différentes.

A partir des années quatre-vingt, les antiracistes entrent dans un processus de contradiction. Ceux-ci revendiquent

---

43. Ibid., p. 16.
44. Ibid., p. 17.
45. Ibid., p. 17.

« le droit à la différence » ainsi que « le droit à l'indifférence ».

Cependant, comme le note déjà P. A Taguieff, à partir du milieu des années quatre-vingt, l'idéologie du métissage tend à minorer celle de la différence. Les antiracistes exigent le droit à l'égalité en revendiquant l'égalité des droits.

L'antiracisme contemporain construit deux logiques inconciliables dans leurs systèmes de valeurs. *Il y a donc deux antiracismes, l'antiracisme « individuo-universaliste » et l'antiracisme « traditio-communautariste ».* Le premier est illustré par la revendication des droits de l'homme, « *la dénonciation des valeurs propres aux communautés « closes » en tant que racistes, l'idéal d'abolition des identités communautaires et des traditions « particularistes » en tant qu'obstacles au « progrès », la prescription du mélange universel des individus par-delà les frontières nationales et ethno-culturelles »*[46].

Le deuxième représente « le droit à la différence (culturelle, ethnique, voire raciale : la « négritude », la « judéité », etc.), les droits des peuples à persévérer dans leurs traditions propres, l'idéal de préservation des identités de groupe (jusqu'au devoir des peuples de rester eux-mêmes), la dénonciation du « *racisme comme se confondant avec l'universalisme exterminateur des différences, ethnocidaire et génocidaire* »[47].

Pour P-A. Taguieff, l'antiracisme présente de nombreux points communs avec les grandes idéologies (le socialisme, l'anarchisme, le libéralisme, le nationalisme...). L'antiracisme est un système de représentation du monde, mais c'est aussi un système de normes et d'impératifs. Ainsi, l'antiracisme traite son adversaire, « le racisme » comme un fait social et idéologique lié à une nature de symptôme. Celui qui est pathologique, c'est le « racisme » ; or, comme le souligne P. A Taguieff, « *la manière la plus efficace de se soustraire à la critique est de monopoliser la fonction critique* »[48].

Puisque l'antiracisme s'assume, se revendique, s'érige comme « conception légitime du monde et en méthode universelle de salut », les grandes idéologies s'efforcent

---

46. Ibid., p. 18.
47. Ibid., p. 18.
48. Ibid., p. 24.

d'assimiler l'antiracisme. L'antiracisme est un enjeu idéologico-politique de première importance.

> « *L'hypothèse dont nous avons voulu justifier l'énoncé est fort simple : – l'antiracisme – est une grande idéologie en cours de formation, qui postule l'existence d'un ennemi absolu nommé – racisme –, mais – l'antiracisme – est aussi, dans l'actuelle conjoncture, un enjeu transidéologique, entraînant des conflits de légitimité. De sorte que, loin de provoquer un quelconque apaisement des guerres culturelles et idéologiques, l'antiracisme les ranime et les attise, faisant ainsi mentir ses déclarations d'intention par ses réels effets* »[49].

– La métapolitique républicaine et l'espoir de l'universel

Pour P-A. Taguieff, il s'agit de dépasser les antagonismes des valeurs, de dépasser une « barbarie universelle » et une « barbarie différentialiste ».

> « *D'une part, les « solidarités de sang », qui s'ordonnent au sens donné dans un monde traditio-communautariste, se corrompent en racisme d'exclusion et d'extermination. D'autre part, les « solidarités de raison », ordonnées au sens construit dans un monde individuo-universaliste, se corrompent en racisme d'assimilation, en légitimation inégalitariste de l'impérialisme* »[50].

Reprenant une idée développée par le philosophe A. Lalande[51] qui considérait l'assimilation comme un principe fondamental de progrès, P. A Taguieff prend, en partie au moins, appui sur sa pensée pour affirmer la nécessité d'une république néo-kantienne.

Ainsi, selon A. Lalande, même si les ressemblances et les assimilations valent généralement par elles-mêmes, il faut cependant reconnaître la réalité des différences sans les exalter. Il s'agit de préciser que « *la différence, pour être valeur, doit être compensation –, voire, comme dans l'amour et*

---

49. Ibid., p. 26.
50. Ibid., p. 481.
51. A. Lalande, « Valeur indirecte de la différence », *Revue philosophique*, avril 1955 in A. Lalande, *La raison et les normes. Essai sur le principe et la logique des jugements de valeur*, 2e éd. révisée et augmentée, Paris, Hachette, 1963, pp. 235-260 in P. A Taguieff (1988), *op. cit.*, p. 485.

l'amitié, n'intervenir qu'à titre de supplément sur fond de ressemblance – les différences sont comme du sel »[52].

Pour P-A. Taguieff, « *la théorie des valeurs et des normes de Lalande présente ainsi l'une des meilleures approximations du type idéal d'une éthique de l'assimilation universelle* »[53].

P-A. Taguieff reconnaît que « *la barbarie particulariste de la différence et de l'exclusion ne doit pas faire oublier la barbarie universaliste de l'inégalité et de l'uniformisation... Pourtant, c'est à l'horizon de l'universalité que se lève l'espoir* »[54].

– L'idée républicaine kantienne

Dans l'idée d'un « projet de paix perpétuelle » de Kant[55] qui concevait une union harmonieuse des hommes entre eux à partir d'une constitution républicaine, P-A. Taguieff distingue, pour aujourd'hui, une solution spéculative satisfaisante. L'idée de constitution républicaine impulse l'idée de Raison au moyen d'un principe régulateur. Pour Kant, est républicain, non pas un régime politique particulier, mais tout État qui fonctionne convenablement, manifestant de la sagesse dans son fonctionnement administratif. L'état de paix doit être institué par l'application de lois mises en place par la constitution républicaine. Pour Kant, le *républicanisme* est un principe politique qui admet la séparation du pouvoir exécutif et du pouvoir législatif.

En faisant référence à l'idée républicaine, P-A. Taguieff construit un universalisme authentique, ni terroriste, ni ethnocentré.

Pour P-A. Taguieff, « *le droit à la différence* –, *entaché d'une ambiguïté constitutive, doit être soumis à la raison critique [...] Il faut en convenir : le renoncement à l'exigence d'universalité, impliquant l'abandon (voire le refus) de toute*

---

52. P-A. Taguieff (1988), *op. cit.*, p. 485.
53. Ibid., p. 486.
54. Ibid., p. 486.
55. E. Kant, *Projet de paix perpétuelle* (1795), trad. fr. J. Gibelin, Paris, Vrin, 1948, 2e section, p. 15 ; du même auteur, *Critique de la raison pure*, trad. fr. A. Tremesaygues et B. Pacaud, Paris, PUF, 1950, p. 452 in P. A. Taguieff (1988), *op. cit.*, pp. 486-488.

référence à des droits de l'humanité, ouvre la porte à la barbarie »[56].

– L'exigence d'universalité

Pour P-A. Taguieff, l'antinomie entre universalisme et différencialisme ne peut se dépasser que dans l'universel. Il s'agit, en effet, de choisir l'universel ou la barbarie (la barbarie apparaît quand l'éthique d'universalité ou l'exigence différencialiste s'érigent en absolu) L'antinomie fondamentale « *ne peut être surmontée spéculativement qu'à partir d'un « pari » pour l'universel, suivi par la détermination des « limites » de l'exigence universaliste, afin que celle-ci ne puisse se dégrader en une visée d'unification terroriste par uniformisation imposée* »[57].

P-A. Taguieff considère que l'idée démocratique est régulatrice dans la mesure où elle est porteuse d'une exigence d'universelle égalité.

Il ne s'agit pas de convertir une phobie en philie. P-A. Taguieff parle d'« humanisme héroïque », car nous devons vivre sans certitude, sans assurance dogmatique (issues de la révélation, de la tradition ou de la raison). Ainsi, l'état d'inquiétude et, en même temps, de lucidité dans lequel nous nous plongeons doit être un appel au courage. Face au « sommeil dogmatique », P-A. Taguieff croit au « pari », « *le pari est ce par quoi peut s'opérer l'autodépassement de l'inquiétude* »[58].

L'exigence d'universalité est l'exigence première ; nous devons parier sur l'universel.

> « *L'exigence universaliste première est à la fois l'expression d'une « aspiration » (justice), le motif ou l'enjeu d'un « pari » (liberté : le respect réciproque de l'autonomie de chacun, et l'ouverture de tous à tous) et le terme ou la visée d'une « espérance » (fraternité)* »[59].

---

56. P. A Taguieff (1988), *op. cit.*, p. 488.
57. Ibid., p. 489.
58. Ibid., p. 492.
59. Ibid., p. 492.

b) Un cadre de recherche/action

– Comprendre pour agir

Fort de ce travail de recherche, humaniste héroïque, désireux de lier réflexion et action, P-A. Taguieff cherche à concilier ses analyses sur les phénomènes racistes et des esquisses de pistes pour lutter contre son développement. Ainsi, dans deux ouvrages collectifs intitulés *Face au racisme*[60], P-A. Taguieff indique clairement que « *la lutte contre le racisme et la xénophobie, si elle veut se ressourcer, ne peut plus se tenir à distance des travaux et recherches des sciences sociales. Il n'est pas d'action efficace sans une connaissance suffisante des processus sociaux, des évolutions idéologiques et des mobilisations politiques liés au phénomène complexe sur lequel on souhaite exercer une influence* »[61].

P-A. Taguieff affirme sa volonté d'articuler une visée explicative de la science et un projet politique. En faisant la critique de l'antiracisme tel qu'il a opéré jusqu'au milieu des années 80, P-A. Taguieff voudrait redonner un nouveau souffle à la lutte antiraciste.

> « *Ce livre d'intervention, qui se veut d'abord instrument de travail et de réflexion en vue d'une action efficace, se fonde sur cette hypothèse : l'antiracisme ne peut se renouveler qu'à la double condition de se démythologiser et de se « déspectaculariser ». Tout se passe comme si nous savions ce qu'il faut ne plus faire, tout en continuant de le faire* »[62].

L'antiracisme contemporain ne peut plus se reposer sur des certitudes idéologiques du vieil antiracisme issu des combats contre le nazisme.

> « *Il est temps de prendre une distance critique face à la grande illusion de l'antiracisme – scientifique – qui, depuis les premières déclarations de l'Unesco sur la – race – et le – racisme – (1949-1951), n'a guère d'autre efficacité que de permettre aux antiracistes de dormir paisiblement* »[63].

---

60. P-A. Taguieff, *Face au racisme* (vol. I), *les moyens d'agir*, Paris, La Découverte, 1991 ; *Face au racisme* (vol. II), *analyses, hypothèses, perspectives*, Paris, La Découverte, 1991.
61. P-A. Taguieff (1991), *op. cit.*, p. 8.
62. Ibid., p. 24.
63. P-A. Taguieff (vol II), *op. cit.*, p. 59.

Combattre le racisme et la xénophobie, c'est avant tout comprendre les multiples facteurs de leurs causes, notamment les « banlieues à la dérive ».

– L'islamisation et la lepénisation

Dans un petit ouvrage rédigé sous forme d'entretien intitulé *La République menacée*, P-A. Taguieff constate que le racisme et l'enracinement du Front National ont des causes multifactorielles. Elles relèvent de divers ordres (social, politique, économique, culturel) et se distribuent à plusieurs niveaux (local, national, continental, mondial). Les causes sociales, l'exclusion, la discrimination, l'ethnicisation dans les banlieues, notamment des jeunes, lui semble offrir des pans d'explication importants. La « nouvelle exclusion » ne permet pas aux « désaffiliés », comme c'était auparavant possible pour la classe ouvrière au sein du mouvement ouvrier, de se constituer en force d'émancipation.

> « *Surtout, la nouvelle exclusion n'est pas réinterprétable comme le moment négatif dans une dialectique de la libération ou de l'émancipation : les exclus ne sauraient jouer le rôle messianique que le prolétariat ou la classe ouvrière, ou encore le « peuple », ont pu longtemps jouer tant bien que mal. Les « exclus » ne sauraient donc former une catégorie sociologique, susceptible d'être transfigurée en nouveau sujet de l'Histoire ou en groupe initiateur de nouveaux mouvements sociaux. Ce qui tend à s'effacer, c'est l'espérance* »[64].

P-A. Taguieff parle à propos de la violence et de la délinquance des mineurs dans les quartiers défavorisés « d'inversion des valeurs » ou de « perte axiologique » (perte de valeur). En fait, la criminalisation des banlieues est liée aux caractéristiques sociologiques des quartiers sensibles (chômage, pauvreté, ségrégation ethnique). Cette « gangstérisation », cette criminalisation peut se transfigurer soit par « l'ethnisme »[65], soit par l'islamisme ou par leur conjugaison.

---

64. P-A. Taguieff, *La République menacée*, Paris, éd. Textuel, 1996, p. 18.
65. « *1. Doctrine selon laquelle l'identité ethnique est première dans l'ordre des modes d'identification d'un sujet.*

« *L'autovictimisation du groupe ethnicisé (« nous, jeunes Arabes, victimes du racisme français ») constitue, néanmoins, une composante de l'imaginaire qui prépare ou prédispose à l'islamisme. En ce sens, la posture islamiste consiste à retourner le stigmate, à revendiquer un stock de particularismes perçus comme handicapant, à convertir une situation d'exclusion sociale en occasion d'affirmation de soi* »[66].

Ainsi, les jeunes issus notamment de l'immigration maghrébine, trouveraient dans les combattants islamistes des figures d'identification[67].

---

2. *Théorie juridico-politique selon laquelle tout groupe ethnique doit être respecté dans sa « dignité » et son « intégrité » au sein d'une société pluraliste (pluriethnique, multiculturelle, etc.). Défense des droits des minorités ethniques.*

3. *Doctrine politique fondée sur le principe que tout groupe ethnique doit se constituer en communauté politique autonome, dotée d'un Etat souverain, afin de préserver son identité collective. C'est la voie de l'autonomisme ou du séparatisme, celle des nouveaux mouvements identitaires relevant de l'ethnonationalisme ».* (P-A. Taguieff in *Le racisme*, Paris, Dominos/Flammarion, 1997, p. 112).

66. P-A. Taguieff (1996), *op. cit.*, p. 23.
67. Une telle appréciation est à mesurer fortement si l'on en croit les travaux de. F. Khosrokhavar sur *L'Islam des jeunes*, Paris, Flammarion, 1997. Au cours de son séminaire, à l'E.H.E.S.S, le 19 novembre 1997, cet auteur distinguait trois types de religiosité islamique :
1 – *l'islam individuel* : l'individu tente d'unifier son identité en s'appuyant sur le sacré. C'est un islam intériorisé qui ne veut pas s'imposer aux autres.
2 – *l'islam néo-communautaire* : c'est un islam qui dépasse les origines nationale ou régionales (Algérie, Maroc....). C'est une vision de l'islam en terme universel. Cet islam aménage sa relation avec l'espace public. Par une attitude ostentatoire, on rend visible son islamité mais de manière non agressive.
3 – *l'affect islamiste radical* : forme de religiosité très minoritaire établissant des liens conflictuels avec la société. C'est une affirmation de soi contre les autres. Il existe alors un rapport agonistique avec la société. Les croyants et les non croyants sont considérés comme impies et corrompus. Il y aurait deux formes d'islamisme radical ;
- affect islamiste radical, pouvant aboutir à une forme symbolique d'antagonisme avec les autres ;
- acteur islamiste radical, pouvant aboutir à l'action radicale.
Or, ce passage du registre mental au registre réel doit répondre à de nombreux facteurs. D'abord, il faut que l'acteur islamiste accepte de se dépasser dans la mort. Ensuite, le racisme et l'exclusion sont deux dimensions fondamentales préparatoires du passage à l'acte islamiste radical.

Les banlieues seraient donc confrontées à deux types d'ethnicisation :
- l'islamisation des jeunes issus de l'immigration maghrébine et africaine ;
- la « lepenisation » des milieux d'origine européenne.

– Repenser un « nationalisme républicain »

Pour combattre la montée du national-populisme et lutter contre le nationalisme, comprendre et réhabiliter le cadre national, sont une impérieuse nécessité.

Pour les « petits-blancs », la « banlieue-repoussoir » est devenue le principal attracteur lepéniste. Le chômage, l'immigration et l'insécurité sont associés à son image et font peur.

> « *Le pauvre-désoeuvré-jeune-violent-immigré-banlieusard* » : *telle est la nouvelle figure synthétique du Barbare menaçant. Du Barbare proche, un presque semblable, mais à qui l'on ne veut à aucun prix ressembler. A la fois celui qui menace d'envahir et celui qui menace de contaminer* »[68].

Face au national-populisme du Front National et de son chef de file Le Pen, « *il est temps d'en finir avec les gestes magiques et le purisme moralisateur, cet* « *opium* » *des démocrates inquiets* »[69].

Le Front National n'est pas un mouvement « résurgent », mais un mouvement « émergent ». C'est une réaction identitaire à la mondialisation et à l'homogénéisation culturelle planétaire. Ainsi, « l'ethno-nationalisme »[70] n'est pas un pa-

---

68. P-A. Taguieff (1996), *op. cit.*, p. 31.
69. *Ibid.*, p. 53.
70. « *1. Terme désignant l'ensemble des nouvelles mobilisations identitaires qui, fondées sur la défense plus ou moins convulsive d'identités ethniques plus ou moins inventées ou réinventées, prennent la forme de micro-nationalismes séparatistes visant l'éclatement des Etats-nations constitués ou vivant de la désintégration des empires (tel l'empire soviétique) ou des Etats fédéraux pluriethniques (tel l'ex-Yougoslavie).*
2. Doctrine politique appliquant à tout groupe ethnique le principe du droit des peuples à disposer d'eux-mêmes, en même temps que celui du devoir des ethnies de rester elles-mêmes, de préserver à tout prix leurs identités respectives ou de réaliser, au besoin par la force, une homogénéité ethnique perçue comme menacée par les flux migratoires ou la

léo-nationalisme en lien avec la construction des États-nations, mais un néo-nationalisme lié à la destruction des États-nations, au chômage, à la crise urbaine...

Il s'agit d'une réponse mythique post-nationale se constituant sur la base de mobilisations antimondialistes ou anticosmopolites.

> « *Le Front National n'est pas un mouvement auto-engendré, il a des causes multiples, qui toutes renvoient – sans s'y réduire – à la transition chaotique (délocalisations, chômage croissant, phénomènes de marginalisation sociale ou d'exclusion, etc.) provoquée par la mondialisation en cours* »[71].

> « *La force du nationalisme lepéniste est entretenue par le déni du national* »[72].

Il s'agit de redonner un sens national de la solidarité, un sens de rassemblement et d'ouverture, de redéfinir l'identité nationale et de réaffirmer le cadre national, à la républicaine.

> « *Replacer l'idéal de laïcité au cœur du civisme, faire enfin de la citoyenneté française un motif de fierté* »[73].

En effet, P-A. Taguieff indique que, souvent, « *le nationalisme est ce qui reste de l'aspiration communautaire quand toutes les formes du lien social s'effritent ou sont ébranlées* »[74].

Suspectée par le code du « bien penser » idéologique, l'absence de réflexion des démocrates sur l'idée de nation, voilà le principal facteur de monopolisation par Le Pen du sentiment national.

> « *Le lien national, comme sentiment et mythe constitutif du lien social dans la modernité politique doit être repensé sur la base des principes républicains, et non pas récupéré tel quel, tel que le nationalisme autoritaire et xénophobe l'a redéfini en l'absence de toute réflexion concurrente* »[75].

---

    culture de masse planétaire ». (P-A. Taguieff in *Le Racisme, op. cit.*, pp. 112-113).
71. P-A. Taguieff (1996), *op. cit.*, p. 55.
72. Ibid., p. 56.
73. Ibid., p. 56.
74. P-A. Taguieff, « Nationalisme, réactions identitaires et communauté imaginée » in *Hommes & Migrations*, n° 1154, mai 1992, p. 38.
75. Ibid., p. 39.

Les hommes ne peuvent pas vivre seulement d'État-providence, pas plus qu'ils ne peuvent vivre de droits de l'homme, de liberté et d'égalité ; ils ont aussi besoin d'une reconnaissance communautaire et identitaire qui, historiquement, a été satisfaite par le nationalisme. Aujourd'hui, dans un environnement incertain et éclaté, rien n'indique la nécessaire disparition de l'idée nationale.

– Créer une république universelle et diverse

Cette création pourrait se faire dans un contexte que P-A. Taguieff décrit autour de quatre dimensions :

> « *globalisation de l'économie et des communications (d'où l'affaiblissement des États-nations), mondialisation des flux migratoires, précarisation et chômage de longue durée, montée des réactions identitaires ou – intégristes – à base ethnique ou religieuse* »[76].

P-A. Taguieff croit encore à l'importance du modèle républicain, à la française, dans lequel il se retrouve. Se référant à la tradition sociologique française, il considère ce modèle comme une combinaison entre un idéal et la réalité sociale.

> « *Le noyau dur de la tradition républicaine, je le définirai volontiers par un mot de Durkheim, disant que le propre de l'homme est* « *de concevoir l'idéal et d'ajouter au réel* »[77].

La République à la française, c'est une volonté de synthèse entre l'exigence d'universalité et le respect des identités, des particularismes culturels à condition qu'ils restent dans la sphère du privé. La République est un idéal qui n'a pas fini son temps. Elle trouve son sens au sein d'un État-nation dans lequel peut s'exprimer le sens civique.

Ce qui est à défendre, pour P-A. Taguieff, « *ce n'est pas l'identité d'origine de quelques groupes d'immigrés voués à l'intégration nationale, mais l'identité culturelle française* »[78].

---

76. P-A. Taguieff (1996), *op. cit.*, p. 76.
77. Ibid., p. 65.
78. Ibid., pp. 96-97.

Autrement dit, il s'agit de promouvoir un idéal civique de type républicain face à un individualisme hédoniste[79] consumériste. Politiquement, les néo-assimilationnistes aussi appelés nationaux-républicains, transcendent les partis (droite/gauche) et se retrouvent souvent au sein de clubs de réflexion comme le Club Phares et Balises créé par R. Debray (1992) ou la fondation Marc-Bloch (créée en mars 1997 par P. Cohen, E. Todd...) pour lutter contre la « pensée unique » (des promoteurs de l'euro et des traités de Maastricht et d'Amsterdam) déstructurant la nation[80]. En France, les nationaux-républicains, ou républicanistes sont des hommes politiques, des intellectuels, des journalistes de droite et de gauche qui, constatant avec effroi que dans un contexte de globalisation des flux des marchés, des informations et des hommes, l'idée de nation perd du terrain, s'unissent mais aussi débattent (dans l'hebdomadaire *Marianne*, le journal *Le Monde Diplomatique, Les cahiers du radicalisme*...) pour restaurer les valeurs républicaines et sauver l'idée de nation[81]. Or, derrière leur appel à la refondation de « l'esprit républicain », se profile la peur et la stigmatisation d'une partie de la population accusée d'être des fossoyeurs de la République et de l'État-national. Ainsi, dans les banlieues que ces républicains considèrent comme étant en voie d'ethnicisation et « d'américanisation », les revendications identitaires et religieuses de la part d'habitants de ces quartiers populaires représentent des facteurs de risque pouvant conduire au tribalisme ethnique. Aussi, pour préserver la république française, une, indivisible et laïque des « menaces exotiques », la tentation est-elle grande, pour ces républicains, comme au temps de l'ère coloniale, de mettre une distance entre le

---

79. En philosophie et en économie, il s'agit d'une conception selon laquelle la poursuite du maximum de satisfactions est la fin de toute activité économique.
80. Cf. « Les passerelles de la pensée critique » in *Le Monde* du dimanche 17-lundi 18 mai 1998, p. 5.
81. Les plus illustres représentants de ces républicains fervents comme R. Debray, A. Finkielkraut, E. Todd, P-A. Taguieff, A-G. Slama, M. Gallo, B. Kriegel, C. Jelen,, J-F. Kahn..., mais aussi des hommes politiques comme C. Pasqua, P. Séguin, R. Hue, J-P. Chevènement... n'hésitent pas à s'afficher, au-delà des étiquettes politiques classiques comme des militants convaincus de la restauration d'un « ordre républicain ».

« civilisé », éclairé des lumières et « l'autre », qui n'ayant pas encore fait les preuves de son allégeance à la « communauté des citoyens » reste ´ ethniquement dangereux ». Mettant en exergue les affrontements interethniques ayant eu lieu dans plusieurs parties du monde (purification ethnique en ex-Yougoslavie, au Rwanda, islamisation au Liban, en Algérie, en Afghanistan...), il s'agit, pour ces républicains, de mener une bataille contre les forces de l'obscurantisme en opposant à l'idée d'ethnie celle de nation. En désignant des personnes potentiellement mal assimilées ou même mal intégrées, comme nous le montrent bien H. Jallon et P. Mounier, dans une dynamique héritée du colonialisme, il s'agit non pas d'évangéliser mais bien de « républicaniser » des individus qui, désignés comme potentiellement barbares, mettent en péril la république nationale. Par conséquent, il incombe aux représentants de « l'ordre républicain » d'empêcher la formation, en France, de « tribus », d'éduquer les personnes aux valeurs de la République et, surtout, de faire le tri entre les « bons sauvages » et les « mauvais sauvages ».

> *« Il y a d'ailleurs chez nos républicains un peu de cette nostalgie coloniale, cette nostalgie du temps où la France apportait ses lumières aux mondes sauvages. Du « tribalisme » africain aux « sauvageons » de nos banlieues en passant par l'ethnicisme américain, les républicains inversent le mythe du bon sauvage qui régnait il y a trente ou quarante ans. Nous vivons donc l'air des mauvais sauvages, où plutôt de la sauvagerie qui s'installe dès que l'État républicain se retire. Mais, si le bon sauvage relevait du mythe, il y a fort à parier que son correspondant noirci ne corresponde pas plus à la réalité. L'un et l'autre relèvent de la même construction imaginaire où l'identité de soi se construit par un détour par l'autre »*[82].

Vu de l'extérieur, la conception des néo-assimilationnistes français est largement remise en question. Ainsi Y. Rocheron critique « *l'inflexibilité jacobine de Jean-Claude Barreau, le différentialisme culturel de Christian Jelen et la hauteur d'Emmanuel Todd...* »[83]. et souligne le déterminisme anthro-

---

82. H. Jallon, P. Mounier, *Les Enragés de la République*, Paris, La Découverte, 1999, p. 79.
83. Y. Rocheron, « Le mariage mixte, métaphore du génie néo-assimilationniste français » in *Hommes & Migrations*, n° 1210, novembre-décembre 1997, p. 124.

pologique des néo-assimilationnistes. Même si les positions théoriques et méthodologiques des essentialistes et des non-essentialistes sont différentes, « *néanmoins, leurs projets idéologiques se recoupent puisqu'ils s'efforcent de défendre le « creuset français » contre ses nombreux critiques en attribuant l'évolution des mariages mixtes à la « singularité française », ce serpent de mer de tous les nationalismes français* »[84].

Ainsi, pour les néo-assimilationnistes comme E. Todd, l'union mixte est-elle un mécanisme intégrateur et une mesure fiable de ce processus, quitte, pour celui-ci à manip,uler les chiffres pour démontrer ses conceptions.

> « *Emmanuel Todd souligne à juste titre un paradoxe français : les indices du mariage national-étranger sont plus élevés en France qu'ailleurs, bien que la société française demeure profondément endogame. Emmanuel Todd cherche une solution à cette tension en comparant la France aux États-Unis, à l'Allemagne et à la Grande-Bretagne. Pour ce faire, il manipule les statistiques sans tenir compte des écarts entre les définitions alors que chaque pays mesure une réalité différente. Beate Collet ajoute qu'Emmanuel Todd interprète les totaux sans se préoccuper de la taille des minorités ni de leurs structures d'âge, qui affectent le nombre de partenaires potentiels* »[85].

En fait, la principale critique faite aux néo-assimilationlistes est que ceux-ci construisent des catégories donnant des images simplificatrices, voire stéréotypées des immigrés et, plus globalement, des acteurs aspirant à une reconnaissance identitaire. C'est la vision d'une société républicaine mythique fondée sur la raison et les lumières, mais également forgée par des hommes, eux aussi mythifiés[86]. Ainsi, se développe un certain conservatisme républicain éloignant les assimilationnistes de la réalité sociale. Face aux attaques du marché et du multiculturalisme, se représentant la République comme une « forteresse assiégée », ils sont obnubilés par leur espoir de voir se réveiller une société « républicaine-nationale » espérée.

---

84. Ibid., p. 121.
85. Ibid., p. 121.
86. Cf. F. Dubet, « Le mythe Ferry » in *Le Monde de l'éducation*, n° 277, mai 1999, p. 41.

2. La communauté comme référence

« L'influence qui guérit » (Tobie Nathan)

Se définissant comme thérapeute, T. Nathan[87] veut être le continuateur de la pensée de l'ethnopsychiatre G. Devereux[88] qu'il considère comme son maître. T. Nathan s'affirme comme un praticien ayant exercé son activité thérapeutique dans beaucoup d'institutions dispensant des soins psychiatriques (hôpital psychiatrique, dispensaire d'hygiène mentale, centre médico-psycho-pédagogique, centre hospitalo-universitaire, centre de protection maternelle et infantile). Sa position méthodologique par rapport aux actes des thérapeutes part d'un corpus pluriculturel. Pour T. Nathan, l'ethnopsychiatrie est une alternative à la domination occidentale.

> *« L'ethnopsychiatrie est une psychiatrie fleurissant au lieu même où se rencontrent deux mondes. Elle se développe là où, habituellement, on rencontre la guerre, la colonisation, la disqualification de l'un par l'autre. L'ethnopsychiatrie se veut une alternative à cette attitude qui vient si facilement aux Occidentaux : celle de réduire l'autre à n'être qu'une copie de soi-même.*

---

87. Tobie Nathan est professeur de psychologie clinique et pathologique à l'Université de Paris VIII, Directeur du centre Georges Devereux – centre Universitaire d'aide psychologique aux familles migrantes, rédacteur en chef de la Nouvelle Revue d'Ethnopsychiatrie. Pour une connaissance succincte du parcours de T. Nathan, cf. « Freud ressemblait un peu à un guérisseur africain » (entretien) in *Le Monde* du 22 octobre 1996.
88. Georges Devereux (1908-1985) est d'origine hongroise. Il se forme à Paris à la physique et à l'anthropologie. Aux Etats-Unis, il se forme à la psychanalyse. Dans le domaine de l'ethnopsychiatrie il étudie les pathologies propres aux sociétés traditionnelles et établit un parallèle entre psychisme collectif et individuel. Il mène des expériences de terrain au Vietnam de 1932 à 1935. Proche du structuralisme, il étudie les dynamismes psychiques en défendant la thèse de la complémentarité des approches ethnologiques et psychanalytiques. Il écrit une œuvre dense et rigoureuse mais très controversée. Il est psychiatre hospitalier à New York de 1959 à 1963 et enseigne l'ethnopsychiatrie dans plusieurs universités américaines et à l'EPHE de Paris de 1962 à 1983.

Car, nous le savons : la prétention à l'universel est toujours la justification de la conquête »[89].

– La psychopathologie, une domination occidentale

T. Nathan s'oppose « aux bons docteurs » (psychiatres, psychanalystes, thérapeutes...) qui, malgré leurs discours tendant à laisser exprimer la vérité du malade et son désir, exercent une certaine violence sur celui-ci. Pour T. Nathan, ces thérapeutes « aux mains propres » sont armés d'une pensée « vraie » qu'ils pensent scientifique. La psychopathologie exercée par ces docteurs porte sur le sujet, c'est-à-dire une « individualité psychologique », être de *nature* qui est superposé à une individualité biologique. Or, ces thérapeutes construisent des entretiens, appréhendent le sujet dans le cadre d'une pensée théorique, d'une éthique, d'une morale du groupe dominant et d'une raison « universelle » en oubliant « *certains éléments constitutifs de la personne, tels que son* « *identité culturelle* » *ou* « *ethnique* » *(sa langue, ses coutumes, ses systèmes de représentation), (qui) sont toujours représentés comme extérieurs à sa nature, comme les vêtements pour le corps propre ou son terreau pour une plante* »[90].

Par conséquent, bien que T. Nathan fasse référence aux grands noms de la psychanalyse occidentale, il n'hésite pas à s'opposer à ceux-ci au nom de l'efficacité thérapeutique.

> « *Si je prends quelque recul, et en considérant seulement mon activité clinique, je me rends compte que je ne pense pas les théories de Winnicott plus vraies que celles de M. Klein, de Balint, de Bion, de Lacan ou d'Anzieu, car il m'est arrivé, à un moment ou un autre, de rencontrer des patients kleiniens, balintiens, winnicottiens et même lacaniens... Il m'a bien fallu recourir, ne fût-ce qu'un temps, aux pensées de ces aînés et, quoique reconnaissant de l'aide qu'elles m'ont un moment apportée, je les ai quittées aussitôt* »[91].

---

89. T. Nathan in T. Nathan, L. Hounkpatin, *La guérison Yoruba*, Paris, Odile Jacob, 1996, p. 10.
90. T. Nathan, *L'influence qui guérit*, Paris, Odile Jacob, 1994, p. 16.
91. T. Nathan, *Psychanalyse païenne*, Paris, Odile Jacob, 1995, p. 13.

– La consultation d'ethnopsychanalyse pour les migrants

T. Nathan constate que la psychothérapie occidentale n'a pas d'influence notoire sur une part de personnes n'ayant aucune catégorie nosographique (partie de la médecine traitant des maladies) connue.

> « *Je veux parler des migrants originaires de sociétés non occidentales. Parlons de la réalité concrète et non de cette république des lumières qui ne cesse d'alimenter nos rêves : ces patients sont au rebut ! En vérité, ils n'intéressent personne, ni les politiques (ils ne votent pas), ni les cliniciens de pratique privée (ils ne paient pas), ni les chercheurs (ils ne constituent pas un sujet de recherche noble)* »[92].

Or, T. Nathan et son groupe inventent un dispositif clinique pour une large part emprunté à G. Devereux[93], la consultation d'*ethnopsychanalyse*[94] devant s'adapter à cette population ayant des caractéristiques particulières. En général, ce public (les consultants sont originaires d'Afrique du Nord, d'Afrique noire, des Antilles françaises, des îles francophones de l'océan Indien – Réunion, Madagascar, Comores –, des anciens comptoirs français – comme Pondichéry –, de Turquie, d'Asie du sud-est – Vietnam, Cambodge, Laos, Chine) vient en consultation d'ethnopsychanalyse après plusieurs tentatives infructueuses dans des consultations de psychothérapie traditionnelle.

Pour T. Nathan, la médecine occidentale n'est absolument pas adaptée aux problèmes psychopathologiques de ces populations aux difficultés complexes, liées à leur histoire de vie. En effet, pour la psychopathologie occidentale, « *les primitifs ne distinguent pas correctement le rêve de la réalité, les fantasmes du monde réel, etc. Comment deviner d'emblée que leur causalité apparente était une sorte de matrice my-*

---

92. T. Nathan (1994), *op. cit.*, p. 19.
93. G. Devereux, *Ethnopsychanalyse complémentariste*, Paris, Flammarion, 1972.
94. T. Nathan indique qu'il met en oeuvre cette forme de psychothérapie à partir de 1979 ; aujourd'hui, il la pratique au centre universitaire d'aide psychologique aux familles migrantes qui a été ouvert en 1993 à l'Université Paris VIII. Pour la description de la mise en place de cette sorte de consultation, cf. T. Nathan, « Fier de n'avoir ni pays ni amis, quelle sottise c'était.... », *Principes d'ethnopsychanalyse*, Grenoble, La Pensée sauvage, 1993.

thique dont la principale fonction était de générer des récits alors que notre causalité scientifique ne nous servait qu'à justifier des actes ? »[95].

T. Nathan considère alors que, pour un migrant, tout acte « thérapeutique » ayant comme base cette causalité de type scientifique et rationnel constitue un traumatisme psychique. Alors que les migrants en souffrance sont à *la recherche du sens* de leur mal, l'Occident ne peut *leur offrir que des causes.*

> *« La pensée scientifique a pour vocation d'expliciter, de laïciser les faits, de les généraliser, et donc de les priver de leur profondeur polysémique. Or, seules les sociétés traditionnelles, profondément ancrées dans leur univers culturel, parviennent à penser les procédures d'influence dans toute leur complexité, mais elles le font dans le cadre d'une pensée d'une densité inouïe, très difficilement traduisible en termes d'une logique scientifique qui doit le décomposer en particules élémentaires avant de traiter son objet »*[96].

– Prendre en compte la culture de référence communautaire

T. Nathan part du constat que, dans des situations concrètes, la législation française et les autorités qui sont tenues de la faire respecter, ne prennent pas en considération la culture d'appartenance communautaire des migrants qu'ils reçoivent. En effet, citant le cas d'un entretien avec une personne Soninké originaire de Mauritanie chez un juge aux affaires matrimoniales pour une affaire de divorce, il montre que la loi française veut ignorer la culture particulière de l'intéressé. Selon, le plaignant, les « blancs » seraient responsables de son malheur.

> *« Sa femme, influencée par les assistantes sociales et les puéricultrices de la PMI, a demandé le divorce selon la loi française. Mais le juge aux affaires matrimoniales sait-il seulement qu'il a versé une dot de quatre millions de francs CFA, environ 80 000 FF et que chez les Soninké, on restitue la dot après un divorce ? Sait-il que lui-même, du fait du contrat de mariage, s'est engagé auprès de la famille de sa femme à lui porter secours et assistance en terre d'exil et qu'il ne peut rentrer au vil-*

---

95. T. Nathan (1994), *op. cit.*, p. 21.
96. Ibid., p. 28.

> *lage en la laissant ici sans aucune attache familiale ? Sait-il enfin que chez les Soninké, strictement patrilinéaires, les enfants appartiennent à la lignée du père et que les confier à la mère équivaut à les exclure de leur appartenance culturelle ? »*[97]

Or, pour T. Nathan, il faut tout faire pour parler le même langage et pour utiliser des codes connus du migrant (et donc, parler dans la langue du patient et prendre en considération ses manières de faire).

> *« Tout faire pour agir en Soninké avec un patient Soninké, en Bambara avec un Bambara, en Kabyle avec un Kabyle... »*[98].

Pour penser la psychopathologie, il faut donc utiliser une théorie qui ne soit pas naturelle, autrement dit qui ne découle pas d'une observation de faits se rattachant à l'universelle raison. La psychologie, comme science définie par S. Freud, décrivant le fonctionnement psychique de manière objectivable, est une chimère. Ainsi, pour T. Nathan, « *la seule discipline scientifiquement défendable serait, si l'on me pardonne ce barbarisme, une « influençologie », qui aurait pour objet d'analyser les différentes procédures de modification de l'autre* »[99].

T. Nathan puise donc largement dans l'analyse des techniques thérapeutiques traditionnelles pour nourrir ses « procédures techniques de l'influence ».

> *« Nous devons maintenant admettre qu'en accueillant sérieusement des psychiatries radicalement autres, en nous efforçant d'en saisir les ressorts techniques, notre psychiatrie s'approfondit et gagne en véritable scientificité »*[100].

T. Nathan considère les thérapies traditionnelles (les rituels de possession, la lutte contre la sorcellerie, la fabrication d'objets thérapeutiques, la restitution de l'ordre du monde après la transgression d'un tabou) ne sont certainement pas des placebos, mais bien des techniques d'influence, à la fois sérieuses et efficaces.

---

97. Ibid., pp. 22-23.
98. Ibid., p. 24.
99. Ibid., p. 25.
100. Ibid., p. 33.

– **La supériorité des sociétés holistes sur les sociétés modernes**

Comparant les thérapeutes occidentaux aux guérisseurs des sociétés traditionnelles, T. Nathan pense que ceux-ci sont plus proches d'une pensée scientifique. Les thérapeutes traditionnel ont, depuis longtemps, pensé les « procédures d'influence » en termes d'interaction. Il y a une interaction entre trois identités (le thérapeute, le malade et l'être surnaturel, l'esprit ou le démon). D'après T. Nathan, la laïcisation de la « possession » par la généralisation de notions comme l'hystérie contribue à faciliter l'exclusion de personnes en état de détresse. Ainsi, les sociétés traditionnelles seraient moins moralisatrices et, par conséquent, moins excluantes que les sociétés modernes occidentales.

> « Une possédée est écoutée, non par bonté d'âme ou par souci humanitaire, mais parce qu'elle est la seule source d'information sur l'être surnaturel qui l'a investie. En revanche, une hystérique à qui l'on attribue des désirs sexuels inconscients, pour peu qu'elle refuse le divan, comme c'est le cas le plus fréquent, est confinée dans un univers et progressivement contrainte à la solitude »[101].

A travers des catégories diagnostiques, l'Occident injurie, puis met à l'écart des personnes désormais stigmatisées à jamais, ce qui n'est pas le cas des catégories traditionnelles.

> « En laissant leurs docteurs substituer l'hystérie à la possession, en faisant confiance à une culture avare en attributions d'existence, n'abritant aucun être surnaturel, ne partageant l'univers avec aucun esprit, aucun démon, aucune divinité, les malades n'ont pas fait une affaire ! »[102].

En fait, à travers des choix thérapeutiques, T. Nathan prend parti pour les sociétés holistes, communautaires et animistes, opposées aux sociétés occidentales complexes, individualistes et modernes. Critiquant le processus de civilisation décrit par N. Elias, il fait la critique de la civilisation occidentale, société débarrassée de ses tiers comme les saints, le diable et dieu. Cette société des « lumières » est devenue une société « barbare par simplification ».

---

101. Ibid., p. 31.
102. Ibid., p. 31.

– Une pensée totalisante

T. Nathan part de ce qui, aujourd'hui, constitue une évidence, autrement dit, de la dissymétrie entre une pensée occidentale qui se veut universelle et rationnelle et des pensées traditionnelles de migrants reliées, elles, à des mythes et à des croyances ancestrales très riches de diversité. Les migrants exilés, coupés de leurs repères traditionnels vivent une véritable déchirure objective et subjective, pouvant se transformer, dans certains cas, en pathologie mentale.

Or, constatant ce décalage, notamment lorsque des migrants (berbères, marocains musulmans, arrières petit-fils de marabouts...) se retrouvent face à des professionnels occidentaux forts de la domination de leurs codes occidentaux, par contre poids, T. Nathan donne une importance sans limite à la culture communautaire des migrants. L'individu ne serait pas « grand chose » hors de son groupe de référence.

> « *Dans son monde, en effet, tout comme dans le nôtre, certaines catégories de personnes sont habilitées à entrer publiquement en relation avec les forces vives du groupe. Les **Bamanans** entretiennent commerce, pour le compte du groupe, avec les puissances de la brousse et avec les fétiches, les **Karamokos** et les **Moris** avec le dieu de l'Islam et les **griots**, les « hommes de parole », avec la parole publique, celle qui apaise et celle qui déclare la guerre, celle qui guérit et celle qui maudit, celle du jour, lumineuse et chantée au rythme lancinant de la **cora** et celle de la nuit, murmurée dans le trou des arbres par le maître-chasseur. Lors des cérémonies, qu'elles soient publiques ou privées, le **hron**, « l'homme libre » commandite à voix basse au **griot** la parole publique. Ainsi, les messages empreints de gravité, ceux des naissances, des mariages et des morts, ceux des départs et des retours et naturellement ceux du malheur et de la maladie, grâce aux **griots**, ne circulent-ils pas d'un individu à un autre mais d'une structure (famille, ethnie...) à une autre* »[103].

---

103. T. Nathan, « Le migrant, son psy, son juge, son assistante sociale et quelques autres représentants des forces occultes », texte remanié d'un article paru, courant 1996, dans *Melanpous*, revue des juges des enfants.

Aussi, on ne peut s'adresser à un individu « *en court-circuitant les représentants habilités de ses groupes de référence, des puissances et des objets qui les animent...* »[104].

Commentaire

Il semble que T. Nathan n'accepte pas la violence dominatrice dont font preuve les « thérapeutes des lumières » ; en revanche, il considère comme légitime l'écrasement de l'individu au nom d'une domination communautaire.

> « *Ici, c'est une femme bambara venant se plaindre de la polygamie de son mari, que les travailleurs sociaux vont inciter au nom d'une idéologie sans âme et à force d'arguments et de philosophie sommaire, à divorcer et à tout entreprendre pour obtenir la garde des enfants. Savent-ils seulement qu'on est Bambara par son père ? Que le mariage est une alliance entre deux familles et non pas entre deux individus ? Que les enfants appartiennent à l'ancêtre du patrilignage ? Qu'un divorce en terre Banbara implique la restitution de la dot, au moins en partie ? Non ! Ils cherchent seulement à faire un nouvel adepte, à s'autojustifier par une morale de pacotille. Et tant pis si la divorcée, abandonnée des siens, erre ensuite d'hôpital psychiatrique en demande de secours. Qu'en ont-ils à faire ? Ne sont-ils pas les triomphateurs de l'ordre nouveau, cette prétendue justice universelle qui n'accepte les enfants de Bambara que si elle peut en faire des janissaires blanchis dans les écoles républicaines, qui rentreront un jour coloniser leur peuple pour le compte des vainqueurs* »[105].

Selon la pensée de T. Nathan, les individus semblent condamnés à rester dans leur groupe d'appartenance d'origine, le groupe de référence étant intimement lié au groupe d'appartenance. La mixité culturelle, chère à R. Bastide, centrale dans le concept d'*acculturation*, est totalement absente chez T. Nathan. Au nom du respect des cultures traditionnelles et de la compréhension psychologique des migrants, T. Nathan manifeste une sorte de « mixophobie ».

> « *Quelquefois, ces enfants raptés un jour dans leur enfance seront adoptés par un couple bien conforme. Et l'opération aura réussi. Gageons qu'une fois adultes, ces enfants noirs élevés à*

---

104. Ibid.
105. T. Nathan (1994), *op. cit.*, p. 330.

la française seront les plus insipides de tous les blancs. Je l'affirme haut et fort, les enfants Soninkés, des Bambaras, des Peuls, des Dioulas, des Ewoundous, des Dwalas, que sais-je encore ?, appartiennent à leurs ancêtres. Leur laver le cerveau pour en faire des blancs, républicains, rationalistes et athées, c'est tout simplement un acte de guerre »[106].

Pour T. Nathan, il existe une dichotomie entre le « blanc » occidental et « l'autre », porteur sain d'une culture traditionnelle, à protéger contre les forces occultes de l'occident.

*« Si le blanc – **wasp** – peut, à la fin du traitement, reconnaître en son thérapeute le représentant du groupe auquel il rêve d'adhérer, auquel le mouvement thérapeutique l'a lentement contraint à désirer l'affiliation, – l'**autre** –, en revanche, le **Marocain**, le **Bambara**, lorsqu'il est pris en charge dans l'un des réseaux des blancs, ne peut que ressentir la cruelle absence de tout représentant autorisé de ses groupes de référence »*[107].

En reconnaissant les représentants de son groupe, le thérapeute, le juge, l'assistant social, l'éducateur... dans leur rapport avec un migrant lui reconnaissent, certes, une appartenance, mais figée dans une communauté[108]. Une communication thérapeutique, pour T. Nathan n'est pas possible d'un individu à un individu, elle ne peut se réaliser que de groupe à groupe, de représentant à représentant.

D. Schnapper résume fort bien le danger que peut générer la pensée essentialiste et substantialiste de T. Nathan, *« le mode de pensée essentialiste, qui risque toujours de devenir racisant, est consubstantiel à la vie sociale. Il devient effectivement racisant quand l'individu est totalement et exclusivement défini par l'une de ses dimensions, au lieu d'être reconnu comme une personne dotée de liberté, qui élabore son identité personnelle à partir d'une série de références différentes, quand la personne devient exclusivement le représentant de son groupe en tant que tel »*[109].

Sous couvert de construire une forme thérapeutique innovante et adaptée aux populations migrantes, T. Nathan des-

---

106. Ibid., p. 331.
107. T. Nathan (1996), *op. cit.*
108. Cf. R. A Nisbet, *La tradition sociologique*, Paris, PUF/Quadrige, 1990, (notamment le chapitre sur la communauté.)
109. D. Schnapper, *La relation à l'autre. Au coeur de la pensée sociologique,* Paris, Gallimard, 1998, p. 24.

sine une vision culturaliste extrême du monde, où il est **interdit** de penser l'individu hors de son groupe.

> « S'il existait une morale de notre profession, elle devrait nous interdire – je dis bien interdire ! – **de penser le migrant en souffrance hors son groupe**. [...] Il suffit de comprendre que devant un cas donné, l'interlocuteur n'est pas la personne, mais le groupe, puisque nous sommes nous-mêmes un groupe ! Pas le groupe, mais ses représentants puisque nous-mêmes ne sommes pas autre chose que des représentants... »[110].

Dans ces conditions, l'intégration des migrants étant impossible, des individus dans des groupes distincts sont donc condamnés à rester entre eux, chez eux, ou bien séparés dans un même espace.

3. Une intégration républicaine de tolérance

Intégration et exclusion dans les sociétés modernes : la nation comme participation à la « communauté des citoyens » (Dominique Schnapper[111])

– A la recherche de l'ordre perdu

D. Schnapper inscrit sa manière de penser et d'écrire au cœur de la tradition universaliste française. De manière un peu caricaturale par rapport au débat sur les relations interethniques, elle divise le monde des sociologues en deux. En réalité, le premier courant qu'elle décrit est, en France, peu développé, alors que le second est un courant important au sein duquel existent plusieurs tendances qui s'affrontent.

> « Le monde des sociologues est divisé entre les partisans d'un relativisme culturel absolu pour lesquels chaque culture est absolument irréductible aux autres, rendant impossible tout jugement de valeur, et les tenants d'un relativisme, lui-même re-

---

110. T. Nathan (1996), *op. cit.*
111. D. Schnapper est directeur d'étude à l'Ecole des Hautes Etudes en Sciences Sociales et chercheur au Centre de recherches historiques (EHESS/CNRS).

latif, selon lequel, par-delà la diversité des cultures, il existe un horizon d'universalité qui permet la communication entre les hommes et autorise à porter des jugements moraux. Je m'inscris dans ce second courant de pensée – ce qui est peut-être moins conforme à l'air du temps. Je prétends que l'universalisme, qualifié par beaucoup d'étrangers « à la française », n'est pas seulement français et qu'il n'a pas pour unique fonction et pour seule signification de masquer et, en conséquence, de justifier des inégalités de l'ordre social et les rapports de pouvoir »[112].

D. Schnapper est une sociologue relativement classique, qui définit le concept d'intégration en analysant le paradigme de l'exclusion. Il s'agit de penser le mécanisme de la dialectique inclusion/exclusion.

« *Toute organisation sociale... implique par définition l'inclusion des uns et l'exclusion des autres. Ce qu'il importe d'étudier, ce n'est pas l'exclusion en tant que telle, ce sont les formes spécifiques qu'ont prises aujourd'hui les processus d'exclusion/inclusion* »[113].

D. Schnapper conçoit l'intégration comme les fondateurs de la sociologie l'ont fait avant elle. Avec l'avènement de la société moderne, les philosophes et les sociologues vont s'efforcer de repenser le social. Il s'agit de redonner de la force à la cohésion sociale affaiblie par la disparition de sociétés communautaires (Tönnies, Gemeinschaft-Gesellschaft) ou holistes (L. Dumont, M. Gauchet, R. Castel). Comme l'indique R. A Nisbet dans son ouvrage, *La tradition sociologique*, la sociologie se constitue lorsque des penseurs veulent restaurer les liens sociaux dans des sociétés désormais fondées sur la souveraineté de l'individu et non plus sur l'organisation religieuse, seigneuriale ou patriarcale. Tous les sociologues classiques, citons simplement Auguste Comte (la science), Max Weber (la rationalisation du monde désenchanté), Emile Durkheim (solidarité mécanique-solidarité organique), prenant conscience de la métamorphose sociale

---

112. D. Schnapper, *La Relation à l'autre. Au cœur de la pensée sociologique, op. cit.*, p. 28.
113. D. Schnapper, « Intégration et exclusion dans les sociétés modernes » in *L'exclusion, l'état des savoirs* (dir. S. Paugam), Paris, La Découverte, 1996, p. 23.

qu'ils vivaient, cherchaient à rétablir l'homogénéité et l'ordre social.

Dans ses écrits et ses interrogations, D. Schnapper revendique une filiation durkheimienne.

> « *Quant à Emile Durkheim, il constatait que la cohérence de la société n'était plus assurée par la similitude des hommes – par la solidarité qu'il appelait mécanique. Il importait de retrouver la cohésion sociale par la complémentarité des hommes – par la solidarité qu'il appelait organique. Il recherchait donc les moyens de fonder la solidarité organique dès lors que la division du travail interdisait la solidarité mécanique : comment conserver la cohésion intellectuelle et morale qu'assurait la religion lorsque l'organisation sociale se caractérise par la différenciation extrême des fonctions et des métiers ? Comment rétablir les liens d'interdépendance dans les sociétés modernes menacées par l'anomie ?* »[114]

D. Schnapper se demande comment reconstruire la cohésion sociale après la fin des « trente glorieuses » où l'intégration sociale avait été assurée par le développement économique, l'État-providence et ses mécanismes de redistribution.

Ainsi, dans un contexte de chômage, de crise, l'immigration questionne-t-elle l'État-nation traditionnel.

> « *Dans toute l'Europe occidentale, l'installation définitive de populations nombreuses d'origine étrangère a entraîné des interrogations sur ce nouveau multiculturalisme qui constituerait un défi à l'État-nation traditionnel et risquerait de remettre en cause l'intégration sociale* »[115].

Il s'agit de s'interroger sur les formes que peut prendre l'intégration sociale dans une société ne pouvant plus assurer le plein emploi. Ainsi, D. Schnapper souligne que l'interrogation sur l'intégration est posée à la fois par les sociologues de l'immigration et par ceux de la pauvreté.

– L'apparition de l'idée de nation

D'aucuns voient dans la nation, l'oppression, en effet, celle-ci aurait servi d'alibi aux nombreuses exactions du XIXe siècle. Or, pour D. Schnapper, lorsque l'on étudie

---

114. Ibid., p. 24.
115. Ibid., p. 24.

l'histoire des guerres et des souffrances, il ne suffit pas de supprimer les nations pour que le monde connaisse la paix. En fait, il ne s'agit pas de condamner la nation, mais plutôt un régime politique autoritaire.

« *La démocratie moderne est née sous forme nationale* »[116], souligne D. Schnapper.

Voici la définition de la nation qu'elle propose dans son livre *La France de l'intégration, sociologie de la nation en 1990* (Gallimard, 1991) :

« *La nation est une forme politique qui a transcendé les différences entre les populations, qu'il s'agisse des différences objectives d'origine sociale, religieuse, régionale et nationale ou des différences d'identité collective, et les a intégrées en une entité organisée autour d'un projet politique commun* »[117].

Pour D. Schnapper le concept de nation est lié à celui de démocratie. En effet, l'idée de nation est apparue à partir du XVIe siècle, en Angleterre ; puis elle est devenue une organisation politique légitime et universelle avec la Révolution américaine et la Révolution française. La nation est une avancée vers plus d'humanité.

« *... La revendication de l'indépendance et de la souveraineté nationales ne se séparait pas de l'aspiration à la démocratie et de l'espoir d'émanciper les hommes. Jusqu'à la Première Guerre mondiale, la nation apparaissait comme le moyen de respecter ce qui est véritablement humain en l'homme, c'est-à-dire son autonomie, que symbolisent les valeurs d'égalité et de liberté* »[118].

Entre le début et la fin du XIXe siècle, en faisant l'analyse de conflits entre États européens, des penseurs s'interrogent sur la nation comme nouvelle légitimité politique. C'est le cas de Fichte en 1806, lorsqu'il écrit son *Discours à la nation allemande* et celui de Renan qui, en 1882, prononce une conférence intitulée *Qu'est-ce qu'une nation ?*).

---

116. D. Schnapper, *La communauté des citoyens, sur l'idée moderne de nation*, Paris, Gallimard, 1994, p. 13.
117. D. Schnapper (auto-citation), « Intégration des immigrés et intégration nationale » in *Migrants-Formation*, n° 95, déc. 1993, p. 17.
118. D. Schnapper (1994), *op. cit.*, p. 13.

Désormais, la légitimité politique émane du principe de la souveraineté des peuples et non plus de la tradition dynastique ou religieuse.

> D. Schnapper indique que, dès 1789, la Révolution française a consacré le principe de citoyenneté au sein de la nation.
>
> « *Chacun des citoyens, investi d'une parcelle de la légitimité politique, se voyait désormais conférer les mêmes droits et les mêmes devoirs, abstraitement définis, consignés et consacrés par le droit* »[119].

– Une construction sociologique de la nation

D. Schnapper montre, qu'historiquement, l'idée de nation est une avancée intellectuelle et politique. Or, elle indique également que les premiers sociologues (Durkheim, Mauss, Weber) n'ont pas pensé scientifiquement l'idée de nation, mais ont développé des idées morales ou patriotiques. Par ailleurs, la plupart[120] des sociologues, sous l'influence de Marx et, paradoxalement, des libéraux privilégient les forces productives dans l'analyse des rapports sociaux, minimisant ainsi leur dimension proprement politique.

Dans un cadre plus contemporain, depuis les années soixante-dix, la nation est dénoncée par la plupart des sociologues qui jugent que l'assimilation nationale est une tyrannie inhumaine.

> « *Ils ont particulièrement dénoncé, au nom de l'authenticité et de la valeur intrinsèque de tout particularisme, le jacobinisme français, destructeur des identités particulières* »[121].

---

119. Ibid., p. 14.
120. D. Schnapper reconnaît à N. Elias une analyse politique de la naissance de la nation.
 « *Seul Norbert Elias a proposé une analyse de l'intégration progressive des hommes par les grandes monarchies nationales, en décrivant le processus séculaire par lequel ils ont intériorisé la nécessité de contrôler leurs pulsions naturelles et émotionnelles, en particulier sous l'effet de la société de cour* ». (*La communauté des citoyens, op. cit.*, p. 17).
121. Ibid., p. 17.

Ainsi, D. Schnapper souligne que « *la majorité des chercheurs en sciences humaines, étant donné leur sympathie pour le petit plutôt que pour le grand, pour le naturel plutôt que pour l'artificiel, évoque l'ethnie avec chaleur et condamne, de manière plus ou moins claire, la nation* »[122].

Pour ces sociologues, penser les fractures, les conflits et les révoltes reviendrait à construire une pensée progressiste alors que penser l'intégration politique reviendrait à constituer une pensée conservatrice.

D. Schnapper veut dépasser une conception émotionnelle et idéologique pour construire une analyse sociologique de la nation.

> « *Le sociologue peut, à partir de l'analyse des expériences historiques, distinguer l'ordre des réalités et celui des idées et des idéologies, avancer des propositions d'une validité générale sur les déterminants sociaux et politiques qui ont été à l'origine de la formation des nations, sur les conditions sociales qui autorisent le fonctionnement de cette société politique particulière, sur les relations régulières qui s'établissent entre les sous-systèmes de toute entité nationale, sur les manières dont l'idée et les valeurs propres à la nation se sont effectivement incarnées dans les sociétés historiques* »[123].

– Une société productiviste peut mettre en péril la nation

Pour D. Schnapper, au-delà de l'idée de nation démocratique, il faut construire des valeurs politiques permettant la cohésion sociale. En effet, avec la genèse de la nation démocratique, voyait également le jour une société productiviste. Dans ce contexte, les intérêts des uns et des autres peuvent prendre le pas sur les devoirs civiques. Il est évident que les rapports de production, que la dimension économique et sociale s'imposent aux personnes et à la vie collective, négligeant ainsi le projet politique de la nation. D. Schnapper souligne que les « ayant-droits » ne sont pas les citoyens. La nation est en danger de l'intérieur (par l'idéologie productiviste exaltant ses intérêts) et de l'extérieur (limitation de sa souveraineté par l'internationalisation des échanges et l'interdépendance des économies). L'instrumentalité, l'utili-

---

122. Ibid., p. 18.
123. Ibid., p. 20.

tarisme peuvent l'emporter sur le civisme. La logique « productiviste-hédoniste » met en péril le projet politique lié à l'idée de nation. L'homme social n'est pas uniquement un *homo oeconomicus* ; la participation des personnes à un même système économique et social ne peut suffire à la construction de liens sociaux forts.

> « *Hegel avait déjà perçu que l'identité nationale s'effritait quand l'individu bourgeois se fixait dans sa particularité économico-sociale au détriment de la dimension politique de son existence qui le rattachait comme citoyen à l'État* »[124].

L'emploi, le statut social et économique, participant à l'identité d'une personne et organisant son rapport à la société ne peut suffire à la cohésion nationale. L'affaiblissement du projet politique de nation peut aussi entraîner la déstructuration du lien social.

> « *Si le lien social se réduisait à la seule collaboration imposée par le travail collectif, à la seule solidarité objective que crée le système de redistribution et à l'intégration des catégories marginales par la politique d'intervention sociale, la réalité et l'idéal du citoyen, qui sont au fondement de l'idée de nation, ne s'affaibliraient-ils pas au point de menacer ce que Durkheim appelait la cohésion sociale ?* »[125].

– « La communauté citoyenne », un cadre d'intégration

En s'appuyant sur les travaux de M. Mauss qui considérait le corps politique souverain comme l'expression de la « totalité des citoyens », D. Schnapper conçoit l'intégration sociale et politique en développant l'idée de « communauté des citoyens »[126]. Elle croit en l'idée moderne de nation au sein d'un processus d'intégration.

> « *La nation n'est ni un donné, ni une essence, c'est une histoire, un processus d'intégration des populations diverses, et pas seulement des immigrés, qui n'est ni donné, ni acquis une fois pour toutes. La réflexion portera donc sur cette capacité*

---

124. Ibid., p. 191.
125. Ibid., p. 15.
126. Cf. M. Mauss, *Ecrits politiques* (présentation M. Fournier), Paris, Fayard, 1997.

d'intégration – à la fois par les idées et les valeurs et par les institutions – et sur les populations »[127].

Dans un environnement mondialisé, « *la nation peut encore être une des instances susceptibles de donner un sens à l'existence* »[128].

La nation a le mérite de représenter un cadre clair dans lequel les citoyens et les non-citoyens ont des droits. Ainsi, la nation démocratique inclut l'ensemble des citoyens en leur assurant une égale participation politique (inclusion) et exclut tous les autres de la « communauté des citoyens ». Ils n'ont pas le droit de vote, d'être élu, d'occuper des fonctions administratives liées à la puissance publique (exclusion).

Pourtant, au sein de la nation démocratique, qu'un individu soit inclus ou exclu de la « communauté des citoyens », elle lui reconnaît des droits.

Pour D. Schnapper, la nation démocratique est, dans son principe même, ouverte aux étrangers susceptibles de devenir des citoyens. En effet, une nation, contrairement à une communauté ethnique, religieuse, culturelle ou historique est une entité politique.

> « *Toute organisation nationale prévoit que l'étranger puisse se voir reconnaître le droit d'entrer dans la communauté politique, moyennant le respect d'un certain nombre de conditions que fixe l'État* »[129].

Selon D. Schnapper, théoriquement, puisque l'inclusion nationale est de nature politique, celle-ci est donc, par essence, ouverte. Cependant, de manière pratique cette ouverture se fait « *selon des modalités variables, selon les lieux, les temps et l'intérêt de chaque nation tel que le perçoivent les dirigeants et les opinions publiques* »[130].

C'est la légitimité politique qui donne des droits aux citoyens, mais aussi aux non-citoyens. C'est parce qu'il existe un État de droit que l'on peut faire respecter les droits de tous, citoyens ou étrangers réguliers. Aussi, pour D. Schnapper, l'idée de nation est-elle une avancée progres-

---

127. D. Schnapper, *Migrants-Formations* (1993), *op. cit.*, p. 17.
128. D. Schnapper, *La communauté des citoyens*, *op. cit.*, p. 189.
129. D. Schnapper in *L'exclusion, l'état des savoirs, op. cit.*, 1996, p. 26.
130. *Ibid.*, p. 26.

siste permettant aux « réguliers » de disposer des mêmes droits civils, économiques et sociaux.

> *« Le projet démocratique moderne interdit les exclusions juridiques internes »*[131].

Les valeurs universelles de la citoyenneté moderne excluent la différenciation juridique. Puisque l'égalité politique est donnée aux citoyens et l'égalité civile aux étrangers vivant dans la société, D. Schnapper peut affirmer que l'exclusion n'est pas un état mais un processus[132]. Plus que l'idée de nation, c'est un lieu où s'exerce la volonté politique qui intéresse D. Schnapper.

> *« Un lieu où se décident les transferts de ressources entre les groupes, un lieu où se formulent et se légitiment les nécessaires contraintes de la vie collective, un lieu où les plus démunis puissent se voir garantie une certaine protection, un lieu où il existe la volonté de se défendre et de défendre ses valeurs – nous ne sommes pas seuls au monde. La démocratie, même post-moderne, ne peut être un lieu sans politique »*[133].

Il s'agit de reconstruire l'ordre social et l'idée de justice qui président à l'organisation d'une nation démocratique. Rappelant le fondement de l'idée de nation-communauté-de-citoyens, D. Schnapper affirme la prééminence des droits de l'individu sur ceux des groupes, notamment ethniques.

D. Schnapper critique les « sociologues de l'immigration » qui remettent en question la politique d'intégration des populations immigrées au nom du respect des particularismes ; elle est hostile aux procédures de « discrimination positive ».

> *« Mais toute politique particulière, destinée à certaines populations, toute politique compensatoire a des effets pervers :*

---

131. Ibid., p. 27.
132. La « communauté des citoyens », pour son paradoxe, celui de « l'exclusion » permettant l'inclusion de tous, est largement critiquée par certains qui voient d'abord, dans l'utilisation de cette notion, un moyen supplémentaire de pratiquer un tri sélectif et des actes discriminatoires. Ainsi, E. Balibar affirme qu'« il faut remettre en mouvement l'idée de – communauté des citoyens –, de façon qu'elle résulte de la contribution de tous ceux qui sont présents et actifs dans l'espace social ». (E. Balibar, « Le droit de cité ou l'apartheid » in *Sans-papiers : l'archaïsme fatal, op cit.*, p. 116).
133. D. Schnapper, *Contre la fin du travail*, Paris, Textuel, 1997, p. 39.

> *celle de consacrer les handicaps et de stigmatiser, quelle que soit la bonne volonté des individus, les populations auxquelles elles sont destinées »*[134].

Comme les premiers grands sociologues, D. Schnapper se considère comme une « sociologue du social », s'interrogeant sur l'intégration comme moyen de construire la cohésion sociale et les formes de participation à la vie collective.

> *« Mais le projet de certains « communautariens » d'organiser une société formée de communautés pacifiques et chaleureuses juxtaposées, sans dimension politique, me paraît une autre forme d'utopie, également dangereuse »*[135].

D. Schnapper croit encore à la pertinence du modèle français classique d'intégration.

> *« La France de l'intégration, par sa référence universelle, par son enseignement à vocation universelle, a permis aux individus de ne plus être définis par leur naissance et de connaître la mobilité sociale. Malgré ses limites inévitables, elle reste la forme politique de la liberté et de l'égalité qui sont au fondement des valeurs démocratiques »*[136].

– Construire des valeurs communes

Il s'agit de construire un projet politique d'intégration sociale au nom de valeurs communes. D'un point de vue économique, pour que puisse exister un État-providence capable de redistribuer les richesses et de garantir ainsi une certaine cohésion sociale, il faut des valeurs partagées sur la justice sociale et la solidarité nationale.

> *« C'est en faisant appel à une dimension civique, en se référant à des valeurs communes qu'on peut justifier l'existence de l'État-providence et les transferts entre les personnes qu'il instaure. Dans l'ordre économique, ce qui est donné aux uns est pris aux autres. Il faut donc partager certaines valeurs pour que ceux qui produisent trouvent légitime que le produit de leur ac-*

---

134. D. Schnapper in *Migrants-Formations* (1993), *op. cit.*, p. 18.
135. D. Schnapper, *Contre la fin du travail, op. cit.*, p. 38.
136. D. Schnapper in *Migrants-Formations* (1993), *op. cit.*, pp. 20-21.

tivité soit, pour partie, transféré à ceux qui sont provisoirement ou définitivement sans activité »[137].

Cependant, par son désir de voir ressusciter une identité nationale, garante, pense-t-elle, de la démocratie, D. Schnapper en arrive à regretter, en le déplorant, le temps où, la peur d'une guerre donnait une cohérence aux États nationaux européens.

> « *La construction européenne risque d'avoir pour effet pervers de contribuer à cette dépolitisation des démocraties libérales. La paix qu'elle a établie entre les nations européennes démobilise le sentiment national. Le système international européen d'avant 1914, fondé sur les rivalités entre nations voisines, nourrissait le patriotisme et entretenait l'intégration de chaque entité nationale. Toute guerre ou menace de guerre est un facteur d'intégration* »[138].

– Le sociologue, les rapports interethniques et la citoyenneté

Dans son ouvrage *La communauté des citoyens*, D. Schnapper avait déjà mis au centre de son questionnement, nous l'avons vu, l'importance du principe de citoyenneté comme fondement des sociétés modernes. La citoyenneté fonde la légitimité politique des sociétés modernes, elle affirme l'égalité juridique et politique de personnes inégales. Dans un autre ouvrage, *La relation à l'autre. Au cœur de la pensée sociologique*, D. Schnapper étudie l'écart entre ce qui est affirmé, sur la citoyenneté et la réalité constatée.

> « *Comment faut-il interpréter les écarts entre les normes et valeurs proclamées et les formes concrètes du fonctionnement social ?* »[139]

D. Schnapper fait remarquer que le sociologue construit un cadre d'analyse et utilise des méthodes pour rendre compte de la réalité sociale de façon rationnelle. Dans ce cadre, il peut mettre à jour « les effets du principe » de ci-

---

137. D. Schnapper, *Contre la fin du travail, op. cit.*, p. 23.
138. D. Schnapper, *La communauté des citoyens, op. cit.*, p. 197.
139. D. Schnapper, *La relation à l'autre. Au cœur de la pensée sociologique*, Paris, Gallimard, 1998, p. 13.

toyenneté, mais également les difficultés à les mettre en place.

Le sociologue est non seulement critique face à l'ordre établi, mais aussi par rapport à sa pratique sociologique. Concernant l'étude des rapports sociaux ethniques, D. Schnapper indique que l'« *on peut interpréter ce qu'on appelle la sociologie des relations interethniques comme une vaste enquête sur les effets et les limites de la citoyenneté moderne* »[140].

Pour D. Schnapper, la sociologie des rapports interethniques permet donc de mesurer l'écart entre des valeurs qui fondent notre société moderne et démocratique et la réalité de pratiques, quelquefois en contradiction avec ce qui est affirmé.

> «... *l'enquête sociologique montre les tensions ou les contradictions entre le principe de l'égalité juridique et politique revendiqué dans les sociétés modernes et les diversités et les inégalités de l'ordre économique et social. Elle révèle les tensions et les contradictions entre les valeurs affirmées et les pratiques concrètes inspirées par les passions des hommes* »[141].

D. Schnapper considère la pratique sociologique comme un élément de la pratique démocratique. Citant les pères de la sociologie, comme Durkheim, Mauss et Weber, elle montre que la sociologie est une discipline qui objective et relativise. Les valeurs citoyennes et les préceptes sociologiques se rejoignent depuis le commencement de la sociologie.

> «... *il est vrai que la critique sociologique doit contribuer à empêcher les puissants d'abuser de leur pouvoir en montrant que les pratiques concrètes ne sont pas conformes aux normes et aux idéaux proclamés, en rappelant les valeurs communes à la société des citoyens et à la sociologie. En ce sens, la pratique de la sociologie est une dimension de la pratique démocratique* »[142].

D. Schnapper indique clairement qu'elle pratique une sociologie nationale.

> « *La conception de l'Autre, la réflexion sur les frontières du – nous – collectif et des relations avec l'Autre sont, plus que*

---

140. Ibid., p. 14.
141. Ibid., p. 14.
142. Ibid., p. 21.

> *d'autres sujets, liées à des expériences historiques et des pratiques nationales. Les sociologues veulent d'abord comprendre leur propre société* »[143].

Les Américains n'ont-ils pas donné aux relations ethniques un sens lié à leur expérience nationale ? Certes, D. Schnapper se nourrit des apports scientifiques des recherches existantes à un niveau international, mais si la sociologie des rapports interethniques a bien une ambition d'universalité ; D. Schnapper affirme, néanmoins, le caractère national des modes de compréhension de la réalité sociale. Ainsi, « *étudier les relations interethniques, c'est traiter directement des formes de l'intégration sociale, donc, jusqu'à présent, nationale* »[144].

Dans leur grande majorité, les sociologues qui réfléchissent sur les relations interethniques s'interrogent d'abord sur leur propre intégration sociale. Le sociologue est lié aux valeurs qui fondent la société dans laquelle il évolue. Garder une certaine objectivité rationnelle reste difficile ; le sociologue doit donc accepter de révéler la part de subjectivité inhérente à tout travail sociologique.

> « *L'ambition scientifique des sciences humaines n'empêche pas les chercheurs de participer aux passions qui sont liées aux identités ethniques et nationales, ni d'échapper, dans leurs travaux, aux ambiguïtés propres aux discours politiques sur des sujets fortement chargés de valeurs* »[145].

Lorsque l'on étudie des thèmes qui, d'un point de vue axiologique, représentent un enjeu important pour la société dans laquelle on s'implique, la véritable objectivité est de reconnaître ses propres valeurs.

> « *L'autoexamen sociologique fait partie de l'entreprise sociologique. Il me paraît donc nécessaire d'affirmer maintenant, une fois pour toutes, mes convictions tout à la fois – sociologiques – et – civiques –, donc par définition – aniti-racistes – L'idée de race est un construit social* »[146].

---

143. Ibid., p. 24.
144. Ibid., p. 25.
145. Ibid., p. 27.
146. Ibid., p. 27.

Face au racisme et comme enjeu démocratique et sociologique, D. Schnapper considère que la citoyenneté est le fondement légitime d'une société moderne et égalitaire.

> « *La reconnaissance de l'égale dignité de tous les hommes dans la vie sociale – que traduit, dans la vie politique, le principe de citoyenneté – me paraît le seul fondement légitime, à la fois moralement et politiquement, de la vie collective, même si les moyens de reconnaître cette dignité peuvent prendre des formes différentes dans les sociétés humaines* »[147].

Grâce à la connaissance sociologique, nous pouvons nous interroger sur la société des citoyens.

Construire la solidarité en acte : le pluralisme juridique est le garant des droits de l'homme et du citoyen (J. Costa-Lascoux[148])

J. Costa-Lascoux étudie les mutations liées à l'immigration contemporaine d'un point de vue législatif et sociologique.

> « *La sensibilité particulière au thème de l'immigration et le goût prononcé pour la rhétorique politique sont la marque de l'exception française : pays de la Déclaration des Droits de l'Homme et du Citoyen de 1789 et terre d'immigration depuis plus d'un siècle, la France à une relation particulière à ses immigrés. La question de l'immigration et de l'intégration est au cœur du débat démocratique* »[149].

La définition du fondement des droits est au centre du débat sur la citoyenneté. En effet, les débats autour des identités, des peurs, des crispations, des violences se multiplient.

> « *Au centre de ces interrogations, la question de l'immigration est devenue un enjeu de civilisation parce qu'elle contient des forces contraires : d'un côté, la migration transnationale, celle des flux que les pouvoirs publics tentent de cana-*

---

147. Ibid., p. 28.
148. Juriste, sociologue, chercheur en science politique au CNRS, au Centre d'Etude de la Vie Politique Française (CEVIPOF), membre du Haut conseil de la population, expert auprès du Conseil de l'Europe, rapporteur pour la Commission nationale consultative des droits de l'Homme.
149. J. Costa-Lascoux, « Les sans-papiers de Saint-Bernard » in *Revue Française des Affaires Sociales*, juin 1997, p. 105.

liser ou parfois, d'arrêter ; de l'autre, l'implosion d'identités minoritaires qui, partout, rompt le consensus national »[150].

Par ailleurs, J. Costa-Lascoux sait qu'il faut penser l'intégration et son antonyme, l'exclusion des immigrés, dans un ensemble plus vaste[151].

J. Costa-Lascoux constate le bouleversement des équilibres géo-politiques et la réalité d'une immigration venue de tous les horizons (mondialisation des échanges, par la circulation des hommes, des biens et des capitaux, rapidité de communication, resserrement des solidarités locales ou minoritaires). Il s'agit, pour l'ensemble des démocraties occidentales qui voient éclater la cohésion des États-nations et, plus particulièrement, pour la France, de penser la formation du futur citoyen autour de principes comme le civisme et la laïcité.

– Un contrat de citoyenneté, nouveau contrat social

Le droit comme fondement de l'autorité et d'une pensée normative est en crise. Cependant, bien que ne sachant plus quelles valeurs véhiculer, il reste une grille de lecture du monde en mouvement intéressante.

> *« Pourtant, le droit est une des meilleures grilles de lecture de nos sociétés en mutation, puisqu'il n'arrive plus, lui-même, à appréhender, à maîtriser le cours des choses ; l'inflation législative et réglementaire tente vraiment d'endiguer le flot des – problèmes de société - »*[152].

En France, la tradition historique est liée aux notions de nationalité et de citoyenneté. Ainsi, contrairement à d'autres pays européens comme l'Allemagne qui définit la qualité de national par l'appartenance ethnico-culturelle, en France, les critères de nationalité et de citoyenneté sont d'abord pensés en termes de liens politiques.

Pour J. Costa-Lascoux, « *la notion essentielle à construire, est celle d'un – contrat de citoyenneté –, nouveau – contrat*

---

150. J. Costa-Lascoux, « Assimiler, insérer, intégrer » in *Projet*, n° 227, automne 1991, p. 11.
151. Cf. la contribution de J. Costa-Lascoux in *L'exclusion, l'état des savoirs* (Dir. S. Paugam), Paris, La Découverte, 1996.
152. J. Costa-Lacoux, « Education aux droits de l'homme et pluralisme juridique » in *Actes,* n° 75-76, juin 1991, p. 63.

social –, dans le prolongement et au-delà de certaines définitions historiques imposées par la Révolution française »[153].

Dans une France devenue composite, où les personnes sont en recherche d'identité, le droit et l'apprentissage au sein d'une école des droits de l'homme et du respect des personnes, est au centre du débat. Des réformes du droit doivent permettre au-delà des inégalités sociales concrètes, une égalité de traitement entre les citoyens. Grâce à des cours d'éducation civique et à un enseignement des droits de l'homme, il s'agit de construire le pluralisme et non un développement séparé.

Prenant en considération la réalité des flux de la population mondiale en Europe, et, par conséquent, la rencontre de cultures différentes, il ne s'agit pas de reconnaître ces différences à tous prix, au mépris quelquefois des droits élémentaires des personnes.

> «... *comment défendre un statut international du migrant non-CEE, l'égalité de traitement la plus large, la lutte contre toutes les discriminations, lorsque des migrants se réclament d'un droit discriminatoire et sexiste ?* »[154].

Afin de faciliter l'intégration des immigrés dans les sociétés où ils résident, il faut construire un « contrat de citoyenneté défini sur la base des droits de l'homme et d'une solidarité partagée ». Au-delà des expériences différentialistes de quelques pays de la communauté européenne (racialisation et ethnicisation des relations sociales en Grande-Bretagne, discriminations positives en Hollande, non séparation de l'Église et de l'État en Belgique...), il convient d'appliquer un contrat citoyen international respectueux des droits de la personne, des droits de l'enfant, et de la non-discrimination raciale, religieuse et sexiste.

> « *La pédagogie du civisme doit progressivement supplanter la logique des origines et des appartenances, au risque de laisser le terrain à un affrontement des communautés et à une explosion du différencialisme* »[155].

Pour J. Costa-Lascoux, un « contrat d'intégration » est un « contrat de citoyenneté ».

---

153. Ibid., p. 63.
154. Ibid., p. 67.
155. Ibid., p. 68.

– Construire la citoyenneté des immigrés

L'intégration est un processus qui doit permettre l'octroi de la citoyenneté aux résidents étrangers. Chaque personne vivant durablement sur le sol national doit avoir « son mot à dire » et pouvoir l'exprimer démocratiquement.

Ainsi, J. Costa-Lascoux indique qu'il faut arrêter de faire de l'immigration l'enjeu de démarches électoralistes, particulièrement néfastes pour une démarche d'intégration. Le débat sur la citoyenneté locale des étrangers et des immigrés ouvert dès la fin des années 70, en France, devient régulièrement un enjeu électoraliste[156].

Il faut avant tout lutter contre les inégalités sociales et économiques qui renforcent la stigmatisation et le repli sur soi et construire les droits civiques pour tous. Au début des années 90, J. Costa-Lascoux propose cinq moyens institutionnels de l'intégration pour les résidents étrangers :
- l'égalité de traitement avec les nationaux ;
- l'acquisition de la nationalité consacrant l'égalité totale des droits ;
- les politiques sociales de logement, d'emploi, de formation (combler les inégalités et assurer une égalité des chances) ;
- la lutte contre les discriminations (moyens du droit civil, administratif et pénal) ;
- les droits politiques au niveau local.

Or, déjà J. Costa-Lascoux note que la France essaye de recourir aux quatre premiers moyens, mais n'a pas encore le courage politique, contrairement aux démocraties nordiques, de mettre en œuvre le cinquième moyen.

> « *L'intégration se fera si elle se structure sur la citoyenneté ; elle échouera moins par manque de moyens que par un déficit démocratique* »[157].

---

156. La gauche jusqu'au milieu des années 90, parle régulièrement d'accorder les « droits civiques » aux résidents étrangers au niveau local. En juin 1991, le président Mitterrand fait une allocution publique à ce propos. Cependant, le chômage, la précarité sociale fait monter le vote d'extrême-droite et la gauche abandonne, peu à peu, cette idée.
157. J. Costa-Lascoux in *Projet* (1991), *op. cit.*, p. 15.

Au milieu des années 90, J. Costa-Lascoux indique que la plupart de ces piliers sont ébranlés.

– Construire l'égalité est une urgence

L'égalité formelle des droits, notamment des droits civiques ne signifie pas forcément une égalité réelle. L'intégration doit se faire au quotidien, localement et en rapport avec la citoyenneté.
Ainsi, de nombreux jeunes d'origine étrangère vivant dans les périphéries des grandes villes ont la nationalité française et attendent de la part de l'État, non un discours paternaliste, mais un intérêt réel au nom de la lutte contre l'humiliation.

> *« Le désir d'égalité va au-delà d'une régularisation formelle ; il est une quête de légitimité, un appel à une démocratie plus participative »*[158].

Attention au choc des inégalités, l'intégration doit s'intéresser et participer à l'éradication des inégalités sociales et des processus de marginalisation. Au-delà des discours électoralistes et des clivages partisans masquant la réalité sociale difficile de ceux qui souffrent de non reconnaissance et d'humiliation, il faut construire la citoyenneté. J. Costa-Lascoux pense que *« la démocratie française est malade des querelles politiciennes qui masquent les réalités et travestissent les aspirations des citoyens »*[159].

Comme le note J. Costa-Lascoux, *« la véritable maîtrise politique est celle qui pense la citoyenneté avant les mesures de police »*[160].

Afin de construire la cohésion sociale et une véritable intégration, il faut dépasser les positions de principe inscrites sur les frontons des bâtiments publics et diminuer l'écart entre des projets ambitieux et leur mise en œuvre.

---

158. J. Costa-Lascoux, « Contrat de citoyenneté et intégration » in *Ouvertures*, décembre 1991, p. 5.
159. J. Costa-Lascoux, « L'intégration à l'épreuve des réformes » in *Projet*, n° 235, automne 1993, p. 126.
160. Ibid., p. 124.

> « *Une dignité nouvelle pour les plus démunis et un contrat social plus égalitaire sont l'urgence dont il faut prendre conscience avant que les fissures se creusent* »[161].

Il s'agit de construire une citoyenneté tendant vers l'égalité de tous.

– La citoyenneté, c'est l'action politique

Aujourd'hui, il y a une grande attente pour la citoyenneté de la part de l'ensemble des acteurs sociaux.

A travers l'exercice de la citoyenneté, beaucoup espèrent retrouver l'unité, les valeurs et les pratiques démocratiques. Or, J. Costa-Lascoux indique qu'on assigne, généralement de façon contradictoire, trois fonctions principales à la citoyenneté :

1 – la citoyenneté aurait une fonction thérapeutique, elle serait un remède à la violence dans les grands ensembles ;
2 – la citoyenneté aurait une fonction de recomposition sociale à travers le droit. On attend que la loi règle l'ensemble des problèmes sociaux. Ce « tropisme droit » devient une sorte de catéchisme laïc autour des droits et des devoirs ;
3 – la citoyenneté aurait aussi une fonction subversive. Le citoyen est celui qui construit son libre arbitre et sa capacité d'agir. Il s'agit là d'une fonction politique dépassant la civilité des deux premières fonctions.

La troisième fonction paraît la moins mise en avant par crainte d'agrandir la fracture et les violences plutôt que de les réduire. Quoi qu'il en soit, il faut cesser de banaliser le terme de citoyenneté et lui redonner son sens de combat et de conquête démocratique.

> « *Pour beaucoup, être citoyen revient à une simple cohabitation et à une – consommation – de droits. Or, la citoyenneté n'est ni un fait ni une série d'allocations ou de subventions. Comment expliquer que la cité, au sens politique, n'est ni une agglomération d'individus ; qu'elle n'est pas non plus ce juridisme, qui enferme dans un maquis de réglementations et de*

---

161. Ibid., p. 126.

conduites à tenir... Ou de droits à percevoir ? On oublie que la citoyenneté est une qualité au sens de la Déclaration des droits de l'homme et du citoyen de 1789 »[162].

Critiquant « l'idéologie du multiculturalisme » qui finalement n'a toujours servi que les dominants (le concept « d'ethnicité » a été depuis longtemps utilisé par les colonisateurs et les employeurs), J. Costa-Lascoux refuse l'institutionnalisation des minorités ethniques. Elle se méfie des affirmations identitaires collectives derrière lesquelles peuvent disparaître la dignité de l'individu et préconise *« le développement des droits culturels fondamentaux, par extension des droits de l'homme, [...] la citoyenneté étendue à des droits plus larges que les droits strictement politiques, mais dont le pilier restera les droits de la personne... »*[163].

– Chercheur et militante de la solidarité

En résumé, J. Costa-Lascoux qui milite pour une philosophie des droits de l'homme et une meilleure application de ces droits au sein d'instances politiques transnationales de consultation et de codécision (Parlement européen, Cour de justice...) est une analyste largement engagée dans des luttes en faveur de la démocratie[164]. Intervenante lors de l'Université d'automne 1997 de l'Union Peuple et Culture[165], J. Costa-Lascoux a indiqué quelques pistes concrètes pour passer de la réflexion à l'action.

Il s'agit de dépasser les positions politiques symboliques qui desservent une politique d'immigration claire et cohérente. Pour construire la « communauté des citoyens », il faut sortir d'un cadre condescendant et charitable en faveur des immigrés, caché sous le vocable de cohésion sociale, et cons-

---

162. J. Costa-Lascoux in *L'exclusion : l'état des savoirs, op. cit*, p. 169.
163. Ibid., p. 170.
164. Cf. J. Costa-Lascoux, « Les sans-papiers de Saint-Bernard » in *Revue Française des Affaires Sociales*, juin 1997 ; du même auteur, « L'illusion de la maîtrise, la politique migratoire en trompe-l'œil » in *Sans-papiers : l'archaïsme fatal, op. cit.*, pp. 35-62.
165. Mouvement d'Éducation Populaire créé notamment par J. Dumazedier et B. Cacérès à partir de leur expérience de la résistance face à l'occupant nazi. *Peuple et Culture* s'est réuni du 8 au 11 novembre 1997 à Annecy autour du thème « Pour un pluralisme culturel ».

truire la solidarité. La solidarité est la construction d'une responsabilité politique ; autrement dit, il s'agit de construire des acteurs engagés comme citoyens.

Il faut agir sur la loi de manière ouverte et solidaire :
1 – **Lutter contre l'hypocrisie** de lois politiques symboliques qui ne sont pas adaptées à la réalité sociale. Il s'agit d'élaborer et d'évaluer la politique d'immigration et de construire une méthode de travail devant conduire à une solidarité constitutionnelle.
Réprimer les étrangers les plus pauvres, sélectionner les étrangers les plus riches ou les mieux formés, poser des catégories institutionnelles auxquelles les étrangers ne peuvent répondre ne conduit pas à moins de flux migratoires. Au contraire, pour limiter les flux des populations, il faut ouvrir les frontières et établir des formes d'égalité statutaire. Il faut lutter contre les discriminations et la victimisation des minorités ; il faut combattre les trafics et les formes de racisme.
2 – **Faire respecter les droits fondamentaux** des personnes.
3 – **Construire la solidarité d'un co-développement**, soutenu par l'État avec les pays d'émigration et non faire du néo-colonialisme.

J. Costa-Lascoux suggère aux dirigeants de partir des revendications au lieu de les nier ou de les combattre. Avant de parler de citoyenneté, il s'agirait de la mettre en place, notamment en reconnaissant la réalité de l'humiliation que vivent les étrangers, et, les « exclus » en général, en permettant la construction de la dignité de ces personnes.

Les chercheurs qui prônent une intégration de tolérance participent au développement d'une axiologie (théorie des valeurs morales) républicaine, créatrice d'une identité nationale forte.

4. Un multiculturalisme raisonnable

Mouvement social et sujet ethnique (le Centre d'Analyse et d'Intervention Sociologiques, CADIS[166])

S'agissant du débat sur la communication ethnique, la position des chercheurs du CADIS est intimement liée aux théories sociologiques des mouvements sociaux et du sujet que ces chercheurs élaborent depuis des années. Dans un premier temps, je m'attacherai donc à retracer l'évolution de la pensée des principaux sociologues de ce laboratoire, puis je m'efforcerai d'approfondir la position de Michel Wieviorka.

Pour Alain Touraine, un mouvement social est à la fois un mode d'action, un type de participant et un enjeu. Selon F. Chazel parlant de la conception de A. Touraine, le mouvement social est :

> « 1/une « *action conflictuelle* », 2/portée par « *un acteur de classe* », 3/*s'opposant à son adversaire de classe* pour « *le contrôle du système d'action historique* » (1973, p. 347), « *la direction sociale de l'historicité* » (1978, p. 104) »[167].

Aujourd'hui, A. Touraine parle indistinctement de mouvements sociaux ou de mouvements sociétaux.

> « *La notion de mouvement social n'est utile que si elle permet de mettre en évidence l'existence d'un type très particulier d'action collective, celui par lequel une catégorie sociale, toujours particulière, met en cause une forme de domination sociale, à la fois particulière et générale, et en appelle contre elle à des valeurs, des orientations générales de la société qu'elle partage avec son adversaire pour le priver ainsi de légitimité* »[168].

La première perspective de A. Touraine, liée à la société industrielle, postule l'existence, au sein de la société, d'un

---

166. Le Centre d'Analyse et d'Intervention Sociologique a été créé par Alain Touraine. Il s'agit d'un laboratoire de recherche, basé à l'Ecole des Hautes Etudes en Sciences Sociales à Paris. Aujourd'hui, Michel Wieviorka est directeur de ce laboratoire auquel sont rattachés des chercheurs comme F. Dubet, D. Lapeyronnie, F. Gaspard, F. Khosrokhavar, S. Tabboni, D. Martuccelli, Y. Le Bot....
167. F. Chazel, *Traité de sociologie*, Paris, PUF, 1992, p. 265.
168. A. Touraine, *Pourrons-vivre ensemble ?*, Paris, Fayard, 1997, p. 118.

conflit central opposant deux mouvements sociaux antagonistes. Il existe un conflit central opposant des acteurs en lutte pour la direction sociale des modèles culturels, des modèles d'investissement, de connaissance et d'éthique.

Dans cette perspective, le concept d'*historicité* apparaît essentiel. Pour A. Touraine, l'historicité est, avant tout, «*cette production de la société par elle-même*»[169], il s'agit de l'ensemble des modèles culturels par lesquels une société produit ses normes (la connaissance, la production, la morale). En d'autres termes, ces modèles constituent les enjeux des conflits entre les mouvements sociaux, en lutte pour le contrôle de l'historicité. La société se construit grâce à des luttes et à des interactions entre acteurs sociaux. Les groupes en conflit peuvent être nommés classes sociales ou mouvements sociaux et définis «*comme des groupes qui s'opposent l'un à l'autre dans un conflit central pour l'appropriation d'une historicité vers laquelle ils sont tous deux orientés et qui représente l'enjeu de leur conflit*»[170].

Le concept de Système d'Action Historique (S.A.H) permet d'analyser l'importance de l'historicité au sein d'une société. Le S.A.H délimite les types de société en fonction de l'existence de tensions reliant plusieurs éléments (mouvement/ordre, orientations/ressources, culture/société...) montrant ainsi «*la mise en œuvre de son action sur elle-même à partir de son travail*»[171].

Dans la société post-industrielle, A. Touraine ne parle plus de classes sociales ; en voulant contrôler le champ de l'historicité[172] au moyen d'une action conflictuelle, les mouvements sociaux sont l'essence même du changement. Le mouvement social, acteur d'un champs historique, est la combinaison d'un principe d'identité, d'un principe d'opposition et d'un principe de totalité (IOT). Le mouvement social peut être défini comme «*l'action conflictuelle d'un acteur dirigeant ou populaire pour le contrôle social*

---

169. A. Touraine, *Un désir d'histoire*, Paris, Stock, 1977, p. 114.
170. A. Touraine, *Le retour de l'acteur*, Paris, Fayard, 1984, p. 101.
171. A. Touraine, *Production de la société*, Paris, Le Seuil, 1973, p. 86.
172. Dans le glossaire de *Production de la société* (*op. cit.*), A. Touraine définit le champ de l'historicité comme un «*ensemble formé par le système d'action historique et les rapports de classe et par lequel l'historicité se transforme en orientations de l'activité sociale, établissant ainsi son emprise sur elle*».

des modèles et des ressources d'une société, c'est-à-dire de son historicité »[173].

Or, depuis l'élaboration des concepts de la sociologie de l'action, nous sommes passés d'une société industrielle à une société post-industrielle ; par conséquent, le concept de mouvement social a évolué en même temps que changeait la société.

– Une mutation profonde

La France de la société industrielle, celle des trente glorieuses, était un système pour l'essentiel intégré d'un point de vue économique, politique et culturel ; ce système se structurait, en effet, autour du mouvement ouvrier, des valeurs de la République et de l'identité nationale.

Cette organisation sociale, institutionnelle, politique et culturelle n'existe plus. Le conflit de classe est déstructuré ; les luttes ouvrières ne pensent plus incarner un principe d'universalité. La nouvelle question sociale tourne, désormais, autour de notions comme la désaffiliation, la disqualification, la déviance, l'exclusion, la marginalisation qui toutes décrivent les aspects tragiques d'une société sans rapports sociaux. Par ailleurs, on assiste à une fragmentation culturelle :

> « *l'espace public est aussi de plus en plus pénétré par des particularismes culturels qui demandent à y être reconnus, parfois sur le mode inacceptable du sectarisme ou du communautarisme, parfois de manière légitime, respectueuse des règles de la raison et de la vie démocratique* »[174].

Cette nouvelle donne : la sortie de la société industrielle et l'entrée dans la société post-industrielle ou programmée pousse alors à chercher, au cœur des nouvelles luttes sociales, ce qui, distingue, aujourd'hui, les nouveaux conflits sociaux de ceux, passés, de la société industrielle ?

---

173. A. Touraine, *Production de la société* (Préface de la nouvelle édition), Paris, Le Seuil, 1993, p. 18.
174. M. Wieviorka, « Le sens d'une lutte » in *Le Grand Refus*, Paris, Fayard, 1996, p. 258.

– Les nouveaux mouvements sociaux

Le thème des « nouveaux mouvements sociaux » date du milieu des années 60, remplaçant, un temps, les grandes mobilisations sociales du mouvement ouvrier (luttes étudiantes, mouvements noirs, écologistes, féministes, régionalistes...)[175].

Comme nous l'indique F. Dubet :

> « *ces mouvements ne concernent plus directement les problèmes de la production et de l'économie, ils se situent dans le champ de la culture, de la sociabilité, de la ville, des valeurs, et paraissent bousculer les formes classiques de gestion du conflit social et de la représentation politique, ils mettent aussi en scène de nouveaux acteurs comme les « minorités », les femmes, les jeunes, les classes moyennes fortement scolarisées* »[176].

- Les formes d'organisation et les répertoires d'action sont différents de ceux de la période industrielle. Ces Nouveaux Mouvements Sociaux (NMS) sont réticents face aux modes d'organisation trop rigides comme ceux des syndicats ou d'autres structures partisanes ; ils sont également réticents face aux phénomènes de centralisation.
- Les valeurs et les revendications qui accompagnent *les nouveaux mouvements sociaux privilégient la résistance au contrôle social et privilégient l'autonomie.*
- Avec la valorisation de l'autonomie, le rapport au politique est différent. Le désir de s'emparer du pouvoir de l'État est moins grand. Un mouvement social n'a pas nécessairement une ambition clairement politique. Il s'agit plutôt, face à l'État, de construire des espaces d'autonomie et de réaffirmer l'indépendance de formes de sociabilité privées contre son emprise. C'est autour des identités que se construisent les nouveaux mouvements sociaux qui valorisent les questions identitaires et affirment une quête de l'estime de soi.

---

175. Cf. *Lutte étudiante* (avec A. Touraine, M. Wieviorka, F. Dubet, Z. Hegedus), Paris, Le Seuil, 1978 ; *La prophétie antinucléaire* (avec A. Touraine, M. Wieviorka, F. Dubet, Z. Hegedus), Paris, Le Seuil, 1980 ; *Le pays contre l'État* (avec A. Touraine, M. Wieviorka, F. Dubet, Z. Hegedus), Paris, Le Seuil, 1981.
176. F. Dubet, *Les nouveaux mouvements sociaux* in F. Chazel, *op. cit.*, p 61.

Ainsi l'identité devient-elle un enjeu politique majeur.

> « *Parce que ces interventions affectent pour des groupes entiers leurs images sociales, leurs styles de vie, la société – programmée – ou – d'information – agit sur des éléments constitutifs de l'identité. Le fait explique aussi pourquoi, sur un mode tantôt réactif, tantôt proactif, la question identitaire émerge comme enjeu politique. Les analyses relatives aux nouveaux mouvements sociaux rendent intelligible cette dimension d'une part importante des mobilisations contemporaines* »[177].

Même si la plupart des mouvements identifiés comme « nouveaux mouvements sociaux », dans les années 70 et 80, n'existent plus ou se sont institutionnalisés, il n'en reste pas moins que d'autres mouvements, d'autres luttes sociales et culturelles ont vu, depuis, le jour (chômeurs, sans-papiers, homosexuels...). Aujourd'hui, le paradigme des nouveaux mouvements sociaux semble encore tout à fait pertinent et suffisamment d'actualité pour être étudiés.

> « *Ces mouvements désignent des acteurs définis par des rapports sociaux conflictuels et des modèles culturels ; il s'agit de conflits mettant en jeu des acteurs centrés sur la défense d'une identité et d'un mode de vie, opposés à des formes de domination sociale et de contrôle culturel, et en appelant à l'autonomie des sujets* »[178].

– Un changement profond

Nous assistons à la décomposition de sociétés gérées par des rapports sociaux politiques. Les États nationaux s'écroulent au profit d'une culture de masse. La globalisation est, certes, une construction idéologique, mais c'est aussi une réalité (augmentation du commerce mondial, développement des entreprises trans-nationales, des échanges financiers, des économies émergentes, de la société d'information). Autrement dit, les images, les instruments de communication sont de partout et de nulle part à la fois. Comme l'explique A. Touraine :

---

177. E. Neveu, *op. cit.*, pp. 70-71.
178. Ibid., p. 62.

> « *Culture et économie, monde instrumental et monde symbolique se séparent* »[179].

Les cultures, les sociétés et les modes d'organisations politiques se dissolvent dans une vaste société mondiale. Parallèlement à l'uniformisation de pratiques socio-économiques « rationnelles », nous assistons au repli sur soi communautaire. Ainsi, l'installation de l'individualisme[180], la privatisation des rapports sociaux, conduisent, lorsque nous sommes ensemble, à l'indifférence et, à l'inverse, lorsque nous avons en commun une histoire, des croyances fortes, nous rejetons ceux qui sont hors de notre cercle restreint. La société serait ainsi caractérisée, d'un côté par la circulation au milieu de « réseaux globaux » et, de l'autre côté, par la stagnation au sein de « communautés fermées sur elles-mêmes » et propices à l'autoritarisme.

> « *La culture de masse pénètre dans l'espace privé, en occupe une grande partie et, par contre coup, renforce la volonté politique et sociale de défendre une identité culturelle, ce qui aboutit à la recommunautarisation* »[181].

Dans ce contexte, l'analyse en terme de mouvements sociaux dont l'expression classique fut le mouvement ouvrier ne semble plus du tout approprié. Il s'agit, désormais, de promouvoir la compréhension de soi au sein de mouvements, de luttes polymorphes, dans un environnement marqué par la

---

179. A. Touraine, *Pourrons-nous vivre ensemble ?*, Paris, Fayard, 1997, p. 14.
180. Nous parlons ici de l'« individualisme ethique », celui de l'égoïsme des individus qui se séparent du système et menacent la cohésion sociale. L'individu est ainsi dirigé par ses passions, il est structuré par des intérêts particuliers et ne prend plus en compte l'intérêt collectif. Il représente donc un danger pour la société intégrée. Nous associons aussi à cette figure de l'individualisme, celle qui est liée au marché de libre concurrence dans lequel l'acteur agit de manière rationnelle et stratégique. Ces deux conceptions n'ont d'ailleurs cessé d'être combattues par la sociologie classique (Durkheim, Parsons, Mauss) puisqu'elles rompent avec l'intériorisation des valeurs et des normes sociales qui structurent la société et la personnalité des individus qui y vivent. Cf. F. Dubet, *Sociologie de l'expérience*, Le Seuil, 1994, pp. 69-75 ; Cf. P. Brinbaum, J. Leca, *Sur l'individualisme*, Paris, Presses de la FNSP, 1986 ; Cf. L. Dumont, *Essais sur l'individualisme*, Le Seuil, 1983.
181. A. Touraine (1997), *op. cit.*, p. 16.

globalisation et de le faire à l'aide de catégories sociologiques de subjectivation[182].

– Réflexions sociologiques et subjectivation

Dans *Sociologie de l'expérience*[183], F. Dubet rompt avec la philosophie de l'histoire d'A. Touraine. En effet, F. Dubet fait son deuil du sujet historique et de la lecture de l'histoire conçue comme une succession de types de sociétés (préindustrielle, industrielle, post-industrielle, d'information).
La notion d'*expérience* de F. Dubet est une tentative de construction du réel. L'expérience est une combinaison de logiques d'actions qui lient l'acteur à chacune des dimensions d'un système. Pour F. Dubet, l'idée de société consistait à dire qu'il y avait trois logiques :

> « *celle de l'intégration (la communauté), celle des intérêts stratégiques (le marché), celle de la subjectivation (la culture)* »[184].

Désormais, il y aurait séparation entre ces trois registres, l'expérience sociale serait donc l'effort pour tenter de gérer cette séparation et constituer une unité.

> « *Il s'agit de la manière dont les acteurs combinent pour eux-mêmes ces diverses logiques objectives de l'action. C'est cette capacité qui les crées comme sujets* »[185].

Le sujet n'est pas hiérarchisé.

> « *La distance à soi, celle qui fait de l'acteur un sujet, est elle-même sociale, elle est socialement construite dans l'hétérogénéité des logiques et des rationalités de l'action* »[186].

Pour F. Khosrokhavar, en France, on assiste, depuis la moitié des années 80, à de nouvelles formes de mobilisation sociale dont le sens est donné par l'apparition de nouvelles formes d'expression collective de soi et de protestation sociale. Il s'agit de mouvements ayant des modes d'action

---

182. Cf. A. Touraine, *Critique de la modernité*, Paris, Fayard, 1992 ; du même auteur, *Pourrons-nous vivre ensemble ?*, Paris, Fayard, 1997.
183. F. Dubet, *Sociologie de l'expérience*, Paris, Le Seuil, 1994.
184. F. Dubet, *Sciences Humaines Hors-Série*, n° 9, mai-juin, 1995.
185. Ibid.
186. F. Dubet, 1994, *op. cit.*, p. 92.

originaux et autonomes. Sans acteurs centraux, ces mouvements sont animés, en revanche, par des acteurs principaux et soutenus par des *acteurs périphériques*. Ces *quasi-mouvements* auraient pour fonction essentielle de montrer aux gouvernants les limites à ne pas franchir.

> « *La vocation fondamentale de ces mouvements, avec leur hétérogénéité et leur absence de projet, n'est donc pas de substituer une utopie à un non sens ni de construire un nouveau mode de gestion de la société, mais d'assigner les limites à ne pas dépasser au pouvoir et aux structures de décision en place...* »[187].

Par ailleurs, ces mouvements construisent une nouvelle capacité de subjectivation permettant aux sujets « *de constituer, sur le plan socioculturel, des formes nouvelles de construction de sens* »[188].

F. Khosrokhavar indique que ces mouvements hétérogènes et peu structurés sont fragiles mais que ceux-ci tirent aussi leur force de leur indétermination.

> « *En d'autres termes, ces mouvements ont leur efficacité dans leur caractère flou et indéterminé, dans leur relative pauvreté idéologique, dans leur indigence en utopie et dans leur refus d'institutionnalisation* »[189].

Michel Wieviorka refuse d'analyser le passage d'une société industrielle à la société post-industrielle puis à la société d'information sous le seul angle de la décomposition. M. Wieviorka prend en considération l'internationalisation de la culture, les logiques économiques mondiales, les mouvements d'émigration, la crise de l'État et des systèmes politiques, la désintégration des identités nationales et pense l'ensemble de ces phénomènes dans toute leur complexité. M. Wieviorka constate que la dissolution de toute capacité d'action exclusivement sociale renforce les appels identitaires et, notamment, que « *la France vit actuellement une disjonction croissante entre son modèle d'intégration républicaine, hostile à toute intrusion des différences identitaires dans*

---

187. F. Khosrokhavar, « Les nouvelles formes de mobilisation sociale » in *Le Grand Refus*, réflexions sur la grève de décembre 1995, Paris, Fayard, 1996, pp. 211-212.
188. Ibid., p. 212.
189. Ibid., p. 224 ; voir aussi l'article intitulé « Louons les nouveaux mouvements collectifs ! » in *Libération* du vendredi 22 août 1997.

l'espace public, et sa réalité sociale, qui dément quotidiennement et de plus en plus ce modèle théorique et son universalisme abstrait »[190]. M. Wieviorka étudie donc le terrorisme, le nationalisme, le racisme, la xénophobie, la poussée des identités et le multiculturalisme[191].

M. Wieviorka, en rapprochant la question sociale de la question des identités invite à penser de grands phénomènes comme le nationalisme, le populisme et l'ethnicité dans un espace théorique, historique et tridimensionnel (social, politique, culturel).

La mutation sociétale et la fin des formules classiques d'intégration génèrent une face sombre pouvant faire plonger les personnes dans le racisme, le populisme, la xénophobie et le communautarisme.

> *« Du point de vue de l'identité, trois dangers déjà fragilisent donc les mouvements sociaux virtuels : celui de la subordination de l'acteur à une communauté, celui de l'atomisation de l'action, du fait de l'importance de la subjectivité individuelle, celui de la fermeture du système politique, ayant pour effet d'interdire l'universalisation du conflit »*[192].

Il s'agit, dans les cas extrêmes, de l'expression inverse du mouvement social ; ainsi, c'est un processus d'« inversion » qui conduit à la constitution d'anti-mouvements sociaux[193].

En revanche, cette métamorphose sociétale peut également faire émerger une face de lumière.

M. Wieviorka propose alors de penser l'ethnicité à l'aide du triangle de l'ethnicité (individualisme et valeurs universelles, communautarisme et subjectivité).

En s'appuyant sur la notion d'ethnicité, il émet l'hypothèse qu'une définition identitaire, associée dans une tension permanente à l'individualisme, aux valeurs universelles et à la subjectivité permet d'opérer un processus de

---

190. M. Wieviorka, « Racisme, racialisation et ethnicisation en France » in *Hommes & Migrations*, n° 1195, février 1996.
191. Cf. M. Wieviorka, *L'espace du racisme*, Paris, Le Seuil, 1991 ; du même auteur : *La France raciste* (sous la dir. de), Paris, Le Seuil, 1992 ; *Racisme et modernité* (sous la dir. de), Paris, La Découverte, 1993 ; *Une société fragmentée ? Le multiculturalisme en débat* (sous la dir. de), Paris, La Découverte, 1996.
192. M. Wieviorka in *Penser le sujet, op. cit.*, p. 216.
193. Cf. M. Wieviorka, *Sociétés et terrorisme*, Paris, Fayard, 1988.

subjectivation qui, non seulement facilite la construction du sujet, mais encore développe ses capacités d'action.

> « *L'ethnicité, en fait, n'est pas seulement travaillée par la tension, fondamentale, entre l'identité collective de l'acteur, et sa reconnaissance de valeurs universelles et individualistes, elle l'est aussi par une tension entre des tendances au communautarisme, et d'autres laissant une large place à la subjectivité de l'acteur, à sa revendication d'être déterminé par ses propres choix, et non par une essence ou une tradition* »[194].

La « racialisation » des personnes ne serait donc qu'une étape facilitant leur entrée dans des débats, des négociations politiques et des conflits sociaux, favorisant ainsi leur constitution en tant qu'acteurs ethniques.

> « *Dans ses aspects les plus positifs, l'ethnicité témoigne d'un effort de l'acteur pour circuler dans un espace balisé par trois pôles, pour accéder de plein droit à la modernité politique, civique et économique, sans se couper de la communauté ou de la tradition, et en luttant pour la reconnaissance de sa subjectivité, individuelle et collective* »[195].

Pour M. Wieviorka, l'étude des phénomènes et des changements fondamentaux de nos sociétés post-industrielles, permet de *recomposer une sociologie prenant en compte le sujet et une perspective historique.*

En définitive, c'est A. Touraine qui rassemble l'ensemble de ces initiatives sociologiques autour de l'idée de subjectivation comme construction du sujet.

Dans un contexte où la séparation entre l'univers de l'instrumentalité et celui de l'identité est de plus en plus profond, dans une société éclatée illustrée par la séparation de l'acteur et du système, le cheminement sociologique d'A. Touraine l'amène à chercher quelles sont les forces sociales, culturelles et politiques qui pourront, désormais, permettre aux individus d'être des acteurs ?

A. Touraine constate d'un côté l'internationalisation des marchés et des flux et de l'autre, la montée des communautarismes, des intégrismes et des nationalismes, autrement dit la décomposition du « moi » ; le « je » du sujet est alors une exigence comme l'était la justice sociale pour les prolétaires

---

194. M. Wieviorka (1993), *op. cit.*, p. 122.
195. Ibid., p. 163.

de la société industrielle. Aujourd'hui, en effet, il s'agit, pour le sujet, de construire un espace de liberté entre celui de l'intérêt et celui de la tradition. Le sujet ne peut finalement se construire que par ce double dégagement de l'instrumentalité et de l'identité.

Le sujet est un principe qui permet de reconstruire une certaine unité de l'univers social. Le sujet est aussi un principe qui reconnaît à l'individu une place centrale. Cependant, *« la transformation de l'individu en sujet résulte de la combinaison nécessaire de deux affirmations : celle de l'individu contre la communauté et celle de la conviction contre le marché »*[196].

L'idée de mouvement social selon laquelle il existe un conflit central au sein de la société post-industrielle est toujours d'actualité. Cependant, ce conflit central est désormais celui que mène le sujet contre, d'un côté le triomphe du marché et des techniques et, de l'autre, contre les pouvoirs communautaires totalitaires et autoritaires. C'est le travail de subjectivation (une volonté d'individuation) qui permet alors la construction du sujet.

> *« La subjectivation est la construction du sujet par la recherche d'un bonheur qui ne peut naître que de la recomposition d'une expérience de vie personnelle autonome, qui ne peut et ne veut pas choisir entre la globalisation, partout présente, et l'identité »*[197].

L'acteur doit maintenant gérer plusieurs logiques afin de donner sens et unité à une expérience qui n'en a plus. Comme nous l'indique M. Wieviorka, à propos de l'identité :

> *« le fractionnement et l'instabilité des expressions concrètes de l'identité n'interdisent pourtant pas de penser qu'elles relèvent d'un principe général lui-même unifié et stable, qui est l'appel à la subjectivité, à la capacité de l'acteur de construire ses propres choix, de produire sa propre expérience, de développer et déployer sa créativité »*[198].

---

196. A. Touraine, *La formation du sujet, op. cit.*, p. 30.
197. A. Touraine, *op. cit.*, 1997, p. 86.
198. M. Wieviorka in *Penser le sujet, op. cit.*, p. 215.

> Pour A. Touraine, « le sujet n'a pas d'autre contenu que le bricolage par lequel il essaie de combiner son travail, c'est-à-dire sa participation à l'univers des techniques et des marchés, avec sa culture, comme force qui constitue son identité en donnant un sens à son expérience »[199].

A propos du modèle français d'intégration républicaine (Michel Wieviorka)

M. Wieviorka refuse de céder à la pensée dominante de « l'universalisme abstrait » interdisant toute réflexion sur l'espace de la différence culturelle dans la société.

> « La défense et l'illustration du modèle français républicain reposent en effet sur une représentation sous-informée assimilant ces populations aux images inquiétantes du communautarisme, de l'intégrisme et de la violence terroriste. De même, la réduction de l'expérience américaine aux seuls échecs de – l'affirmative action – (l'expression est traduite en français par la formule, disqualifiante, de – discrimination positive –), ou aux dérives ridicules du – politically correct – passe à côté des importants débats qui animent la scène politique et intellectuelle aux États-Unis à propos de la race, du genre ou de l'ethnicité depuis les années soixante-dix, et qui méritent assurément mieux et plus que l'ignorance »[200].

En tant que sociologue et acteur de la démocratie, M. Wieviorka lutte contre ceux qui veulent la dissolution pure et simple de toute différence au nom de l'assimilation. En revanche, il ne plaide pas pour un multiculturalisme outrancier opposé aux principes de la République mais pour une analyse fine du réel, dégagée des mythes et des idéologies. Il s'agit, finalement, de traiter démocratiquement la différence.

Selon M. Wieviorka, c'est à partir du milieu des années 80 que l'idée d'une crise du modèle français d'intégration s'est imposée. En fait, il semble qu'entre le concept du modèle

---

199. A. Touraine, *op. cit.*, 1997, p. 99.
200. M. Wieviorka (dir.), *Une société fragmentée ? Le multiculturalisme en débat*, Paris, La Découverte, 1996, p. 6.

français d'intégration et la réalité de la République un écart se creuse.

S'agissant de l'immigration, « *la réflexion a, pour l'essentiel, consisté à montrer que le – creuset français – fonctionnait de plus en plus difficilement, et que les institutions de la République peinaient à accomplir leur tâche de socialisation, à assurer à tous les individus l'accès dans la nation et la citoyenneté* »[201].

En fait, des observateurs imaginent un âge d'or mythique de la République. Pour eux, aujourd'hui, une seule alternative est possible : retrouver la voie de la République ou sombrer dans le chaos.

En réalité, pour M. Wieviorka, au-delà de la crise, existe l'idée de mutation. A l'origine de cette mutation, nous trouvons la désagrégation du modèle classique de la société industrielle dont l'apogée se situe dans les années 60.

La crise du modèle français d'intégration n'est pas une fatalité car, au-delà de celle-ci, s'inventent de nouvelles formes de conflictualité sociale, comme l'affirmation d'identités culturelles qui ne mènent pas nécessairement vers le chaos. Il s'agit de percevoir que « *les carences des institutions n'interdisent pas de penser leur aggiornamento et d'inventer concrètement, çà et là, les modalités susceptibles de redonner vie aux grands idéaux de la République – liberté, égalité, fraternité* »[202].

M. Wieviorka décrit les mutations qui ont amené la métamorphose du modèle français d'intégration.

– Quelles mutations ?

. **La question sociale**

La première mutation dans le processus de désintégration de l'hexagone, depuis une trentaine d'années, est certainement liée à la fin de la société industrielle et à l'entrée dans une société postindustrielle.

---

201. M. Wieviorka, « A propos du modèle français d'intégration républicaine », in *Migrants-Formation*, n° 109, juin 1997, p. 7.
202. Ibid., p. 8.

Comme l'ont indiqué autour d'A. Touraine, tous les travaux du CADIS depuis la fin des années 70[203], le conflit structurel qui opposait le mouvement ouvrier à la classe possédante, « aux maîtres du travail » n'a cessé de perdre de sa centralité.

C'est très tardivement que la France, cessant de se penser traversée par un rapport social conflictuel, a pris conscience qu'elle se déstructurait pour laisser place à l'exclusion sociale et au chômage. La question sociale n'est plus dominée par l'exploitation (et les actions du mouvement ouvrier pour lutter contre elle) mais par l'exclusion.

La fin d'un principe structurel de conflictualité a fait perdre un principe essentiel d'intégration lié à la division du corps social.

Pour M. Wieviorka, il y aurait deux raisons principales :
- la première est que lorsqu'une société s'organise autour d'un conflit central (le mouvement ouvrier face au capital), l'ensemble des acteurs sociaux se situent quelque part dans la société en fonction de ce rapport.
- la deuxième explication est le rapport qui liait ce conflit à la structuration des institutions et de l'État. En effet, la France, tout au long de son histoire entretient un rapport très fort avec l'État.

M. Wieviorka souligne qu'un « *État fort, centralisateur, a souvent constitué l'interlocuteur principal des acteurs sociaux et, en se posant en quelque sorte comme le lieu de condensation de leur antagonisme, s'est lui-même transformé en fonction de ses évolutions. L'État, comme figure de l'unité du corps social, a été largement façonné par le conflit social*

---

203. Cf. notamment A. Touraine, *La conscience ouvrière*, Paris, Le Seuil, 1966 ; du même auteur : *Le mouvement de Mai ou le communisme utopique,* Paris, Le Seuil, 1968 ; *La société postindustrielle,* Paris, Le Seuil, 1969 ; *Production de la société*, Paris, Le Seuil, 1973 ; *La voix et le regard*, Paris, Le Seuil, 1978 ; *La prophétie antinucléaire* (avec F. Dubet, Z. Hegedus et M. Wieviorka), Paris, Le Seuil, 1980 ; *Le pays contre l'État* (avec F. Dubet, Z, Hegedus et M. Wieviorka), Paris, Le Seuil, 1981 ; *Le mouvement ouvrier* (avec F. Dubet et M. Wieviorka), Paris, Fayard, 1984 ; *Le retour de l'acteur*, Paris, Fayard, 1984 ; *Le grand refus. Réflexions sur la grève de décembre 1995* (avec F. Dubet, D. Lapeyronnie, F. Khosrokhavar, M. Wieviorka), Paris, Fayard, 1996.

central de la société industrielle, c'est-à-dire par un rapport fondamental où les acteurs luttaient pour le contrôle du même enjeu, en partageant les mêmes valeurs de confiance dans le progrès, la science et l'industrie, ce qui est tout le contraire d'un affrontement de type ami/ennemi »[204].

. La désinstitutionnalisation

Par ailleurs, au cœur de la crise du modèle français d'intégration, M. Wieviorka décrit le phénomène de désinstitutionnalisation, autrement dit, « *le déclin des institutions supposées assurer la mise en conformité du concept républicain et de la réalité vécue* »[205].

– Quels sont les facteurs caractéristiques de ce processus de désinstitutionnalisation ?

- A la fin des années 70, on parle de **crise de l'État-providence**[206]. La société française s'interroge sur sa capacité à continuer d'assurer assistance et aide sociale.
- On parle aussi de **crise de l'école**. L'école se confronte à des difficultés liées à sa massification, ainsi qu'à une crise ayant trois causes principales.

    « *Celle des enseignants, dont les difficultés sociales, de statut, de carrière, de conditions de travail sont non négligeables ; celle qui relève du blocage de l'organisation, lourde et inadaptée à une société qui s'est totalement transformée en quelques années ; celle, enfin, et surtout, des valeurs qui fondent l'institution proprement dite, dont les finalités se brouillent* »[207].

- Dans les années 80, la République, en état de décomposition, se manifeste également à travers la crise du service public qui, en France, est très lié à l'identité nationale. Depuis plusieurs années, des débats et des conflits ont lieu sur l'opportunité de privatiser des entreprises

---

204. M. Wieviorka in *Migrations-Formation, op. cit.*, p. 10.
205. Ibid., p. 10.
206. Cf. P. Rosanvallon, *La crise de l'Etat-providence*, Paris, Le Seuil, 1981 ; *La nouvelle question sociale, repenser l'Etat-providence*, Paris, Le Seuil, 1995.
207. M. Wieviorka, in *Migrations-Formation, op. cit.*, p. 11.

publiques. Le mouvement de contestation de novembre-décembre 1995 (réforme de la sécurité sociale, mesures concernant les retraites, contrat de plan de la SNCF) en fournit un bon exemple[208]. La crise du service public se manifeste aussi dans la police, la justice, l'armée... Pourtant, jusque dans les années 80, l'importance de cette crise n'est pas réellement perçue par les analystes et observateurs. A partir des années 80, la prise de conscience de cette crise est souvent liée à la question de l'immigration. Les difficultés de l'État-providence, la question de l'école, les problèmes du service public sont essentiellement liés à des choix politiques et à des problèmes économiques et sociaux et certainement pas aux seuls dysfonctionnements liés à la présence de différences culturelles au sein de l'espace public. Autour de controverses houleuses, on préfère trouver des boucs émissaires plutôt que chercher de vraies solutions à de réels problèmes que pose la désinstitutionnalisation.

> *« Plus largement, il semble, à bien des égards, que la France hésite à aborder de front les problèmes que pose la désinstitutionnalisation contemporaine, et qu'elle préfère chercher des boucs émissaires de ses difficultés : l'immigration, à propos notamment de l'école, mais aussi de la police, qui ne pourrait plus faire son travail tant elle est débordée par les difficultés que lui poseraient les populations issues de l'immigration ; ou bien encore l'Europe et les « technocrates » de Bruxelles, qui seraient eux-mêmes au service d'un néolibéralisme menaçant notre identité nationale... »*[209].

La crise du modèle français d'intégration est, avant tout, une question sociale, politico-institutionnelle et économique. Les institutions ne sont pas seulement les victimes d'un environnement dégradé dans lequel elles ne peuvent plus répondre à leur mission. Ces institutions ont également leur part de responsabilité : elles fabriquent, elles aussi, de la violence (l'école, la police, les transports publics...) et contribuent ainsi à la désintégration du modèle français d'intégration républicain.

---

208. Cf. A. Touraine (dir.), *Le grand refus, op. cit.*
209. M. Wieviorka, in *Migrations-Formation, op. cit.*, p. 13.

. **La fragmentation culturelle**

En France, une nouveauté notoire est apparue au tournant des années 60-70. Au milieu des années 60, des minorités commencent à revendiquer une place spécifique dans l'espace public, rompant ainsi avec l'héritage les Lumières, de la Révolution et de l'Empire. Une logique d'ethnicisation se dessine. Tous ces mouvements, notamment régionalistes, remettent en cause la façon dont la nation française jacobiniste a cassé leur propre culture. Il s'agit là de la « mémoire des vaincus » face à la « mémoire des vainqueurs »[210].

Dans les années 80, portant une charge sociale plus importante, ces mouvements évoluent. Dans ce contexte, la fragmentation culturelle concerne, en premier lieu, l'immigration qui devient une immigration de peuplement.

Ces processus « *concernent au tout premier chef les immigrés venus en France pour travailler, et qui rompent, eux aussi, avec le modèle antérieur, celui de la période de croissance, dans lequel ils étaient symbolisés par la figure du travailleur célibataire, vivant en foyer ou logé par un marchand de sommeil, relativement enfermé dans sa culture d'origine et s'efforçant d'accumuler un petit capital qui lui permettra, rentré au pays, d'y vivre selon ses désirs. L'immigration devient en effet de peuplement, et la figure de l'immigré, intégré socialement par le travail, et différent culturellement sans que cela suscite de grands débats de société, se modifie en profondeur* »[211].

En effet, socialement, les étrangers, les immigrés ou leurs enfants, sont mis à l'écart alors qu'ils sont intégrés culturellement. La réalité de pratiques quotidiennes discriminatoires pousse les jeunes issus de l'immigration vers une forme d'ethnicisation qui se manifeste par la musique, l'expression corporelle, le langage, la religion, etc. La fragmentation culturelle s'observe dans d'autres champs que celui de l'immigration comme celui du « genre » (mouvement des homosexuels, du handicap...)

Face à ce constat, beaucoup se demandent comment maintenir le lien social lorsque les valeurs universelles liées à l'idée de nation sont mises à mal.

---

210. Cf. M. Ragon, *La mémoire des vaincus*, Paris, Albin Michel, 1990.
211. M. Wieviorka, in *Migrations-Formations, op. cit.*, pp. 15-16.

– De fausses solutions

Pour M. Wieviorka des mythes, des idéologies et des fantasmes obscurcissent les analyses sur les changements du modèle français d'intégration. Il existe, aujourd'hui, des attitudes intellectuelles et politiques qui ne sont pas adaptées ou acceptables pour la démocratie.
- une vision republicaniste : c'est une vision qui, lorsqu'elle est modérée, peut conserver un caractère respectable ; elle est, en effet, adaptée à la réalité. Les idées de république et de nation permettent de se protéger des attaques intérieures (localisme, régionalisme, particularismes culturels) et des attaques extérieures (flux financiers internationaux, construction européenne, américanisation de la culture, néolibéralisme). Il s'agit de préserver ainsi « *un espace public permettant aux individus d'être libres et égaux en droits, au-dessus des inégalités sociales et d'éventuelles différences, qui, dans cette perspective, doivent être confinées dans l'espace privé* »[212].
Le républicanisme est, lui, une perversion de l'idée républicaine[213]. En réalité, pour les promoteurs de cette pensée marquée par une dérive mythique et idéologique, il s'agit de développer « *un discours incantatoire et élitiste au service des positions acquises de l'ordre et de l'État* »[214].
- La vision d'extrême-droite : pour ce courant, l'appel à la nation est une manière de se replier sur soi-même au nom de l'homogénéité et de la cohésion nationale et culturelle. Cette vision fait recette auprès de personnes fragilisées d'un point de vue social et culturel. C'est la porte grande ouverte au racisme et à la xénophobie.
- La vision néo-libérale ou post-moderne : cette vision considère que l'État doit avoir un rôle très limité. Il s'agit d'entériner les logiques économiques libérales et

---

212. Ibid., p. 19.
213. Voir le débat opposant R. Debray et M. Wieviorka autour de l'école in *Le Monde* du 3 mars 1998 (R. Debray) et du 31 mars 1998 (M. Wieviorka).
214. M. Wieviorka, *Commenter la France*, Paris, éd. de l'Aube, 1997, p. 23.

des logiques culturelles conduisant à la formation de tribus et de communautés.

– Une solution adaptée à la poussée de l'individualisme moderne

Comme l'écrit M. Wieviorka dans l'introduction d'un ouvrage déjà cité recueillant plusieurs de ses articles, la sociologie est un engagement dans la vie de la cité. La solution que propose M. Wieviorka et le CADIS réfute les visions républicanistes, nationalistes ainsi que « l'éclatement postmoderne ». Il s'agit, avant tout, d'articuler, de relier ensemble ce qui se disloque, autrement dit, l'économie et la culture, l'État, la société et les identités culturelles.

En prenant en compte la montée de l'individualisme, il convient de reconnaître l'individu en tant que personne voulant accéder à l'argent et à la société de consommation, mais aussi et surtout comme acteur désirant se constituer comme sujet. A travers un ensemble d'expériences qui peuvent paraître éclatées, le sujet veut construire de la cohérence.

> « Cette exigence du sujet s'observe dans l'importance contemporaine de tout ce qui a trait à la dignité, ou au mépris, à la reconnaissance, au respect, à l'estime de soi »[215].

En prenant en considération le thème du sujet, les revendications identitaires ne sont pas forcément en opposition avec la démocratie républicaine. La question des identités n'est pas nécessairement synonyme de repli sur soi ou de reproduction. Le choix du sujet construit une image plus complexe des identités particulières dans la société contemporaine. Il s'agit de penser les rapports sociaux de façon tridimensionelle. A. Touraine a défini le triangle I/O/T (identité, opposition, totalité)[216], pour analyser les rapports ethniques, M. Wieviorla parle, lui, de triangle de l'ethnicité[217] (individualisme et valeurs universelles, communautarisme, subjectivité).

---

215. M. Wieviorka in *Migrations-Formation, op. cit.*, p. 18.
216. A. Touraine, *Production de la société*, Paris, Le Seuil, 1973.
217. M. Wieviorka, *La démocratie à l'épreuve, nationalisme, populisme, ethnicité*, Paris, La Découverte, 1994.

> « *Il s'agit en effet, bien davantage, de traiter démocratiquement de demandes dans lesquelles l'acteur, en fonctionnant comme sujet, et pas seulement comme expression d'une identité qui lui dicte ses comportements, est lui-même davantage capable d'échanger, de dialoguer, de négocier et de reconnaître que sa référence à une spécificité culturelle, elle-même susceptible de transformations, ne l'empêche pas de circuler dans un espace plus large, un triangle dont cette identité n'est qu'un pôle, le deuxième étant constitué par la participation individuelle à la vie moderne, et le troisième par l'expression et le renforcement de la subjectivité* »[218].

M. Wieviorka ne plaide pas pour une éradication de la République mais pour un aggiornamento, autrement dit, une modernisation de l'État et « *un traitement plus démocratique et ouvert des différences culturelles, demandant qu'on ne confonde pas construction européenne et globalisation économique, reconnaissance des particularismes culturels et communautarisme, réinventions du service public et appel incantatoire aux valeurs républicaines* »[219].

Comme F. Gaspard l'a indiqué lors de son séminaire à l'École des Hautes Études en Sciences sociales[220] à propos de « l'affirmative action en France », il faut trouver une voie médiane afin d'éviter la tyrannie de la majorité (Tocqueville), mais aussi d'empêcher la tyrannie de la minorité (P. Raynaud).

– Dépasser les limites du multiculturalisme

En définitive, M. Wieviorka résiste à la stigmatisation du débat multiculturaliste opérée en France par de nombreux défenseurs d'un universalisme abstrait. Cependant, il ne prend pas pour autant la défense aveugle d'un multiculturalisme à tout prix. En effet, concernant la question de la reconnaissance de la différence dans l'espace public et après avoir fait un bilan contrasté de quelques expériences pratiques (intégrées et éclatées) dans plusieurs pays (Canada, Australie, Suède, États-Unis) ; il pose la question de

---

218. M. Wieviorka in *Migrations-Formation*, *op. cit.*, p. 19.
219. Ibid., p. 21.
220. Séminaire du 17 décembre 1997 sur la résistance à l'« action positive » en France.

l'opportunité de la réponse multiculturaliste. En fait, *M. Wieviorka montre que les politiques multiculturalistes ont des limites rédhibitoires.* Une politique multiculturaliste concerne essentiellement des communautés peu nombreuses, stables, bien constituées et pouvant se reproduire. Par conséquent, le multiculturalisme ne peut répondre à l'ensemble des « défis lancés par l'existence de différences culturelles de nos sociétés ». De plus, alors que dans un contexte de globalisation, l'État-nation voit baisser ses pouvoirs, la politique multiculturaliste a du mal à être pensée en dehors de ce cadre politique. Par ailleurs, en ne prenant en compte que certaines différences culturelles et, surtout, en reconnaissant des identités déjà fortement déterminées, *une politique multiculturaliste laisse peu de place au changement et à l'innovation.* Ainsi, le multiculturalisme risque de pousser des communautés dans la reproduction plutôt que dans la transformation.

> « *Le multiculturalisme, dans cette perspective, est susceptible de fabriquer ou de renforcer le pouvoir de notables intéressés aux avantages de l'offre politique qu'il leur propose, il devient une force de conservatisme et de clientélisme...* »[221]

En outre, M. Wieviorka souligne que trop souvent, les questions relatives à la différence culturelle sont traitées en faisant *abstraction de la question sociale.* Or, pour comprendre les phénomènes de reconnaissance et d'estime de soi, la combinaison des aspects sociaux et culturels est primordiale. Pour construire la dignité des groupes les plus faibles, il faut rompre les liens qui existent entre ethnicité, pauvreté et exclusion sociale. Une politique de respect des différences culturelles ne peut, parallèlement, négliger le règlement des inégalités sociales.

L'ensemble des critiques de M. Wieviorka soulignent l'importance qu'il y a, à dépasser le mot multiculturalisme, qui trop souvent caricaturé, renvoie à une figure de coexistence de cultures figées au sein d'un espace démocratique. Dans ces conditions, M. Wieviorka plaide pour une forme de réflexion et d'action alliant le social (lutte contre l'exclusion et les inégalités sociales) et le culturel (nécessité d'une re-

---

221. M. Wieviorka, « Le multiculturalisme est-il une réponse ? », *op. cit.*, p. 256.

connaissance culturelle) pour comprendre les notions de sujet et de démocratie. Refusant de limiter le débat autour de la reconnaissance des identités culturelles, qu'elles soient stables, provisoires ou éphémères ; à une opposition binaire entre les tenants d'un universalime abstrait (*liberals*) et les promoteurs d'un communautarisme exclusif (*communitarians*), M. Wieviorka plaide pour un débat structuré autour d'un troisième terme, le sujet.

> « *La reconnaissance des différences culturelles dans leur renouvellement permanent, et le refus de les figer, associés à la prise en charge des inégalités et de l'exclusion sociales appellent des politiques valorisant l'échange, la communication et exigent des débats où les points de vue minoritaires et inédits peuvent être entendus et examinés sereinement, ce qui relève d'un esprit ou d'une culture démocratique* »[222].

Du « melting-pot » au multiculturalisme :
un débat franco-américain (D. Lacorne[223]*)*

Dans un ouvrage récent[224], le politologue D. Lacorne, spécialiste des États-Unis, restitue la richesse et les contradictions du multiculturalisme américain qu'il compare à l'expérience française. En effet, explorant dans l'histoire les combats entre les partisans de l'assimilation et du pluralisme culturel, il mesure la crise actuelle de l'identité américaine en marquant les limites d'un système de préférence en danger d'implosion par des phénomènes de surenchère ethnique. Cependant, loin de contribuer à la construction de mythes simplificateurs à propos du débat sur le pluriculturalisme américain, il essaie de définir celui-ci dans toute sa complexité.

> « *J'ai centré mon analyse sur l'histoire de l'immigration américaine parce qu'elle me semblait éclairer la formation d'une*
> – *nation plurielle* – *dont les élites politiques définissaient des*

---

222. Ibid., p. 260.
223. D. Lacorne est directeur de recherche à la Fondation nationale des sciences politiques (Centre d'études et de recherches internationales), auteur notamment de *L'Invention de la République. Le Modèle américain*, Paris, Hachette, 1991.
224. D. Lacorne, *La crise de l'identité américaine, du melting-pot au multiculturalisme*, Paris, Fayard, 1997.

idéaux contradictoires, tantôt – civiques –, tantôt – ethniques ; tantôt – assimilationnistes –, tantôt – pluralistes –, le plus souvent les deux à la fois »[225].

Pour D. Lacorne, il s'agit de « *crever en somme, nos vieilles baudruches de l'américanomanie et de l'anti-américanisme...* »[226].

Le livre de D. Lacorne, dès sa parution est chroniqué dans la revue *Le Débat*[227] par une historienne (E. Marienstras), un philosophe (P. Raynaud), un spécialiste des sciences sociales (E. Fassin) et un essayiste (C. Jelen). L'ensemble de ces positions polysémiques reflète bien la teneur du débat autour du multiculturalisme, aujourd'hui, en France.

– La crise de l'identité américaine, entre mythe et réalité

Aujourd'hui, les partisans de l'assimilation et les tenants du pluralisme culturel s'affrontent en France comme aux États-Unis autour du débat sur le *multiculturalisme*. Comme le souligne D. Lacorne, en France, les politiques, les intellectuels et les éducateurs discutent des atouts ou des effets pervers d'un multiculturalisme d'origine américaine. Les défenseurs de la particularité républicaine française (égalité civile et impartialité d'un État laïque et républicain) craignent que le « droit à la différence » à l'américaine donnent plus d'importance aux individus et aux communautés, plutôt qu'aux citoyens d'un État de droit.

Pourtant, « *le système politique américain n'est pas fondamentalement différent du nôtre (français). Il repose lui aussi sur un contrat politique, librement consenti par la communauté des citoyens* »[228].

En revanche, ce qui est vrai, c'est qu'aux États-Unis, la revendication constitutionnelle de l'égalité politique des personnes ne s'est pas totalement révélée dans la réalité. En effet, les Amérindiens et les Noirs, dès le départ (La Déclaration d'indépendance de 1776), la Constitution fédérale, les amendements égalitaires de l'après-guerre de sécession, le système

---

225. *Le Débat*, Paris, Gallimard, n° 97, novembre-décembre 1997, p. 158.
226. Ibid., p. 159.
227. *Le Débat, op. cit.*, 1997, pp. 131-185.
228. Ibid., p. 9.

composite de l'unification de la République par les délégués de la Convention élaboré, en 1787 à Philadelphie), étaient exclus de la citoyenneté. Entre l'aspiration politique américaine de l'intégration et la réalité, il y a toujours eu un décalage. Pourtant, dès le commencement de la République fédérale américaine, le principe de tolérance religieuse, puis ethnoculturelle est présent. Les idées de mélange des cultures, des ethnies, des religions constituent une nation américaine multiculturelle. D. Lacorne indique que c'est en 1908 que le terme de *The Melting-Pot*, « chaudière à fusion », est inventé par un écrivain anglais, Israel Zangwill qui donne ce nom à la pièce de théâtre qu'il joue pour la première fois, à Washington D.C.

> « *L'Amérique rêvée par David Quixano, le héros de la pièce d'Israël Zangwill, était en effet le pays de la grande réconciliation des Slaves et des Teutons, des Celtes et des Latins, des Juifs et des Gentils, du* « *palmier et du pin* », *de la* « *croix et du croissant* », *tous brassés ensemble dans un métaphorique chaudron, symbole par excellence de l'assimilation réussie* »[229].

Le melting-pot est donc lié à une sorte d'optimisme assimilateur. Or, aux États-Unis, cet espoir n'a jamais vraiment été soutenu par tous, l'échec de l'assimilation de certaines communautés, l'absence de tradition jacobine et la faible centralisation de l'État fédéral américain permet le développement du *multiculuralisme*.

> «... *l'échec durable de l'intégration des Noirs au sein du melting-pot américain devait provoquer, à la fin des années 60, une sorte de revendication identitaire : puisque le rêve américain leur était interdit, il fallait, prétendirent certains réformistes, leur accorder des droits spéciaux, et même des passe-droits ou des privilèges, pour leur permettre de rattraper leur – retard –. C'est ainsi que furent, petit à petit, valorisées les différences ethniques et que, par effet d'imitation, des groupes qui n'avaient pas souffert de discriminations comparables à celles des Africains-Américains, revendiquèrent la généralisation d'un – droit à la différence –, concrétisé par la mise en place de politiques préférentielles (affirmative action), fort complexes et toujours controversées* »[230].

---

229. Ibid., p. 11.
230. Ibid., p. 10.

Face à son combat éternel, l'Amérique voit s'opposer les tenants du différencialisme ethnoracial aux partisans de l'égalitarisme républicain. D'ailleurs, de la guerre des bibles à l'enseignement multiculturaliste, les conflits pédagogiques, révèlent dans toute l'histoire de l'éducation, en Amérique, cette opposition. Aujourd'hui, il semble que ce soient les identités particulières de groupes pouvant prétendre à une spécificité culturelle qui prennent le dessus.

> « Le – droit à la différence – exprime aujourd'hui un triple refus : celui de l'assimilation, celui de l'universalisme républicain et celui de valeurs ou de normes d'origine anglo-saxonne »[231].

Bien que les principes de tolérance et d'**égalité** fondent une partie de l'identité américaine, ceux-ci sont contestés par des personnes qui revendiquent un traitement préférentiel (affirmative action) au nom du principe d'**équité**.

> « Loin d'être une nation civique – à la française –, la nation américaine est plutôt une nation – ethno-civique – qui n'a cessé au cours de son histoire de mêler des considérations raciales à des valeurs authentiquement républicaines. Elle était civique par inclusion et ethnique par exclusion »[232].

Actuellement, l'utilisation systématique des catégories raciales ne devrait plus exclure, mais plutôt inclure les anciennes victimes des discriminations, or, l'Amérique construit en réalité, son propre paradoxe en légitimant la prolifération des politiques de traitement préférentiel.

> « Tel est le dilemme d'une Amérique qui croit toujours aux vertus rédemptrices du melting-pot, mais qui se complique singulièrement la tâche en comptabilisant et en pérennisant ainsi ce qu'elle n'a de cesse de faire disparaître : les – races –, c'est-à-dire l'expression même de l'exclusion, de l'intolérance et de l'inassimilable »[233].

– Entre les États-Unis et le France, le multiculturalisme en question

En France comme aux États-Unis, le multiculturalisme est l'enjeu de débats très passionnés. Dans ces deux pays, il

---

231. Ibid., p. 13.
232. Ibid., p. 15.
233. Ibid., p. 15.

existe de puissants partisans de l'assimilationnisme qui s'opposent à des pluralistes défenseurs de la diversité culturelle. Dans ces deux nations, il existe la crainte de la fragmentation de la cohésion sociale. Face aux flux migratoires, les uns et les autres se demandent s'il faut assimiler ou tolérer les particularismes mais aussi, quelles sont les limites à ne pas dépasser ?

Aux États-Unis, le multiculturalisme est lié à la diversité culturelle, politique, religieuse des immigrés qui affluent dans ce pays, mais il est lié, également, au mouvement des droits civiques des années 60 qui incita les Noirs, puis d'autres minorités à célébrer leur identité ethnique.

En France, la question multiculturelle est directement liée à l'immigration, surtout celle d'Afrique du Nord. Il s'agit de savoir si la différence culturelle et religieuse des populations immigrées à travers un processus d'intégration peut se combiner avec une tradition jacobine, républicaine et laïque.

Aux États-Unis, le débat du multiculturalisme à une origine interne.

D. Lacorne indique que la tendance actuelle, aux États-Unis, est de revendiquer ses origines particulières, d'affirmer sa différence ethnique. Il s'agit de mettre en avant les particularismes de son groupe d'appartenance. Être moderne, c'est privilégier la diversité, la mode est au *multi-culti*. Pour les défenseurs de cette tendance, « *le – melting-pot –, s'il traduit la fusion des races ou l'amalgame de tous les individus en un bloc national indifférencié, relève du mythe ou de l'imposture* »[234].

Or, ce discours n'est pas accepté par tous les américains. Ce débat divise la société américaine toute entière. Les uns défendent la conception d'une société américaine fondée sur la promesse d'une société égalitaire grâce au mérite personnel et à la défense des droits individuels ; les autres, veulent promouvoir les groupes défavorisés. En Amérique, le multiculturalisme représente le débat entre une vision classique et unifiée de la société et une multiplicité de groupes qui revendiquent leur reconnaissance.

> « *Or les groupes qui cherchent à bénéficier de traitements préférentiels sont d'une étonnante diversité. Ils incluent la race*

---

234. Ibid., p. 19.

(synonyme d'ethnie dans le vocabulaire américain), l'ethnie, le sexe (gender en anglais), la préférence sexuelle, le handicap, le statut de réfugié politique... La mosaïque des groupes et des intérêts, leur dynamique particulière constituent ce mélange explosif et mal défini que les Américains des années 90 appellent le multiculturalisme »[235].

Dans la langue anglaise, D. Lacorne remonte à l'origine de l'emploi du mot « multiculturel ». C'est le romancier E. Haskell qui utilise, le premier, ce mot dans son roman intitulé *Lance*[236] pour désigner une société de fiction, autrement dit, une société cosmopolite, pluriraciale et multilingue, composée de personnes trans-nationales sans attaches patriotiques. Or, dès la fin des années 50, cette société de fiction devient une réalité dans les grandes villes d'Amérique du nord. Au Canada, aux États-Unis, à partir du mouvement des droits civiques des Noirs dans les années 60, de nombreux mouvements revendiquent leur droit à la différence. Dans ce contexte, entre les minorités victimes de discriminations qui revendiquent leur droit d'exister et la majorité blanche dominante qui craint bientôt de ne plus l'être, la restriction d'une immigration tous azimuts devient un facteur de cristallisation[237].

En France, le débat multiculurel est une importation américaine.

---

235. Ibid., p. 19.
236. E-F Haskell, *Lance. A Novel about Multicultural Men*, New York, John Day, 1941.
237. N. Elias, à travers le modèle de représentation établis-marginaux montre qu'aux Etats-Unis, il y a un grand décalage entre l'égalité juridique déclarée et la réalité des rapports ethniques inégaux.
« *De la même façon aux Etats-Unis, la législation fédérale et celle des différents Etats ont largement érodé les incapacités juridiques du groupe anciennement asservis, et proclamé son égalité institutionnelle avec le groupe de ses anciens maîtres pour en faire les concitoyens de la même nation. Mais le « préjugé social », les barrières dressées par le sentiment d'être supérieurement vertueux, surtout parmi les descendants des maîtres d'esclaves, et le sentiment d'une valeur moindre, la disgrâce collective des descendants d'esclaves, n'ont pas suivi le rythme des ajustements juridiques. Dès lors, la crue de la contre-stigmatisation devient notablement plus forte dans un rapport de forces conflictuel où les différentiels de pouvoir s'amenuisent lentement* ». (N. Elias, J-L Scotson, *Logiques de l'exclusion, op. cit.*, p. 38).

Dans l'hexagone aussi, le débat multiculturel à caractère passionnel se fixe sur la problématique de l'immigration. A partir de 1974, le débat sur l'arrêt de l'immigration des populations issues d'Afrique du Nord se pose, en même temps qu'on se demande comment intégrer ces mêmes populations dans la nation ?[238]

Pour D. Lacorne, c'est sur la question de l'immigration, qu'à partir des années 90, le débat d'un « multiculturalisme à la française » porte.

Ce débat polymorphe renvoie à plusieurs enjeux :

> « *le contrôle des flux migratoires, la présence des clandestins, la réforme du code de la nationalité, la réaffirmation de l'identité nationale face à un Islam jugé menaçant, la violence des banlieues, les luttes antiracistes, la montée électorale du Front national, etc* »[239].

– Quels sont les acteurs politiques du débat ?

A l'extrême-droite, J-M Lepen et le Front-national dénoncent l'invasion de la France par des hordes d'étrangers inassimilables.

A gauche, l'association antiraciste, SOS Racisme soutenue par le président F. Mitterrand dénonce l'exclusion des jeunes issus de l'immigration mais, également, défend le droit à la différence des communautés immigrées. Par ailleurs, F. Mitterrand propose de donner le droit de vote aux immigrés aux élections locales, mais revient sur cette proposition, suite aux progrès électoraux croissants de l'extrême-droite. La gauche proclame l'arrêt de l'immigration et la lutte contre les clandestins.

La droite classique pense, elle, concurrencer l'extrême-droite sur son terrain. Un slogan résume ainsi leur pensée : « immigration zéro ». Slogan hautement symbolique, mais manifestement irréalisable.

---

238. Cf. P. Weil, *La France et ses étrangers*, Paris, Gallimard, coll. Folio-Actuel, 1995.
239. D. Lacorne, *op. cit.*, 1997, p. 31.

En réalité, nous indique D. Lacorne, **le débat sur l'immigration et l'identité française se construit en faisant référence aux États-Unis.**

– Quels sont les acteurs intellectuels du débat ?

Le multiculturalisme américain est utilisé par les uns comme modèle et par les autres comme un repoussoir. Ainsi, sur ces références, un débat passionné va avoir lieu entre intellectuels avec, pour toile de fond, l'action de l'association SOS Racisme. Des intellectuels dénoncent les pratiques de SOS Racisme comme promouvant la communautarisation des rapports sociaux au détriment de la nationalité française. P. Yonnet accuse SOS Racisme de faire un antiracisme à l'américaine en proclamant que « *nous sommes tous des enfants d'immigrés* » ou en construisant une image ethnique de la société en lançant le slogan « Black-blanc-beur ».

> «... *les partisans d'Harlem Désir, soutient Yonnet, portaient atteinte à la nationalité française ; ils dévalorisaient son génie civilisateur, son caractère ancestral et sa spécificité historique. Comme les critiques américains du melting-pot, les – néo-antiracistes – français ne voyaient, dans l'identité française, qu'un autre creuset assimilateur, une – sorte de dieu Baal réclamant périodiquement sa ration d'immigrés pour en faire, à l'issue de l'épreuve d'un feu assimilateur, des immigrés en cendres, c'est-à-dire de bons Français* »[240].

Contrairement à P. A Taguieff qui, quelques années auparavant, mettait lui aussi en cause les logiques de différenciation de SOS Racisme[241], mais en lien avec son double : le racisme ; P. Yonnet tend, vers une critique moniste de l'association antiraciste. A ce propos, une polémique très vive a lieu dans la revue *Le Débat*[242] concernant la position de P. Yonnet. M. Wieviorka accuse P. Yonnet de dérive lepensite.

---

240. D. Lacorne, *op. cit.*, p. 32 citant P. Yonnet in *Voyage au centre du malaise français*, Paris, Gallimard, 1993, p. 142.
241. Cf. P-A. Taguieff, *La Force du préjugé. Essai sur le racisme et ses doubles*, Paris, La Découverte, 1987, notamment la partie consacrée à l'auteur.
242. Cf. *Le Débat*, n° 75, mai-août 1993, pp. 117-144.

En fait, ce débat est récurrent en France, car il oppose **jacobins** et **girondins**.

– Les tenants du paradigme jacobin

Pour la tradition jacobine française, le fédéralisme et le multiculturalisme américain sont un contre-modèle. Citant Robespierre, lors de son discours à la Convention du 24 septembre 1792 dénonçant les Girondins, D. Lacorne souligne que la peur de voir la disparition du modèle d'intégration jacobine est ancienne. En effet, Robespierre accusait déjà les Girondins de vouloir « naturaliser en France le gouvernement de l'Amérique ».

La tradition jacobine refuse « *les hiérarchies sociales et les particularismes locaux, ainsi que la dissolution des groupes ethniques, religieux et linguistiques au sein de la collectivité civique* »[243].

Depuis, aujourd'hui encore, une grande partie du discours politique français est structuré par la tradition jacobine ; le modèle américain est l'antimodèle par excellence. D. Lacorne cite A-G. Slama[244] :

« *Dix ans après les premières controverses soulevées par la création de SOS-Racisme, Alain-Gérard Slama, historien des idées, – éditorialiste du* Figaro *– et professeur à Sciences-Po, maintient la tradition et pourfend avec verve les multiculturalistes de tous bords. Il dénonce, comme il se doit, l'exaltation du fait communautaire, le chantage identitaire, et surtout les prétentions corporatistes et multiculturalistes – exprimées par toute une litanie de groupes féministes, homosexuels, islamistes, antiracistes, juifs pratiquants, sourds-muets, etc. Notre erreur, conclut Slama, est que nous persistons à copier un modèle de société qui n'est pas le nôtre : le modèle du Nouveau Monde* »[245].

Depuis, on pourrait citer également A. Finkielkraut et d'autres écrivains[246] qui déplorent la revendication des iden-

---

243. D. Lacorne, *op. cit.*, 1997, p. 33.
244. A-G. Slama, *La Régression démocratique*, Paris, Fayard, 1995, pp. 51-79.
245. D. Lacorne, *op. cit.*, 1997, p. 35.
246. Voir notamment M. Petit, « Ethique et étiquettes » in *Supplément Le Monde* (31 écrivains face à la haine) du samedi 28 mars 1998.

tités, et la fin de l'intégration qui s'appliquait à tous les nouveaux venus sur la terre de France, remplacée par une hospitalité multiculturelle.

« *Or la nouvelle hospitalité ne consiste plus à dire voici notre monde aux étrangers ou au enfants. Elle consiste à laisser se manifester, s'entrecroiser, se rencontrer, se métisser les identités, les cultures et les mondes. Chacun à la limite, est un monde. C'est ainsi qu'à l'école l'impératif de transmission cède progressivement la place à l'exigence de communication interculturelle et intersubjective* »[247].

– Les tenants d'un multiculturalisme à la française

D. Lacorne cite le sociologue A. Touraine en tant que figure d'exception dans un paysage intellectuel français hautement jacobin. A. Touraine veut sortir des oppositions simplistes. Il s'agit, pour la France, de trouver une voie médiane entre l'universel et le particulier, entre l'assimilationnisme et le multiculturalisme. A. Touraine donne une grande importance au conflit central que mène le sujet contre le triomphe du marché et des techniques d'un côté, et de l'autre contre les pouvoirs communautaires totalitaires et autoritaires.

« *La subjectivation est la construction du sujet par la recherche d'un bonheur qui ne peut naître que de la recomposition d'une expérience de vie personnelle autonome ; qui ne peut et ne veut pas choisir entre la globalisation, partout présente, et l'identité* »[248].

Pour D. Lacorne, même si les arguments d'A. Touraine lui semblent trop abstraits, il considère qu'il ouvre une voie à un multiculturalisme à la française. Ainsi, pour A. Touraine, « *une France moderne devrait être capable de préserver sa richesse : une authentique culture civique, républicaine et assimilationniste et, tout en même temps, de véritables particularismes régionaux, religieux et culturels* »[249].

---

247. A. Finkielkraut, « Le monde de la haine et des slogans » in *Le Monde* du 12 décembre 1997, p. 22.
248. A. Touraine, *op. cit.*, 1997, p. 86.
249. D. Lacorne, *op. cit.*, 1997, p. 36.

– La complexité de la question

En réalité, pour D. Lacorne, si la majorité des penseurs français creusent l'écart entre la France et les États-Unis en nommant « l'ennemi multiculturel », c'est qu'il y a une crise du modèle d'intégration à la française.

> « Les condamnations répétées des ghettos ethniques, du communautarisme, du fanatisme religieux, du lobby de l'immigration et autres thèmes à la mode décrivent bien la crise du modèle d'intégration à la française »[250].

Or, le multiculturalisme dénoncé en France et l'éloge de la société jacobine et républicaine sont deux constructions mythiques de la réalité, qui, l'une et l'autre tentent de masquer une crise politique, ainsi qu'une crise d'identité et de modernité[251].

D. Lacorne veut dépasser les « imageries » :

> « Sans vouloir nier l'existence d'un différencialisme américain privilégiant l'ethnie, les catégorisations raciales et les mesures compensatrices dites d'affirmative action, je montrerai que le multiculturalisme américain recouvre une réalité autrement complexe que celle décrite par ses contempteurs français et américains »[252].

Le multiculturalisme américain est lié à plusieurs facteurs importants :
- à une tradition politico-religieuse, le principe de tolérance qui s'**oppose**
- à un principe des populations immigrées, le *melting-pot*.

Or, tout au cours de l'histoire des États-Unis, ces deux pôles de l'intégration à l'américaine, l'*assimilation* et le pluralisme ont coexisté, se sont complétés, se sont séparés...

---

250. D. Lacorne, *op. cit.*, 1997, p. 37.
251. Ibid., p. 36.
252. D. Lacorne suggère de prendre connaissance du dossier sur « Le spectre du multiculturalisme américain », *Esprit*, n° 212, 1995, pp. 83-160, à compléter avec les articles de Marie-Christine Granjon, « Le regard en biais. Attitudes françaises et multiculturalisme américain (1990-1993) », *Vingtième Siècle*, n° 43, 1994, pp. 18-29, et de Pierre Hassner, « Vers un universalisme pluriel ? », *Esprit*, n° 187, 1992, pp. 102-113.

D. *Lacorne* mesure la tension entre ces deux axes au cours de l'histoire de l'immigration américaine.

Donnant des exemples franco-américains sur le traitement de la différence (le port du foulard islamique au sein de l'école républicaine française et de la *kippa* au sein de l'armée américaine), il montre que la frontière entre les modèles d'intégration français et américain n'est pas si évidente.

Par ailleurs, faisant référence à l'exemple particulier, dans le Winsconsin, de l'arrêt *Yoder* aux États-Unis[253], D. Lacorne montre les avancées et les contradictions de la conception américaine du traitement du pluralisme.

La famille *Yoder* est de confession *Amish*. Dans ce cadre, elle refuse les conventions de l'Amérique moyenne. Pourtant, elle fait quelques concessions puisqu'elle envoie ses enfants à l'école publique, mais refuse de les y maintenir au-delà de l'âge de quatorze ans, alors que la loi du Wisconsin rend l'école obligatoire jusqu'à l'âge de seize ans.

> « *Les juges de la Cour suprême innovaient. A la défense traditionnelle des droits individuels, ils ajoutaient une autre catégorie de droits : le – droit à la différence –, ou encore le – droit de survie culturelle – d'un groupe particulier* »[254].

Ainsi, face à un intérêt public (l'école universelle et obligatoire) et un intérêt privé (la liberté de conscience), la solution trouvée par les juges américains fut de construire un équilibre. Reconnaissant la valeur de la socialisation Amish pour l'intérêt du pays et des personnes, les juges favorisent la solution du juste milieu « *entre les impératifs d'un État laïque et la nécessité de garantir la « survie » d'une minorité exemplaire* »[255].

Cet exemple est important dans l'histoire du multiculturalisme américain, car il marque le passage d'un système de tolérance centré sur la liberté de conscience des individus à

---

253. La famille Yoder appartient à l'une des communautés mennonites vivant aux U.S.A depuis le XVIIIe siècle, *The Old Order Amish*. Ils sont résolument antimodernes, ils n'acceptent pas les notions de « progrès intellectuel et scientifique, de distinction, de compétition et de succès social ». Voir bas de page in D. Lacorne, *op. cit.*, 1997, pp. 43-44.
254. D. Lacorne, *op. cit.*, 1997, p. 46.
255. Ibid., p. 46.

un système de préférence d'un groupe ou d'une communauté.

En fait, D. Lacorne montre l'importance de la tolérance **religieuse** dans l'histoire de la société américaine et de la compréhension des phénomènes d'identification ethnique. Cette tolérance religieuse américaine repose sur une cohabitation pacifique entre des groupes ethniques qui défendent leurs droits et leurs traditions. Ce principe de tolérance religieuse est un facteur de plus pouvant nous aider à comprendre, en quoi cette tradition multiculturelle diffère de notre tradition jacobine française.

> « *Notre tradition politique centralisatrice et républicaine est elle aussi tolérante, mais à peu de frais : nous le sommes devenus après avoir chassé de notre sein la minorité religieuse la plus nombreuse et la mieux intégrée socialement et économiquement : les huguenots. Qu'on le veuille ou non, la France a conservé les mentalités d'un pays mono-religieux et l'athéisme ou l'anticléricalisme à la française n'est que l'envers d'un catholicisme hégémonique. C'est pourquoi nous avons du mal à accepter les nouvelles religions, trop souvent qualifiées de – sectes – ou disqualifiées par leurs excès – fondamentalistes -. C'est pourquoi, aussi, le voile islamique fait toujours problème, malgré l'arrêt du Conseil d'État de 1992 qui tranchait en faveur du port du voile dans les écoles* »[256].

Après une description historique des politiques d'intégration des communautés ethniques, puis l'analyse de l'émergence de l'« affirmative action » et de ses limites pour la démocratie, D. Lacorne se demande si « *le principe de tolérance est compatible avec le traitement préférentiel de certaines minorités ethniques ?* »[257].

– Sortir d'une dichotomie stérile

D. Lacorne propose une conception modérée du multiculturalisme. Prenant l'exemple de la **tension** entre un rêve assimilationniste et son contraire dans l'histoire des États-Unis, D. Lacorne estime que le lien entre « tolérance » et « pluralisme politique » serait possible. Face aux deux types de tolérance politique et religieuse radicale qui pourraient,

---

256. D. Lacorne in *Le Débat*, *op. cit.*, pp. 160-161.
257. D. Lacorne, *op. cit.*, 1997, p. 47.

dans un cas, pousser aux excès de l'individualisme libéral et, dans l'autre, à la racialisation des rapports sociaux, il s'agit de promouvoir un multiculturalisme modéré attaché au « patriotisme constitutionnel »[258].

Pour favoriser l'égalité des chances, D. Lacorne soutient les politiques d'affirmative action, mais critique les excès de politiques préférentielles qui ont des effets pervers. Il s'agit de favoriser les victimes de discriminations sans pour autant systématiser les politiques de discrimination positive. Des politiques américaines ne sont pas forcément applicables en France. Les politiques préférentielles doivent être mesurées et adaptées à la réalité sociale.

> « En effet, si chaque – *groupe victimisé* – a droit à son lot de mesures réparatrices, à commencer par des quotas réservés à l'emploi, pour l'octroi d'un marché public ou pour l'admission dans une – *grande* – université, on doit s'attendre à ce qu'il n'y ait plus, à terme, que des groupes victimisés, – *Wasp* – y compris »[259].

La systématisation de l'*affirmative action* s'éloigne du principe de République égalitaire. Il faut construire un équilibre entre le *droit à l'indifférence* et le *droit à la différence*. Toutes les communautés n'ont pas les mêmes besoins. Aux États-Unis, l'intégration sociale des Noirs devrait rester la priorité. Par ailleurs, nous ne devons pas confondre inégalité culturelle et inégalité sociale.

D. Lacorne note que H-L Gates[260] a bien montré que l'afrocentrisme est une façon de masquer la division culturelle qui sépare les Noirs les plus précarisés et ceux qui ont réussi.

> « Il n'y a pas – *une* – culture noire qui serait radicalement coupée du reste de la société américaine, mais – *des* – cultures

---

258. Sur ce concept de philosophie politique, D. Lacorne fait référence à Jürgen Habermas, « Struggles for Recognition in the Democratic Constitutionnal State », in Charles Taylor *et al.* (textes réunis et présentés par Amy Gutmann), *Multiculturalism. Examining the Politics of Recognition, Princeton*, Princeton University Press, 1994, pp. 107-148.
259. D. Lacorne in *Le Débat, op. cit.*, p. 165.
260. H-L Gates est le directeur du département des Etudes afro-américaines de l'université de Harvard. Cf. H-L Gates, *Parable of the Talents* in H-L Gates et Cornel West, *The Future of the Race*, New York, Knopf, 1996, pp. 24-38.

hybrides qui correspondent plus à des divisions de classes qu'à des conflits interethniques »[261].

Finalement, la plupart des personnes appartenant à l'ensemble des communautés ethniques, ne résistent pas au « rouleau compresseur » de la culture populaire américaine qui constitue une forme d'uniformisation.

L'important est de construire une société qui favorise le dialogue et la négociation avec les groupes les plus marginalisés, ui veulent accéder à une reconnaissance *culturelle et politique*.

---

261. D. Lacorne in *Le Débat, op. cit.*, p. 166.

Conclusion

Au terme de cet état des lieux des concepts et des idées en cours sur le thème de l'intégration, nous avons vu qu'il s'agit d'un champ complexe dans lequel de multiples enjeux se confrontent. En effet, derrière la définition des termes et des notions, c'est l'histoire de la construction de la France moderne que nous découvrons. Celle-ci révèle des choix, des combats politiques et des réalités sociologiques polymorphes.

Au sein de la république française, contrairement à quelques idées reçues, le champ de l'intégration est loin d'être consensuel. Il révèle plutôt des tensions profondes entre des acteurs, quelquefois inquiets face aux bouleversements sociaux, culturels, politiques et économiques d'une France passant d'une société industrielle à une « société d'information ».

En fait, dans le débat polysémique entre intégrationnisme, assimilationnisme, communautarisme et multiculturalisme, c'est l'avenir politique et sociologique de la société française qui se dessine. Dans ces conditions, pour conclure, nous avons décidé de rapporter, ici, le fruit d'un travail de recherche sociologique que nous avons récemment réalisé et qui portait sur les acteurs de l'intégration et leurs logiques. En effet, nous pensons intéressant d'éclairer le cadre théorique du débat sur les modèles d'intégration esquissé dans cet ouvrage, en le confrontant à la réalité des pratiques.

Dans notre recherche, nous faisions l'hypothèse que l'intégration est un terme écran masquant une réalité plus contradictoire et moins consensuelle au sein de laquelle les acteurs de l'intégration agissent dans un entrecroisement complexe de logiques d'action. Nous supposions aussi que, sous ce masque, certains acteurs cherchaient à construire un mouvement social, incarné par la construction du sujet.

Ces hypothèses ont été confortés par les résultats d'une recherche sociologique réalisée à Rouen et au Havre, auprès des acteurs de l'intégration. Ce travail a été entrepris dans le cadre du projet *Mitra* (programme INTEGRA) conduit par l'Institut du Développement Social de Haute-Normandie[1].

Le contexte général

En posant le cadre analytique général, nous constatons que nous sortons d'une conception traditionnelle de la vie sociale, autrement dit, celle décrite par des fonctionnalistes, comme Talcott Parsons. La conception individualiste, universaliste et rationaliste qui a longtemps prévalu sans partage dans les têtes, s'exprimait dans les lois et dans les pratiques. Aujourd'hui, cette conception est remise en cause par les bouleversements que vit la société occidentale. Nous vivons la déconstruction des rapports sociaux liés à l'ère industrielle. Avec l'affaiblissement de l'idée de nation, nous vivons la fin du « modèle d'intégration à la française » renvoyant au déclin et à la crise des institutions républicaines. En fait, depuis la globalisation (augmentation du commerce mondial, développement des entreprises transnationales, des échanges financiers, des économies émergentes, de la société d'information), la souveraineté des États-nations est débordée.

D'un point de vue institutionnel, la république vit un bouleversement que l'on peut également constater sur le plan culturel. Nous vivons dans une nouvelle ère individualiste. Comme nous l'indiquent M. Wieviorka et P. Bataille, « *la France découvre l'exacerbation de l'individualisme moderne, sous la forme d'un désir croissant de participer à la consommation ou sous la forme d'une revendication de la subjectivité individuelle, qui fait que chacun entend se cons-*

---

1. M. Boucher, *Les acteurs de l'intégration et leurs logiques. Entre consensus et éclatement*, Institut du Développement Social, 1998.

truire soi-même, être autonome, respecté, reconnu comme sujet »[2].

L'apparition de plusieurs ordres de discours

Dans cet environnement en pleine métamorphose, face au constat que la société se désarticule, vit l'éclatement, la ségrégation sociale et spatiale, plusieurs discours émergent, qui, déclarent tous pouvoir rétablir un certain équilibre social. Les premiers, les plus nombreux, veulent reconstruire des repères structurants s'appuyant sur des institutions républicaines en favorisant l'intégration ou l'assimilation. Les seconds, assez marginaux, veulent constituer des repères communautaires propres aux sociétés holistes au sein de la société moderne et individualiste. Les troisièmes, la « minorité agissante », veulent prendre en compte la réalité de la naissance d'une nouvelle ère en articulant la subjectivation, les valeurs universelles, la mémoire individuelle et collective via la « communication interculturelle ».

Dans la réalité, les systèmes politico-institutionnels, les organisations sociales républicaines et leurs acteurs sont, la plupart du temps, porteurs du premier discours. En effet, ces acteurs se sentant attaqués de façon exogène et endogène, nous vivons une crispation de la société républicaine qui cherche à maintenir son homogénéité. Cette société française traditionnelle pense la démocratie autour des notions de liberté et d'égalité via une représentation de l'universel abstrait. Dans ce contexte, l'aspect identitaire est nié au nom de la raison universelle. Le multiculturalisme apparaît donc comme un danger pour la cohésion sociale et nationale.

Cette société républicaine en voix de « liquidation », cherche à mobiliser des formes d'action pour la défense des valeurs républicaines et des institutions afin de relier des pans entiers de la société se séparant radicalement. En réalité, comme le souligne A. Touraine, bien plus que l'affirmation des identités particulières, c'est certainement, et avant tout, le

---

2. M. Wieviorka, P. Bataille, « Figures actuelles du racisme » in *Sciences Humaines*, n° 83, mai 1998, p. 35.

développement des techniques et des marchés et de la consommation de masse qui casse la capacité de médiation de l'ordre politique.

> « Ce qui est clair aujourd'hui est qu'il n'y a plus de médiation institutionnelle et politique efficace entre l'économie internationalisée et des identités culturelles de plus en plus fortement affirmées [...]. Entre une économie globalisée et un univers culturel fragmenté, ce que nous appelons la crise des systèmes politiques, partout visible, au moins en Occident, y compris au Japon, démontre l'épuisement de la solution républicaine »[3].

Le champ de l'immigration

En France, l'ensemble de ces tensions opposant les tenants d'un universalisme abstrait et ceux d'un différencialisme modéré se concentre, tout particulièrement, sur le traitement de la différence et de la ressemblance des populations étrangères, immigrées ou issues de l'immigration. Pendant longtemps, la France, contrairement aux États-Unis, a refusé de se considérer comme un pays d'immigration. Le « modèle d'intégration à la française » fonctionnait relativement bien grâce aux institutions républicaines comme l'école, l'armée, mais aussi, et surtout, en s'appuyant sur la socialisation du travail au sein d'une société en plein développement industriel. Même s'il ne faut pas oublier la face d'ombre colonialiste, les différences identitaires s'estompaient relativement vite derrière le conflit central opposant le mouvement ouvrier à la classe dirigeante. Bien que des épisodes historiques liés à des crises économiques relatent l'émergence d'expressions violentes de racisme, d'antisémitisme et de xénophobie à l'encontre des Polonais et des Italiens notamment, le mythe de l'intégration à la française, comme modèle de réussite, reste, aujourd'hui encore, très tenace.

---

3. A. Touraine, « Faux et vrais problèmes » in *Une Société Fragmentée ? Le multiculturalisme en débat* (dir. M. Wieviorka), op. cit., p. 299.

Actuellement, les métamorphoses sociétales décrites ci-dessus, le chômage, les migrations internationales, la décolonisation, l'immigration de peuplement, le racisme, les discriminations subies par les jeunes français issus de l'immigration, la constitution de zones urbaines périphériques défavorisées et séparées du reste de la société sont autant de signes forts que l'intégration républicaine, basée sur les principes d'*Égalité*, de *Liberté* et de *Fraternité*, est en panne. Dans cet environnement, nous observons une forte ethnicisation de la vie collective et individuelle qui, brutalement, a fait prendre conscience à la France qu'elle est, bel et bien, un pays d'immigration. La France est en état de choc et de délitement et pour éviter l'éclatement total de la nation, il faut pourtant trouver des modes d'intervention favorisant l'intégration de toutes les personnes vivant sur son sol. Déjà la crise importante que traverse la France et son modèle d'intégration est, en effet, instrumentalisée politiquement, par des partis d'extrême-droite, nationaux-populistes.

C'est pourquoi, des systèmes politico-institutionnels, représentés notamment par des responsables politiques locaux ou nationaux, des acteurs de l'autorité gouvernementale, des organisations sociales représentant l'État comme des administrations ou encore des associations, prennent à bras le corps le problème de la difficile insertion de populations étrangères, immigrées ou issues de l'immigration qui, souvent, restent sur le bas côté de la route de l'intégration.

La description des systèmes politico-institutionnels, des organisations sociales et des acteurs agissant dans le champ de l'intégration, l'analyse des écarts entre leurs discours et leurs pratiques nous aident alors à mieux comprendre quels sont les rapports sociaux qui, actuellement, se dessinent pour demain.

Des questionnements

L'ensemble des acteurs politiques, administratifs et associatifs que nous situons, par commodité, dans le champ de l'intégration des étrangers, des immigrés ou des personnes issues de l'immigration, n'agissent pas au sein d'une même structure ; ils n'ont pas tous, loin de là, les mêmes objectifs, les mêmes valeurs, la même culture et, par conséquent, les mêmes représentations de leur action.

Malgré des discours intellectuels tranchés faisant référence à des conceptions bien spécifiques de l'intégration, sur le terrain, ne constate-t-on pas un écart entre ce qui est affirmé d'un point de vue théorique, à propos de l'universalisme notamment, et la pensée des pratiques ? N'existe-t-il pas une combinaison, une conjugaison de plusieurs ordres de discours se situant dans un espace idéaltypique entre l'universalisme totalisant et le différencialisme extrême ? Comme nous l'indique D. Schnapper, « *comment faut-il interpréter les écarts entre les normes et valeurs proclamées et les formes concrètes du fonctionnement social ?* »[4].

L'ensemble de ces écarts ne révèle-t-il pas le flou dans lequel sont plongés les systèmes politico-institutionnels, les organisations sociales et les acteurs de l'intégration ? Ces derniers seraient engagés dans une tension, entre d'un côté, la volonté d'accorder au politique, à la République liée à l'universalisme, le rôle de construire la cohésion sociale et nationale et, d'un autre côté, la volonté de reconnaître la forte poussée du désir individuel et de la sphère privée. Les acteurs politiques et institutionnels vivent, eux aussi, les changements sociaux et des conflits objectifs et subjectifs. Rares sont ceux qui se situent complètement du côté de l'assimilation ou du côté du communautarisme ; la plupart combinent, de manière assez changeante et fragile, un souci d'universalisme lié à l'unité du corps social et un différencialisme ayant le souci des identités, de l'intimité et des origines.

> « *Chacun de nous appartient à la fois au monde instrumentalisé des échanges économiques et à un ou plusieurs groupes d'appartenance culturelle, et mène de plus en plus une double vie, publique et privée, économique et culturelle* »[5].

En réalité, derrière ces tensions liées à l'entrée dans une nouvelle ère (augmentation de la quête identitaire et baisse des critères et des repères totalisants), la question consiste à

---

4. D. Schnapper, *op. cit.*, 1998, p. 13.
5. A. Touraine, *op. cit.*, 1996, p. 299.

savoir si la société contemporaine française peut trouver une articulation efficace entre le politique et l'identité.

La société majoritaire et dominante veut-elle réellement construire l'intégration grâce à la mise en place de mesures adaptées au sein d'un plan politique de longue durée ou bien veut-elle simplement maintenir la paix sociale en soutenant quelques initiatives, sans prendre en compte les spécificités de chacun, constituant ainsi « l'informe » des non intégrés ?

Sur le terrain, des administrations, des associations et des acteurs de l'intégration renforcent-ils le cloisonnement, la ségrégation sociale et raciale ou, au contraire, favorisent-ils la mixité, l'ouverture, la communication interculturelle ? Dans l'hétérogénéité des discours et des pratiques certains veulent-ils réprimer les dynamiques revendicatives des mouvements identitaires et d'autres, au contraire, conflictualiser les rapports sociaux pour favoriser la construction d'acteurs-sujets ? Les acteurs des systèmes politico-institutionnels et des organisations sociales, agissant pour l'intégration, construisent-ils un « espace de médiation » entre la rationalité instrumentale et l'identité culturelle du sujet ?

Malgré la « désinstitutionnalisation », des acteurs de l'intégration au sein d'organisations sociales n'ont pas tous les mêmes formes d'intervention auprès des populations étrangères, immigrées ou issues de l'immigration. Les uns, cherchent à faire vivre ensemble des groupes et des individus ayant des cultures différentes ; ils tentent alors de trouver un moyen permettant la communication de l'univers de l'objectivation et de la marchandise et celui des subjectivités individuelles et collectives. Les autres, par des pratiques tantôt répressives, tantôt stigmatisantes, renforcent la domination sociale et la fragmentation culturelle et ethnique. D'autres encore, peut-être les plus nombreux, agissent dans un cadre se situant entre ces deux pôles en tension.

Nous mettons, ici, en exergue les tensions que vivent et que gèrent les acteurs de l'intégration se situant à plusieurs niveaux, celui de l'État, celui des systèmes politico-institutionnels et celui des organisations sociales.

Les acteurs locaux de l'intégration

L'État, les systèmes politico-institutionnels et les organisations sociales

Dans *Production de la société*[6], A. Touraine indique que la société se construit par la conflictualisation de rapports sociaux opérée par des acteurs engagés du côté de l'État, des systèmes-politico-institutionnels et des organisations sociales. Nous inspirant du cadre de compréhension des rapports sociaux existants dans la société post-industrielle élaboré par A. Touraine, nous proposons donc de classer les acteurs locaux de l'intégration dans l'une des trois grandes catégories d'organisation sociale : l'État, les systèmes politico-institutionnels et les organisations sociales.

L'État est un agent d'intégration, de répression, mais aussi de changement. L'État établit l'ordre tout en étant un agent de liaison entre les institutions et les organisations sociales. Nous classerons dans cette catégorie l'ensemble des organisations sociales agissant donc directement en son nom.

Les systèmes politico-institutionnels permettent la transformation d'un champ d'action en une organisation sociale concrète. Le système politique et le système institutionnel construisent un ensemble de règles sociales qui prédéterminent le fonctionnement des organisations sociales. Même si les systèmes politico-institutionnels sont d'abord des processus et pas nécessairement des organisations concrètes, ici, nous appellerons les systèmes politiques et les systèmes institutionnels toutes les structures qui gèrent des relations entre les acteurs sociaux et un système d'organisation sociale. Les institutions sont des autorités légitimes qui élaborent les décisions devant être appliquées par les organisations sociales. Aussi, les acteurs politiques et institutionnels territoriaux et des administrations agissant au titre des conseils municipaux, des conseils généraux ou des conseils régionaux représentent-ils des systèmes politico-institutionnels.

Ce que nous appelons, ici, les organisations sociales, sont des structures dont la plupart des activités sont réglées par des décisions venant du système politique. Ces organisations sont

---

6. A. Touraine, *Production de la société*, Paris, Le Seuil, 1993.

à la fois dépendantes et indépendantes. En effet, en tant qu'unités d'action, elles ont une grande capacité d'initiative et, en même temps, elles sont reliées à la société politique de l'État et aux systèmes politico-institutionnels. Il s'agit, la plupart du temps, de structures sociales telles que les associations.

Il existe une hiérarchisation de ces trois cadres d'organisation sociale. Les structures sociales définies ci-dessus n'ont pas le même degré d'autonomie et de dépendance, n'ont donc pas le même pouvoir ni la même force d'influence. En effet, grâce à leur légitimité politique, l'État et les systèmes politico-institutionnels exercent leur pouvoir sur l'ensemble des organisations sociales.

Les logiques en présence

Nous l'avons vu, le passage d'une société industrielle d'exploitation à une société post-industrielle d'exclusion a généré de nouveaux rapports sociaux. Les acteurs n'agissent plus au sein d'un système fonctionnel dans lequel chacun exécute des tâches reliées à un rôle et à une fonction. Aujourd'hui, les acteurs vivent dans un espace constitué de pôles en tension. Les acteurs évoluent au sein d'un espace désarticulé, erratique, dans lequel ils doivent bricoler un équilibre identitaire. Ils vivent dans un environnement social, culturel et politique dans lequel plusieurs logiques, s'entrecroisent. Dans ce cadre, les acteurs de l'intégration ne font pas exception à la règle. Lorsque nous sommes allés enquêter auprès de ces acteurs, nous avons modélisé, peu à peu, une grille d'analyse thématique des différentes logiques rencontrées sur le terrain. En effet, en nous appuyant d'une part sur des observations empiriques et, d'autre part, sur les avancées théoriques de la sociologie de l'action, nous avons constaté que les acteurs de l'intégration agissent suivant plusieurs logiques d'action. Voici une nomenclature idéaltypique des logiques rencontrées au sein de l'espace de l'intégration, en Haute-Normandie.

Une logique d'intégration

Du côté du système, on parlera surtout d'intégration sociale. Il s'agit d'une logique d'appartenance favorisant l'intériorisation du social. Pour la société républicaine, il s'agit de forger la personnalité de personnes en possédant déjà une, construite par une socialisation primaire et secondaire. Ainsi, il s'agit de favoriser une adhésion subjective aux nouvelles attentes sociales grâce à une socialisation secondaire continue. Cette logique doit permettre un positionnement social des personnes et une intériorisation des valeurs culturelles de la société d'accueil.

Du côté des acteurs, la logique de l'intégration doit permettre aux personnes de se forger une identité grâce à l'intériorisation de valeurs et de principes appartenant à la collectivité au sein de laquelle les personnes se définissent. Ici, on parlera plus facilement de « socialisation communautaire ».

Dans les deux cas, la logique d'intégration sociale et communautaire, qu'elle en appelle à la modernité ou à la tradition, forge l'intériorisation d'un certain conformisme et d'une sorte de domination collective (société majoritaire/société minoritaire) acceptée par les individus. Il s'agit d'une programmation des individus par des structures d'intégration construisant des ordres et des contraintes culturelles que les personnes doivent adopter. L'antonyme de la logique d'intégration pourrait être la logique de fragmentation.

Une logique de médiation

La logique de médiation se manifeste lorsqu'il existe une situation de conflit ou d'incompréhension et de méfiance entre des personnes ou des groupes. Or, comme l'indique J. Freund[7], si le conflit est un phénomène social qui fait partie de la relation à l'autre, il peut conduire à une violence physique et symbolique. Toutefois, cet aspect agonistique extrême peut être évité. En effet, entre « l'espace polémique » ouvert à la violence, dans lequel il n'existe aucune règle et dont le type de conflit est la lutte entre des ennemis se caractérisant

---

7. J. Freund, *Sociologie du conflit*, PUF, 1983.

par une structure bipolaire entre amis/ennemis, il existe un autre espace appelé « espace agonal »[8]. Contrairement à l'espace polémique, cet espace n'exclut pas la participation d'un tiers et la reconnaissance de règles et de conventions pour la gestion d'un conflit. C'est dans cet « espace agonal » au sein duquel le combat permet l'intervention d'un tiers que se développe la logique de médiation. Celle-ci passe de la tension « binaire » aux trois pôles d'un état « ternaire ». Le premier objectif de la logique de médiation est de rétablir la communication entre des parties en conflit, comme c'est le cas dans des rapports sociaux de domination. La logique de médiation s'efforce de construire un climat empathique, propice à la compréhension et à l'écoute de l'autre. L'antonyme de la logique de médiation pourrait être la logique de l'incommunicabilité et de la violence.

Une logique de répression

Au-delà des logiques de relation, la logique de répression ne s'embarrasse pas des dimensions de négociation, de conciliation ou de médiation. La logique de répression n'a pas pour objectif premier de restaurer une relation sociale difficile engagée entre plusieurs parties, mais bien de faire valoir les intérêts d'une partie, comme l'État, et ainsi de rétablir la « paix publique » ou plutôt l'ordre social. La logique de répression affirme le point de vue de la force et applique les décisions prises par le pouvoir en place. Cette logique se place du côté du jugement et de la sanction. Il s'agit d'une logique tranchante qui exécute un acte selon les lois et les règles en vigueur ou même selon les coutumes des détenteurs du pouvoir et de la « violence légitime ». Cette logique est du côté de l'oppresseur plutôt que du côté de l'opprimé, du « gagnant » plutôt que du côté du perdant. L'antonyme de la logique de répression pourrait être une logique favorisant les luttes sociales.

---

8. Cf. E. Prairat, « Un espace de médiation » in *Non-violence Actualité*, 1993, pp. 14-15.

Une logique « échiquier »

L'image de la logique « échiquier » est celle du marché et du jeu. La logique « échiquier » représente un rapport social où l'intérêt est primordial. Il s'agit d'une dimension définie par l'instrumentalisation des rapports sociaux. La société, définie par un ensemble de règles et de normes, est appréhendée comme un jeu dans lequel en tant que pion, il s'agit de se placer, au mieux, sur un échiquier. Les systèmes et les acteurs agissent de façon stratégique au sein d'un environnement social considéré comme un espace de concurrence. Des rapports sociaux de compétition s'établissent au sein d'un marché dans lequel la rationalisation est de mise. La relation à l'autre a peu d'importance par rapport aux buts à atteindre : il faut gagner à tout prix. L'antonyme de la logique « échiquier » pourrait être la logique « hors-jeu » ou même « hors-vie ».

Une logique de distanciation et/ou de subjectivation

La logique de distanciation est directement liée à la construction du sujet. Cette dimension permet « une distance à soi et au monde », favorisant l'autonomie et l'inventivité des acteurs. Cette logique façonne la liberté des individus grâce à la construction d'un espace critique à l'égard des logiques d'appartenance ou d'intérêt. La logique de distanciation concerne les aspects qui participent aux revendications de l'individualisation. La logique de distanciation permet aux acteurs et aux organisations sociales de prendre de la distance par rapport à un système totalisant et écrasant. Au-delà d'un rapport instrumental et conformiste, cette logique en appelle à la dignité des personnes et affirme, contre la domination, des valeurs humaines de respect et d'authenticité. L'antonyme de la logique de distanciation pourrait être une logique favorisant la désarticulation du sujet.

L'interaction de la question sociale et culturelle

En définitive, au-delà de grands principes républicains, il semble que, pour l'État, les systèmes politico-institutionnels et leurs organisations sociales, l'intégration est d'abord un processus de compréhension des mécanismes de fonctionnement de la société française. S'intégrer est donc un processus permettant aux personnes vivant sur le sol national de se repérer dans la jungle des cadres sociaux, culturels et administratifs français. Cependant, pour les administrations et les institutions, développer le processus d'intégration des populations migrantes ne signifie pas pour autant construire véritablement la promotion sociale de ces personnes. Bien se repérer dans l'espace, se conformer aux règles imposées par l'État et par les systèmes politico-institutionnels, ne signifie pas pour autant que l'on participe pleinement au fonctionnement de la société ou, en tout cas, que l'on participe pleinement à sa transformation.

Le problème de la difficile intégration de minorités ethniques au sein de la société n'est pas, à lui seul, un problème ; il faut le considérer dans un ensemble plus vaste, celui de la non-intégration de personnes ou de groupes stigmatisés par la société intégrée. En fait, le processus d'intégration masque le processus d'exclusion. Il est néanmoins vrai qu'une origine ethnique minoritaire est un facteur supplémentaire conduisant vers la marginalisation[9].

Comme le souligne M. Xiberras[10], à propos du handicap physique et mental, il existe des réseaux spécialisés dont le but est de permettre aux handicapés une intégration « normale » dans la société (trouver un logement, un emploi...). Or, l'existence même de ces services souligne la distance qu'il y a entre les handicapés et les gens « comme tout le monde ». En ce qui concerne les étrangers, les immigrés et les personnes issues de l'immigration, l'existence de nombreuses structures intermédiaires ayant des activités spécifi-

---

9. Cf. D. Béhar, « Entre intégration des populations d'origine étrangère et politique de la ville : existe-t-il une discrimination positive à la française ? », *Hommes & Migrations*, n° 1213, mai-juin 1998, pp. 79-88.
10. M. Xiberras, *Les théories de l'exclusion*, Paris, Armand Colin, 1996.

ques destinées à prendre en charge des problèmes particuliers, souligne que ces personnes sont loin d'une intégration « normale ». Les étrangers, les immigrés et leurs enfants font ainsi partie de la catégorie « informe » exclue. Ce qui définit le mieux l'ensemble des exclus et des assistés, c'est qu'ils font l'objet de politiques spécifiques. En France, être étranger est un handicap susceptible de conduire à l'échec d'une intégration sociale réussie. Alors qu'a priori, être étranger ou immigré ne constitue pas un motif d'exclusion, l'observation de terrain montre que, par une conjugaison de logiques d'échec, la différence culturelle représente un handicap susceptible de conduire vers l'exclusion.

Pour une personne issue de l'immigration, posséder la nationalité française ne suffit pas pour être totalement intégrée. Lorsque cela se voit, être d'origine étrangère devient un facteur stigmatisant supplémentaire conduisant vers un processus de marginalisation. Dans ce cadre, les jeunes français issus de l'immigration sont les premières victimes de cet état de fait.

Au-delà de l'intégration culturelle, pour les autorités, ce qui est primordial, c'est, avant tout, la gestion de la précarité et de ses conséquences pour la paix civile. Comme le souligne un responsable du service des étrangers de la Seine-Maritime, souvent, lorsque l'État français prononce un avis défavorable à la demande de régularisation d'un étranger, ce n'est que très rarement que des critères culturels sont avancés mais plutôt des raisons économiques.

> « Dans la plupart des cas, lorsque nous sommes amenés à émettre des avis défavorables, c'est sur un problème d'intégration économique ; c'est-à-dire que les gens sont dépendants des prestations sociales. On a l'intégration culturelle, mais on a aussi l'intégration économique dans nos critères d'appréciation des dossiers. Des femmes, pour prendre un exemple caricatural, des femmes musulmanes voilées qui demandent la naturalisation française, il y en a très peu. Leurs filles, qui demandent la naturalisation française donnent les apparences de gens parfaitement intégrés dans la société. La vraie difficulté de ces jeunes, c'est la difficulté que beaucoup de jeunes rencontrent aujourd'hui, c'est-à-dire celle de trouver du travail »[11].

---

11. Entretien.

Comme le reconnaît cet agent de l'État, c'est bien la combinaison de plusieurs handicaps, sociaux, culturels et économiques, qui entraîne des personnes et des groupes vers la « désaffiliation » et, quelquefois, pour les plus jeunes notamment, vers la délinquance. Face à la « pauvreté structurelle », ce ne sont pas les étrangers et les immigrés qui apparaissent comme un problème mais bien plutôt leurs enfants. La question sociale devient la question urbaine avec son cortège de fantasmes et de peurs que génère une population dangereuse et incontrôlable en formation[12]. Pour la société majoritaire et dominante, il s'agit de gérer la potentialité d'un dérapage de toute une frange de la population qui risque de basculer dans la violence et dans la délinquance. Dans une société d'exclusion, l'enjeu principal des administrations d'État et des systèmes politico-institutionnels est d'éviter le chaos. Il s'agit de gérer toute cette partie de la population qui, nous le disions précédemment, reste sur le côté de la route (populations étrangères ou issues de l'immigration, jeunes issus de l'immigration, ainsi que toute une partie de la population française appartenant au « quart-monde »). A l'aide d'un tissu institutionnel et associatif tourné, de plus en plus, vers la médiation et non plus, principalement, vers l'éducation, gérer des populations et des territoires jugés « à risques » pour la cohésion sociale est l'objectif à atteindre.

Nous l'avons vu, l'espace de l'intégration est loin d'être un cadre consensuel et équilibré. Les acteurs de l'intégration agissent dans un espace hétérogène au sein duquel cohabitent plusieurs logiques d'actions en tension. La combinaison des logiques exprimées par les acteurs de l'intégration révèle le visage d'une société traversée par des rapports sociaux de domination et d'exclusion. Dans ce type de société, les acteurs ont bien des difficultés à construire le conflit nécessaire à la construction du sujet. En fait, l'espace de l'intégration, défini par l'entrecroisement de plusieurs logiques, montre l'existence d'une société de « gestion du risque ». Au-delà de la prise en compte des minorités ethniques et culturelles, la société, majoritaire et intégrée, doit gérer toute une frange de la population stigmatisée par elle. Par l'intermédiaire des logiques « échiquier », de répression, de médiation,

---

12. L. Chevalier, *Classes laborieuses et classes dangereuses*, Paris, Hachette, 1984.

d'intégration et de subjectivation, la société majoritaire et dominante, incarnée ici par les acteurs agissant au nom de l'État, des systèmes politico-institutionnels et des organisations sociales, maintient une certaine paix sociale au sein de rapports sociaux d'exclusion. On le voit, ce n'est pas la difficile intégration des étrangers et des immigrés qui pose problème, mais plutôt celle de minorités ethniques, culturelles et sociales stigmatisées, discriminées et objets de ségrégation par la société majoritaire[13].

Des zones urbaines différenciées et des espaces de ségrégation existent. Malgré les déclarations de principe égalitaristes de l'État et de ses représentants, la réalité sociale dessine une nette séparation entre les différents milieux sociaux. A côté de zones de vie et de consommation, de quartiers d'habitations « sans problèmes », il existe des zones périphériques où se concentrent une grande quantité des difficultés socio-économiques de nos grandes villes. Dans ces territoires sinistrés, également appelés « quartiers de relégation », vivent les personnes que la société dominante stigmatise parce qu'ils sont chômeurs de longue durée, étrangers, immigrés, autrement dit, parce qu'ils sont différents de la majorité dominante. F. Dubet souligne que nous assistons à la fin du « problème immigré » et à la naissance d'un problème de minorité.

En nous appuyant sur les résultats de notre recherche, nous sommes en droit de nous demander si, malgré les discours incantatoires des garants d'un « ordre républicain », l'intégration de tous les individus vivant sur le sol national est une priorité pour les dominants ou s'ils masquent la dégradation effective des rapports sociaux et l'installation dans une ségrégation sociale, spatiale et raciale. Si c'est bien le cas, le débat sur l'« égalité » et sur l'« équité » devient un faux débat, puisqu'en caricaturant les positions des uns et des autres, les tenants de l'égalité accepteraient la reproduction

---

13. Comme le souligne M. Wieviorka, les notions de discrimination et de ségrégation s'appliquent à des réalités ethniques, raciales, sociales.... En outre, ce sont des notions désignant aussi bien un processus que son résultat et qui résultent de l'organisation du marché, de logiques institutionnelles et politiques ou de leur conjugaison. (Cf. M. Wieviorka, *Le racisme*, une introduction, Paris, La Découverte, 1998, pp. 61-65.).

sociale et les promoteurs de l'équité favoriseraient la « racialisation » des rapports sociaux et la stigmatisation. En fait, il faut prendre garde à ce que la mise en accusation des « handicaps culturels » dans l'étiologie des échecs ne masque pas la responsabilité première des handicaps sociaux. Ainsi, paradoxalement, plutôt que d'être une façon innovante de lutter contre les inégalités, les actions spécifiques préconisées et mises en place en faveur de « l'intégration » des moins favorisés comme les étrangers, les immigrés et leurs enfants, seraient une forme déguisée de résignation face aux conséquences de la fragmentation culturelle et sociale. Comme le souligne C. Rojzman à propos de la violence dans les quartiers défavorisés, « *une justice qui ne s'applique qu'aux faibles n'est pas une véritable justice* »[14]. C'est bien là l'expression d'une délégation de l'ordre social existant.

Dans un tel contexte, celui d'une « gestion du risque » par la combinaison de logiques d'action hétéroclites, il semble qu'il soit très difficile, pour les acteurs de l'intégration, de se constituer en mouvement collectif. L'espace de l'intégration est un cadre polymorphe et les acteurs qui le constituent agissent pour des raisons multiples. Nous l'avons vu, les mouvements intermédiaires s'occupant de l'intégration des étrangers et des immigrés sont rarement des contre-pouvoirs, ce sont plutôt les interlocuteurs privilégiés des autorités détentrices du pouvoir politique et économique. De plus, la plupart des acteurs de l'intégration, qu'ils agissent au niveau de l'État, des systèmes politico-institutionnels ou des organisations sociales font partie des classes moyennes intégrées ou qui aspirent à en faire partie. Pour ceux-ci, il s'agit de prendre en charge les « classes moyennes pauvres »[15].

Cependant, entre, d'une part, la répression, c'est-à-dire la volonté de reconquérir une certaine unité sociale, culturelle et nationale grâce à la force institutionnelle et le rêve du retour des « institutions totales », et, d'autre part, la résignation d'une politique libérale opérant par la gestion pragmatique d'une société d'exclusion, il existe une autre voie. En effet, dans cet espace confus de logiques multiples, entre la domination et l'individualisme, se dessine, de la part d'acteurs engagés, la volonté de construire le sujet par l'intermédiaire

---

14. C. Rojzman in *Le Monde* du jeudi 14 mai 1998, p. 7.
15. Cf. F. Dubet, D. Martuccelli, *op. cit.*, 1997, pp. 119-144.

des logiques de distanciation/subjectivation. Nous avons vu que certains acteurs, en effet, refusent les seules logiques stratégiques et de domination communautaire ou sociétaire. Ils revendiquent la liberté et l'autonomie des individus par l'intermédiaire d'une distanciation critique et par l'expression de rapports sociaux conflictuels avec les représentants de l'ordre établi.

En définitive, comme l'indique A. Touraine depuis des années, la société doit prendre conscience qu'elle se produit par elle-même et, par conséquent, qu'elle doit faire son autocritique. Déjà, nous assistons, aujourd'hui, à une évolution notoire. En effet, la prise en considération récente des mécanismes de « discrimination »[16] par l'État et par les systèmes politico-institutionnels est significative de cette volonté de changer les rapports sociaux. A côté du « modèle français d'intégration » construit à partir de principes, nous parlons maintenant du « modèle français de discrimination » défini à partir de faits. En fait, il s'agit d'un changement radical dans l'échelle des représentations. Désormais, ce ne sont plus uniquement les personnes issues de l'immigration ou leurs communautés fantasmées qui sont accusées de refuser de s'intégrer dans la société française mais bien la société majoritaire à qui l'on reproche de produire de la violence, de la ségrégation et de rejeter ainsi les minorités. Cependant, la société française ne doit pas s'en tenir à des effets d'annonce et en rester, par la même, à des déclarations de principe. L'enjeu, pour demain, est bel et bien le passage d'une « égalité formelle » à une « égalité réelle » pour tous.

Finalement, au-delà des polémiques idéologiques entre universalisme et différencialisme, nous constatons que la question de l'intégration ne concerne pas seulement les populations migrantes, mais bien toutes les personnes qui, dans un contexte de dérégulation et de mondialisation, risquent de basculer dans l'exclusion. Dans ces conditions, dans un environnement mouvant au sein duquel de multiples logiques sont en tension, il ne sert à rien de vouloir imposer, à nouveau, des normes devenues caduques. Ainsi, dans une société post-industrielle, penser l'intégration ne consiste pas à réha-

---

16. Cf. le dossier intitulé « Le modèle français de discrimination. Un nouveau défi pour l'antiracisme », *Mouvements*, n° 4, mai-juin-juillet 1999.

biliter des forces de normalisation, qu'elles soient politiques, sociales ou culturelles. Au lieu de vouloir construire une société unifiée et intégrée imaginée par la plupart des sociologues depuis la naissance de la sociologie[17], ne faudrait-il pas plutôt favoriser la production d'une société respectueuse des individus considérés réellement comme des sujets. Le sujet n'est considéré, ici, ni comme « héroïque », ni comme « négatif ». Il est la capacité qu'un individu a d'être un acteur en combinant diversité et universalité grâce au principe de subjectivation (ou, selon A. Touraine, d'individualisation réflexive). Par conséquent, comme le soulignait F. Dubet[18], une société moderne et démocratique qui veut donner une chance à tous les individus d'être des acteurs de leur propre vie, plutôt que de les normaliser par un processus d'intégration bien confus, devrait au contraire, les armer pour qu'ils soient sujets de leur expérience et qu'ils puissent affronter en conséquence, une société d'expérience conjuguant une multiplicité de logiques.

---

17. Cf. R-A. Nisbet, *La tradition sociologique*, Paris, PUF, 1993.
18. F. Dubet in colloque intitulé « La différence culturelle, pour une nouvelle formation des débats », organisé par M. Wieviorka, au Centre Culturel International de Cerisy-la-Salle du 21 au 28 juin 1999.

Tableau I : La différence culturelle en débat

	Approche communautariste		Approche assimilationniste	
Auteurs	T. Nathan		E. Todd	P.-A. Taguieff
	L'influence-qui guérit		Assimilation : le destin des immigrés	Epistémologie des racismes et des antiracismes
Questionnement	La civilisation occidentale moderne est une société débarrassée de ses tiers comme les saints, le diable et dieu. Or, cette société des « lumières » n'est-elle pas devenue une société « barabare par simplification » plongeant les personnes dans l'angoisse, la solitude et conduisant notamment les migrants vers une grande souffrance psychique ?		Nos sociétés occidentales, en rapport avec des populations migrantes, sont-elles impliquées dans une dynamique d'assimilation ou de ségrégation?	L'exigence de connaissance scientifique, alliée aux principes républicains au sein d'un Etat-nation ne sont-ils pas les meilleurs garants de l'antiracisme et de la cohésion sociale ?
Citations	« S'il existait une morale de notre profession, elle devrait nous interdire - Je dis bien interdire! de penser le migrant en souffrance hors de son groupe... ». (1996)		« A l'échelle planétaire, la coexistence des valeurs antagonistes est possible. Sur un territoire donné, certains élé-ments culturels de base sont incompati-ble. » (1994)	«...replacer l'idéal de laïcité au cœur du civisme, faire enfin de la citoyenneté française un motif de fierté. » (1996)
Bibliographie	L'influence qui guérit, Paris, Odile Jacob, 1994. Le migrant, son psy, son juge, son assistante sociale et quelques autres re-présentants des forces occultes, (texte remanié pour la revue des juges pour enfants), Melampous, 1996.		Le Destin des Immigrés, assimilation et ségrégation dans les démocraties occidentales, Paris, Le Seuil, 1994. La nouvelle France, Paris, Points Politique, 1988. L'invention de l'Europe, Paris, Points essais, 1990.	La force du préjugé. Essai sur le racisme et ses doubles, Paris, Gallimard, coll. « Tel », 1990 Face au racisme, 2 vol. Paris, Le Seuil, coll. « Points-Essais », 1993. Les Fins de l'antiracisme, Paris, Michalon, 1995. La République menacée, Paris, Textuel, 1996. Le Racisme, Paris, Flammarion, 1997. La couleur et le sang. Doctrines racistes à la française, Paris, Mille et une nuits, 1998.

Tableau I : La différence culturelle en débat (suite)

	Approche intégrationniste		Approche multiculturaliste	
Auteurs	D. Schnapper Une intégration républicaine de tolérance	J. Costa-Lascoux Construire la solidarité en acte	M. Wieviorka Un multiculturalisme raisonnable	D. Lacorne Du « melting-pot » au multiculturalisme
Questionnement	Dans les sociétés modernes, entre intégration et exclusion, la nation ne reste-t-elle pas le meilleur cadre pour construire la « communauté » des citoyens et ainsi maintenir la cohésion sociale ?	Dans un contexte de mondialisation des flux migratoires et de construction européenne, un contrat de citoyenneté » autour de la laïcité et de la pédagogie des droits de l'Homme n'est-il le meilleur moyen pour garantir une société cohérente et ouverte à la fois ?	Depuis la sortie de la société industrielle, la fin du mouvement ouvrier et l'entrée dans la société post-industrielle, il existe une valorisation des questions identitaires, ainsi qu'une quête de l'estime de soi. Dans ce contexte, n'est-ce pas autour des identités que se constitue le nouveau mouvement social (lié aujourd'hui à la construction du sujet) ?	Le système politique américain n'est pas si différent du modèle français. Il repose lui aussi sur un contrat politique, librement consenti par la communauté des citoyens. Ainsi, contrairement aux idées reçues, les contradictions du mul-ticulturalisme américain et l'expérience française ne méritent-elles pas d'être comparées pour sortir d'une dichotomie stérile ?
Citations	« La nation est une forme politique qui a transcendé les différences entre les populations, qu'il s'agisse des différences objectives d'origine sociale, religieuse, régionale et nationale ou des différences d'identité collective, et les a intégrées en une entité organisée autour d'un projet politique commun. » (1993)	« ...la citoyenne-té européenne : doit-elle être l'expression d'une simple « intégration fonctionnelle », une citoyenneté de la résidence soumise aux seules conditions de la durée et de la régularité du séjour ? Ou bien doit-elle être l'expression d'un choix, d'un engagement, de l'adhésion à des valeurs démocratiques ? Dans cette seconde acception, le contrat de citoyenneté devrait être clairement défini. » (1994)	« Le fractionnement et l'instabilité des expressions concrètes de l'identité n'interdisent pourtant pas de penser qu'elles relèvent d'un principe général lui-même unifié et stable, qui est l'appel à la subjectivité, à la capacité de construire ses propres choix, de produire sa propre expérience, de développer et déployer sa créativité » (1995)	« Sans vouloir nier l'existence d'un « différencialisme » américain privilégiant l'ethnie, les catégorisations raciales et les mesures compensatrices dites d'« affirmative action », je montrerai que le multiculturalisme américain recouvre une réalité autrement complexe que celle décrite par ses contempteurs français et américains. » (1997)
Bibliographie	*La France de l'intégration, sociologie de la nation en 1990*, Paris, Gallimard, 1991. *Contre la fin du travail*, Paris, Textuel, 1997. *La communauté des citoyens. Sur l'idée moderne de nation*, Paris, Gallimard, 1994. *La relation à l'autre. Au cœur de la pensée sociologique*, Paris, Gallimard, 1998.	*Logiques d'États et Immigrations* (avec P. Weil), Paris, Kimé, 1992. « Immigration : de l'exil à l'exclusion ? », in *L'exclusion : l'état des savoirs* (dir. S. Paugam), Paris, La Découverte, 1996, pp. 158-171. *Les trois âges de la laïcité*, Paris, Hachette, 1996.	*L'espace du racisme*, Paris, Le Seuil, 1991. *La France raciste*, Paris, Le Seuil, 1992. *La Démocratie à l'épreuve. Nationalisme, populisme, ethnicité*, Paris, La Découverte, 1993. *Racisme et modernité*, Paris, La Découverte, 1993. *Racisme et xénopho-bie en Europe. Une comparaison internationale*, Paris, La Découverte, 1994. *Une société fragmentée ? Le multiculturalisme en débat*, Paris, La Découverte, 1996. *Commenter la France*, Paris, éd. de l'Aube, 1997.	*L'invention de la République. Le modèle américain*, Paris, Hachette, 1991. *La crise de l'identité américaine. Du melting-pot au multiculturalisme*, Paris, Fayard, 1997. « Pour un multiculturalisme modéré », *Revue Le Débat*, Paris, Gallimard, n° 97, novembre-décembre 1997, pp. 158-167.

Tableau II :
Une approche assimilationniste

	Emmanuel TODD Assimilation : le destin des immigrés	Pierre-André TAGUIEFF Epistémologie des racismes et des antiracismes
Questionnement	Nos sociétés occidentales, en rapport avec des populations migrantes, sont-elles impliquées dans une dynamique d'assimilation ou de ségrégation ?	L'exigence de connaissance scientifique, des principes républicains au sein d'un Etat-nation n'est-elle pas la meilleure garante de l'antiracisme et de la cohésion sociale ?
Cheminement intellectuel	- Une vision anthropologique du changement du monde - Sociétés différencialistes et sociétés assimilationnistes - Symétrie et asymétrie des structures mentales - Asymétrie et symétrie dans un monde postindustriel - Traitement de l'immigration dans différents pays : entre mythe et réalité - Reconstruire le contrat jacobin universel	- Donner un fondement philosophique au rejet des racismes - **Un cadre théorique** : Antiracisme fragile et métamorphose du racisme - Les formes inédites de racisme ont des conséquences fortes sur les débats du racisme et de l'antiracisme - Métapolitique républicaine et espoir de l'universel - L'idée républicaine kantienne - L'exigence d'universalité - **Un cadre de recherche/action** : Comprendre pour agir – Islamisation et lepénisation - Repenser « un nationalisme républicain » - Créer une république universelle et diverse
Références	L'anthropologie sociale comme cadre d'analyse des sociétés pré-indutrielles et post-industrielles	- A. Lalande - E. Kant - E. Durkheim
Mots clés	- Ségrégation - Exogamie – Assimilation - Acculturation - Anomie - Universalisme - Jacobinisme	- Préjugé - Racisme – Racisme différencialiste – Déterminisme - Culturalisme - Mixophobie – Stratégie de rétorsion - Hétérophilie - Hétérophobie - Universalisme – République

Tableau III
Une approche communautaire et thérapeutique

	T. Nathan L'influence qui guérit
Questionne ment	La civilisation occidentale moderne est une société débarrassée de ses tiers comme les saints, le diable et dieu. Or, cette société des « lumières » n'est-elle pas devenue une société « barbare par simplification » plongeant les personnes dans l'angoisse, la solitude et conduisant notamment les migrants vers une grande souffrance psychique ?
Cheminement intellectuel	- La psychopathologie : une domination occidentale - La consultation d'ethnopsychanalyse pour les migrants - Prendre en compte la culture de référence communautaire - Supériorité des sociétés holistes sur les sociétés modernes - Une pensée totalisante
Références	- G. Devereux - M. Mauss - S. Freud, Winnicott, Klein, Anzieu, Lacan... (opposition)
Mots clés	- Ethnopsychiatrie - Psychopathologie - Ethnopsychanalyse - Mythes - Culture - « Influençologie » - Communauté - Société holiste - Individu, groupe, représentant

Tableau IV
Une approche intégrationniste

	Dominique Schnapper Une intégration républicaine de tolérance	Jacqueline Costa-Lascoux Construire la solidarité en acte
Questionnement	Dans les sociétés modernes, entre intégration et exclusion, la nation ne reste-t-elle pas le meilleur cadre pour construire la « communauté des citoyens » et ainsi maintenir la cohésion sociale ?	Dans un contexte de mondialisation des flux migratoires et de construction européenne, un « contrat de citoyenneté » autour de la laïcité et de la pédagogie des droits de l'homme n'est-il pas le meilleur moyen pour garantir une société cohérente et ouverte à la fois ?
Cheminement intellectuel	- A la recherche de l'ordre perdu - Apparition de l'idée de nation - Une construction sociologique de la nation - Une société productiviste peut mettre en péril la nation - La communauté citoyenne : un cadre d'intégration - Construire des valeurs communes - Le sociologue, les rapports interethniques et la citoyenneté	- La question de l'immigration est au coeur du débat démocratique - Un contrat de citoyenneté, nouveau contrat - Construire la citoyenneté des immigrés - Construire l'égalité est une urgence - La citoyenneté, c'est l'action politique - Chercheur et militant de la solidarité
Références	- La sociologie classique d'E. Durkheim, Mauss surtout, mais aussi d'A. Comte, M. Weber, Tönnies... - Hegel	Les législations nationales et européennes, la déclaration des droits de l'homme et du citoyen, l'histoire de la laïcité et la sociologie classique.
Mots clés	- Intégration - Etat-nation - Démocratie - Citoyenneté - Droits et devoirs civiques - Société productiviste-hédoniste (opposition) - Cohésion nationale et lien social - Universalisme	- Immigration - Droit - Droits de l'homme - Citoyenneté - Civisme - Laïcité - Intégration - Construction européenne - Solidarité - Egalité - Démocratie participative - Droits culturels

Tableau V
Une approche multiculturaliste

	Michel WIEVIORKA Un multiculturalisme raisonnable	Denis LACORNE Du « melting-pot » au multiculturalisme
Questionnement	Depuis la sortie de la société industrielle, la fin du mouvement ouvrier et l'entrée dans la société post-industrielle, il existe une valorisation des questions identitaires, ainsi qu'une quête de l'estime de soi. Dans ce contexte, n'est-ce pas autour des identités que se constitue le nouveau mouvement social (lié aujourd'hui à la construction du sujet) ?	Le système politique américain n'est pas si différent du modèle français. Il repose lui aussi sur un contrat politique, librement consenti par la communauté des citoyens. Ainsi, contrairement aux idées reçues, les contradictions du multiculturalisme américain et l'expérience française ne méritent-elles pas d'être comparées pour sortir d'une dichotomie stérile ?
Cheminement intellectuel	- **Mouvement social et sujet ethnique** : Une mutation profonde - Les nouveaux mouvements sociaux - Réflexions sociologiques et subjectivation - **A propos du modèle français d'intégration républicaine** : Quelles mutations? *la question sociale, la désinstitutionnalisation, la fragmentation culturelle* - De fausses solutions - Une solution adaptée à la poussée de l'individualisme moderne	- Un débat franco-américain - La crise de l'identité américaine : entre mythe et réalité - Echec du « melting-pot » et naissance de l'« affirmative action » - Entre les Etats-Unis et la France : le multiculturalisme en question - La complexité de la question - Sortir d'une dichotomie fragile
Références	La sociologie du travail et des mouvements sociaux d'A. Touraine, créateur du Centre d'Analyse et d'Intervention Sociologique (F. Dubet, D. Lapeyronnie, F. Gaspard, F. Khosrokhavar...), la sociologie de l'action collective et de la mobilisation des ressources (C. Tilly), la sociologie anglo-saxonne (Ecole de Chicago)...	Histoire américaine (immigration, sciences de l'éducation, législation, littérature), histoire de la Révolution française, philosophie politique...
Mots clés	Mouvements sociaux - Acteur - Sujet – Historicité - Conflictualité – Société industrielle et post-industrielle - Subjectivation - Processus d'inversion / anti-mouvement social - Triangle de l'ethnicité - Aggiornamento	Multiculturalisme- Citoyenneté - « Melting-Pot » - Assimilation - « Affirmative action » - Egalité - Equité - Droits civiques - Principe de tolérance - Différencialisme ethnoracial - Egalitarisme républicain - Patriotisme constitutionnel

Bibliographie

Ouvrages, rapports et études

Agence pour le Développement des Relations Interculturelles., *Action culturelle et intégration, bilan des connaissances*, Paris, éd. ADRI Études, 1994.

Balibar, E., **Chemillier-Gendreau, M.**, **Costa-Lascoux, J.**, **Terray, E.**, *Sans-papiers : l'archaïsme fatal*, Paris, La Découverte, 1999.

Bataille, P., *Le racisme au travail*, Paris, La Découverte, 1997.

Becker, H-S., *Outsiders, études de la sociologie de la déviance*, Paris, Métaillé, 1990.

Birnbaum, P., **Leca, J.**, (dir.), *Sur l'individualisme*, Paris, éd. Presses de la Fondation Nationale des Sciences Politiques, 1991.

Blanchard, P., **Bancel, N.**, *De l'indigène à l'immigré*, Paris, éd. Découverte/Gallimard, 1998.

Blanchet, A., **Ghiglione, R.**, **Massonat, J.**, **Trognon, A.**, *Les techniques d'enquête en sciences sociales*, Paris, éd. Dunod, 1987.

Blanchet, A., **Gotman, A.**, *L'enquête et ses méthodes. L'entretien*, Paris, éd. Nathan, 1992.

Bouamama, S., *De la galère à la citoyenneté, les jeunes, la cité, la société*, Paris, éd. Desclée de Brouwer, 1993.

Boucher, M., *Rap, expression des lascars. Significations du rap dans la société française*, Paris, éd. L'Harmattan, 1998.

Costa-Lascoux, J., « Immigration : de l'exil à l'exclusion ? » in *L'exclusion : l'état des savoirs* (dir. S. Paugam), Paris, La Découverte, 1996, pp. 158-171.

Costa-Lascoux, J., *Les trois âges de la laïcité*, Paris, éd. Hachette, 1996.

Coulon, A., *L'École de Chicago*, Paris, PUF, 1992.

Cuche, D., *La notion de culture dans les sciences sociales*, Paris, La Découverte/coll. Repères, 1996.

Debray, R., *Le code et le glaive. Après l'Europe, la nation ?*, Paris, Albin Michel/Fondation Marc-Bloch, 1999.

Delacroix, C., **Beski, C.**, **Radja Mathieu, Z.**, **Bertaux, S.**, *Médiatrices dans les quartiers fragilisés : lien*, Paris, La Documentation française, 1996.

Dewitte, P., (dir.), *Immigration et intégration, l'état des savoirs*, Paris, La Découverte, 1999.

Dominelli, L., *Anti-racist social work. A challenge for white practitioners and educators*, London, Macmillan Press, 1997.

Donzelot, J., *L'invention du social. Essai sur le déclin des passions politiques*, Paris, Fayard, 1984.

Dubar, C., *La socialisation, construction des identités sociales et professionnelles*, Paris, éd. Armand Colin, 1991.

Dubet, F., *Immigrations : qu'en savons-nous ? Un bilan des connaissances*, Paris, La Documentation française, 1989.

Dubet, F., *La galère : jeunes en survie*, Paris, Fayard, 1987.

Dubet, F., **Lapeyronnie, D.**, *Les quartiers d'exil*, Paris, Le Seuil, 1992.

Dubet, F., *Sociologie de l'expérience*, Paris, Le Seuil, 1994.

Dubet, F., **Martuccelli, D.**, *Dans quelle société vivons-nous ?*, Paris, Le Seuil, 1998.

Duriez, P., *Les médiations en France : vers un état des lieux* (rapport pour le Comité de Liaison des associations socio-éducatives de Contrôle Judiciaire), éd. C.L.C.J., 1994.

Elias, N., *Norbert Elias par lui-même*, Paris, Fayard, 1991.

Elias, N., **Scotson, J-L.**, *Logiques de l'exclusion*, Paris, Fayard, 1997.

Férréol, G., (dir.), *Intégration et exclusion*, Lille, éd. Pul, 1992.

Férréol, G., (dir.), *Intégration, lien social et citoyenneté*, Lille, Septentrion, 1998.

Freynet, M-F., *Les médiations du travail social*, Lyon, éd. Chronique sociale, 1995.

Grafmeyer, Y., **Joseph, I.**, *L'École de Chicago, naissance de l'écologie urbaine*, Paris, éd. Aubier, 1990.

Guenif, N., Guirand, E., Jacquin, D., Khosrokhavar, F., Zawadzki, P., *Pour une sociologie du racisme, trois études* (dir. M. Wieviorka), CADIS/CNRS, 1996.

Haut Conseil à l'Intégration (rapport au premier ministre), *Liens culturels et intégration*, Paris, La Documentation française, juin, 1995.

Haut Conseil à l'Intégration (rapport au premier ministre), *Affaiblissement du lien social, enfermement du lien social, enfermement dans les particularismes et intégration dans la cité*, Paris, La Documentation française, 1997.

Haut Conseil à l'intégration (rapport au premier ministre), *Lutte contre les discriminations : faire respecter le principe d'égalité*, Paris, La Documentation française, 1998.

Herpin, N., *Les sociologues américains et le siècle*, Paris, PUF, 1973.

Hugues, E., *Le regard sociologique*, textes rassemblés et présentés par J. M. Chapoulie, Paris, éd. EHESS, 1996.

Ion, J., *Le travail social au singulier*, Paris, éd. Dunod, 1998.

Jallon, H., Mounier, P., *Les Enragés de la République*, Paris, La Découverte, 1999.

Jazouli, A., *Les années banlieues*, Paris, Le Seuil, 1992.

Kastoryano, R., (dir.), *Quelle identité pour l'Europe ? Le multiculturalisme à l'épreuve*, Paris, éd. Presses de Sciences Po, 1998.

Keppel, G., *Les banlieues de l'Islam*, Paris, Le Seuil, 1991.

Keppel, G., *A l'ouest d'Allah*, Paris, Le Seuil, 1994.

Khellil, M., *Sociologie de l'intégration*, Paris, PUF/Coll. Que sais-je ?, 1997.

Khosrokhavar, F., *L'Islam des jeunes*, Paris, éd. Flammarion, 1997.

Kymlicka, W., *Les théories de la justice*, Paris, La Découverte, 1999.

Lacorne, D., *La crise de l'identité américaine, du melting-pot au multiculturalisme*, Paris, Fayard, 1997.

Laforest, G., De Lara, P., (dir.), *Charles Taylor et l'interprétation de l'identité moderne*, Paris, éd. Cerf, 1998.

Lapeyronnie, D., *L'individu et les minorités, la France et la Grande-Bretagne face à leurs immigrés*, Paris, PUF, 1993.

Lebon, A., *Rapport sur l'immigration et la présence étrangère en France* (1995-1996), Paris, éd. DPM, diffusion, La Documentation Française, 1996.

Le Pors, A., (dir.), *Le nouvel âge de la citoyenneté*, Paris, éd. de l'atelier, 1997.

Lepoutre, D., *Coeur de banlieue : codes, rites et langages*, Paris, Odile Jacob, 1997.

Lévi-Strauss, C., *Race et histoire*, Paris, Denoël, Folio/essais, 1987.

Lochak, D., *Étrangers, de quel droit ?*, Paris, PUF, 1985.

Madec, A., *Le quartier c'est dans la tête. L'histoire vraie de stéphane Méterfi*, Paris, éd. Flammarion, 1998.

Malinowski, B., *Une théorie scientifique de la culture*, Paris, François Maspéro, 1968.

Martiniello, M., *L'ethnicité dans les sciences sociales contemporaines*, Paris, PUF/coll. Que Sais-Je ?, 1995.

Mauss, M., *Écrits politiques*, Paris, Fayard, 1997.

Naïr, S., *L'immigration expliquée à ma fille*, Paris, Le Seuil, 1999.

Nathan, T., *La folie des autres. Traité d'ethnopsychiatrie clinique*, Paris, éd. Dunod, 1996.

Nathan, T., *Psychanalyse Païenne*, Paris, Odile Jacob, 1995.

Nathan, T., Stengers, I., *Médecins et sorciers*, Paris, éd. Les Empêcheurs de penser en rond, 1995.

Nathan, T., Hounkpatin, L., *La guérison Yoruba*, Paris, Odile Jacob, 1998.

Nathan, T., Blanchet, A., Ionescu, S., Zajde, N., *Psychothérapies*, Paris, Odile Jacob, 1998.

Nathan, T., *L'influence qui guérit*, Paris, Odile Jacob, 1994.

Nisbet, R., *La tradition sociologique*, Paris, PUF/coll. Quadrige, 1989.

Noiriel, G., *Le creuset français, histoire de l'immigration (XIX-XXe siècle)*, Paris, Le Seuil, 1988.

Noiriel, G., *Population, immigration et identité nationale en France*, Paris, éd. Hachette, 1992.

Ogien, A., *Sociologie de la déviance*, Paris, éd. Armand Colin, 1995.

Paugam, S., (dir.), *L'exclusion : l'état des savoirs*, Paris, La Découverte, 1996.

Poutignat., Streiff-Fenart., *Théories de l'ethnicité*, Paris, PUF/coll. Le sociologue, 1995.

Ragi, T., *Acteurs de l'intégration. Les associations et les pratiques éducatives*, Amiens, diffusion L'Harmattan, 1998.

Raynaud, P., **Rials**, S., *Dictionnaire de philosophie politique*, Paris, PUF, 1996.

Rea, **A**., (dir.), *Immigration et racisme en Europe*, Bruxelles, éd. Complexe, 1998.

Rojzman, C., **Le Goaziou**, V., *Comment ne pas devenir électeur du Front-national*, Paris, éd. Desclée de Brouwer, 1998.

Roman, **J**., (dir.), *Citoyenneté et urbanité*, Paris, éd. Esprit, 1991.

Roman, J.,(dir.), *Ville, exclusion et citoyenneté. Entretiens de la ville II*, Paris, éd. Esprit, 1993.

Roman, **J**., *La démocratie des individus*, Paris, Calman-Lévy, 1998.

Saez, **J-P**., (dir.), *Identités, cultures et territoires*, Paris, Desclée de Brouwer, 1995.

Schnapper, D., « Intégration et exclusion dans les sociétés modernes » in *L'exclusion : l'état des savoirs* (dir. S. Paugam), Paris, La Découverte, 1996, pp. 23-32.

Schnapper, D., *La France de l'intégration, sociologie de la nation en 1990*, Paris, Gallimard, 1991.

Schnapper, D., *Contre la fin du travail*, Paris, éd. Textuel, 1997.

Schnapper, D., *La communauté des citoyens. Sur l'idée moderne de nation*, Paris, Gallimard, 1994.

Schnapper, D., *La relation à l'autre. Au cœur de la pensée sociologique*, Paris, Gallimard, 1998.

Simon, S., *Histoire de la sociologie*, Paris, PUF, 1991.

Six, J-F., *Le temps des médiateurs*, Paris, Le Seuil, 1990.

Six, J-F., *Dynamique de la médiation*, Paris, Desclée de Brouwer, 1995.

Taguieff, P-A., *La force du préjugé. Essai sur le racisme et ses doubles*, Paris, Gallimard, coll. "Tel", 1990.

Taguieff, P-A., (dir.), *Face au racisme*, 2 vol., Paris, Le Seuil, coll. "Points-Essais", 1993.

Taguieff, P-A., *Les Fins de l'antiracisme*, Paris, Michalon, 1995.

Taguieff, P-A., *La République menacée*, Paris, Textuel, 1996.

Taguieff, P-A., *Le Racisme*, Paris, Flammarion, 1997.

Taguieff, P-A., *La couleur et le sang. Doctrines racistes à la française*, Paris, Mille et une nuits, 1998.

Taïb, E., *Immigrés : l'effet générations. Rejet, assimilation, intégration d'hier et d'aujourd'hui*, Paris, éd. de l'Atelier, 1998.

Taylor, C., *Multiculturalisme, différence et démocratie*, Paris, Aubier, 1992.

Thomas, W.I., Znaniecki, F., *Le paysan polonais en Europe et Amérique. Récit de vie d'un migrant*, Paris, Nathan, 1998.

Todd, E., *Le destin des immigrés, assimilation et ségrégation dans les démocraties occidentales*, Paris, Le Seuil, 1994.

Touraine, A., *Le retour de l'acteur*, Paris, Fayard, 1984.

Touraine, A., *Critique de la modernité*, Paris, Fayard, 1992.

Touraine, A., *Qu'est-ce que la démocratie?*, Paris, Fayard, 1994.

Touraine, A., (dir.), *Le grand refus. Réflexions sur la grève de décembre 1995*, Paris, Fayard, 1996.

Touraine, A., *Pourrons-nous vivre ensemble? Egaux et différents*, Paris, Fayard, 1997.

Tribalat, M., (dir.), *De l'immigration à l'assimilation. Enquête sur les populations d'origine étrangère en France*, Paris, La Découverte/INED, 1996.

Vovelle, M., *Les Jacobins. De Robespierre à Chevènement*, Paris, La Découverte, 1999.

Walzer, M., *Pluralisme et démocratie*, Paris, Esprit, 1997.

Weil, P., *Mission d'étude des législations de la nationalité et de l'immigration* (rapport au premier ministre), Paris, La Documentation française, 1997.

Wieviorka, M., *L'espace du racisme*, Paris, Le Seuil, 1991.

Wieviorka, M., (dir.), *La France raciste*, Paris, Le Seuil, 1992.

Wieviorka, M., *La Démocratie à l'épreuve. Nationalisme, populisme, ethnicité*, Paris, La Découverte, 1993.

Wieviorka, M., (dir.), *Racisme et modernité*, Paris, La Découverte, 1993.

Wieviorka, M., (dir.), *Racisme et xénophobie en Europe. Une comparaison internationale*, Paris, La Découverte, 1994.

Wieviorka, M., (dir. avec F. Dubet), *Penser le sujet. Autour d'Alain Touraine*, colloque de Cerisy, Paris, Fayard, 1995.

Wieviorka, M., (dir.), *Une société fragmentée? Le multiculturalisme en débat*, Paris, La Découverte, 1996.

Wieviorka, M., (dir.), *Pour une sociologie du racisme. Trois études*. Rapport final/Etude FAS, Paris, CADIS-CNRS-EHESS, 1996.

Wieviorka, M., *Commenter la France*, Paris, éd. de l'Aube, 1997.

Wieviorka, M., (dir.), *Raison et conviction : l'engagement*, Paris, Textuel, 1998.

Wieviorka, M., « Racisme, antiracisme et mutation sociale » in *Immigration et racisme en Europe* (dir. A. Rea), Bruxelles, Complexe, 1998.

Wieviorka, M., *Le racisme, une introduction*, Paris, La Découverte, 1998.

Xiberras, M., *Les théories de l'exclusion*, Paris, Armand Colin, 1996.

Zehraoui, A., *L'immigration, de l'homme seul à la famille*, Paris, éd. CIEMI-L'Harmattan, 1994.

Articles et revues

Barel, Y., « Le grand intégrateur », *Espace Social*, n°2, 1992, pp. 16-27.

Barou, J., « L'espace urbain ethnicisé ? Quelques réflexions à partir d'un rapport de recherche concernant certains quartiers de l'agglomération lyonnaise », *Revue Française des Affaires Sociales*, n°2, avril-juin 1997, pp. 130-144.

Béhar, D., « Entre intégration des populations d'origine étrangère et politique de la ville : existe-t-il une discrimination positive à la française ? », *Hommes & Migrations*, n°1213, mai-juin 1998, pp. 79-88.

Belorgey, J-M., « Lutter contre les discriminations », *Hommes & Migrations*, n°1219, mai-juin 1999, pp. 44-49.

Bertaux, S., « Le concept démographique d'assimilation : un label scientifique pour le discours sur l'intégration ? », *Revue Française des Affaires Sociales*, n°2, avril-juin 1997, pp. 37-51.

Bonnafous, S., « Le terme – intégration – dans le journal Le Monde : sens et non-sens », *Hommes & Migrations*, n°1154, mai 1992.

Bondu, D., « Médiation et conflit », *V. S. T.* (revue du champ social et de la santé mentale), n°58, avril-juin 1998.

Boucher, M., « Les acteurs de l'intégration et leurs logiques. Entre consensus et éclatement », *Migrations Santé*, n°96-97, 1998, pp. 13-32

Cahiers de l'atelier., Sans-papiers : une nouvelle politique, n°475, septembre-octobre 1997.

Cohen, J., « Communauté et citoyenneté : le double visage de la conscience noire », *Hommes & Migrations*, n°1213, mai-juin 1998, pp. 5-21.

Costa-Lascoux, J., « Education aux droits de l'homme et pluralisme juridique », *Actes*, n°75-76, juin 1991, pp. 63-68.

Costa-Lascoux, J., « Contrat de citoyenneté et intégration », *Ouvertures*, décembre 1991, pp. 5-11.

Costa-Lascoux, J., « Assimiler, insérer, intégrer », *Projet*, n°227, automne1991, pp. 7-15.

Costa-Lascoux, J., « L'intégration à l'épreuve des réformes », *Projet*, n°235, automne 1993, pp. 119-126.

Decouflé, A-C., « L'intégration : quelques idées simples », *Revue Française des Affaires Sociales*, n°2, avril-jui, 1997, pp. 29-35.

De la Barre, J., « Les figures de l'étranger », *PEPS*, n°41, janvier-mars 1993, pp. 7-11.

Droit, R-P, « Les mots et les faits » in *Le Monde* du 27 juillet 1993.

Dubar, C., « Usages sociaux et sociologiques de la notion d'identité », *Education Permanente*, n°128, 1996, pp. 36-44.

Fassin, E., « Du multiculturalisme à la discrimination », *Le Débat*, n° 97, novembre-décembre 1997, pp. 131-136.

Gaillard, A-M., « Assimilation, insertion, intégration, adaptation : un état des connaissances », *Hommes & Migrations*, n°1209, septembre-octobre 1997, pp.119-130.

Gaillard, J-M., « L'irrésistible appel de l'Europe », *L'Histoire*, n°229, février 1999, pp. 34-41.

Gaspard, F., Khosrokhavar, F., « De la relation des garçons et des filles de culture musulmane dans les quartiers défavorisés », *Revue française des Affaires Sociales*, n°2, 1994.

Gaspard, F., « Assimilation, insertion, intégration : les mots pour « devenir français » », *Hommes & Migrations*, n°1154, mai 1992.

Gastaut, Y., « Des trente glorieuses à la crise des banlieues », *L'Histoire*, n°229, février 1999, pp. 48-53.

Hessel, S., « Une approche nouvelle des problèmes d'immigration », *Les idées en mouvement*, n°52, octobre 1997.

Jelen, C., « La régression multiculturaliste », *Le Débat*, n° 97, novembre-décembre 1997, pp. 137-143.

Khosrokhavar, F., « Festivités et turbulences dans les banlieues », *Agora Débats Jeunesse*, n°7, 1996, pp. 63-75.

Lacorne, D., « Pour un multiculturalisme modéré », *Le Débat*, Paris, Gallimard, n° 97, novembre -décembre 1997, pp. 158-167.

Lapeyronnie, D., « Assimilation, mobilisation et action collective chez les jeunes de la seconde génération de l'immigration maghrébine », *Revue Française de Sociologie*, XXVIII, 1987, pp. 287-318.

Lapeyronnie, D., « Actions collectives », *Informations Sociales*, n°14, octobre-novembre 1991, pp. 64-67.

Lapeyronnie, D., « L'ordre de l'informe. La construction sociale et politique du racisme dans la société française », *Hommes & Migrations*, n°1211, janvier-février 1998, pp. 68-82.

Lebras, H., « Dix ans de perspectives de la population étrangère : une perspective », *Populations*, 1, 1997, pp. 103-134

Lebras, H., « L'impossible descendance étrangère », *Populations*, 5, 1997, pp. 1173-1186

Lemoine, M., « Les difficultés d'intégration professionnelle des jeunes étrangers ou d'origine étrangère », *Revue Française des Affaires Sociales*, hors-série n°46, décembre 1992, pp. 173-180.

Lochak, D., « Code de la nationalité : la logique de l'exclusion », *Les Temps Modernes*, mai 1987, n°490, pp. 54-104.

Lochak, D., « Nationalité et citoyenneté », *Hommes & Migrations*, janvier 1991, n°1139, pp. 3-13.

Lochak, D., « Qu'est-ce qu'un citoyen ? », *Raison Présente*, n°103, troisième trimestre 1992, pp. 11-26.

Lochak, D., « Comment définir la citoyenneté ? » in *Etranger et citoyen : les immigrés et la démocratie locale*, Amiens, éd. Licorne, 1996, pp. 13-25.

Lochak, D., « Bons – étrangers – et mauvais – clandestins – », *Le Monde Diplomatique*, novembre 1997.

Macé, E., « Service public et banlieues populaires : une coproduction de l'insécurité », *Sociologie du Travail*, n°4, 1997, pp. 473-498.

Marienstras, E., « La singularité américaine », *Le Débat*, n° 97, novembre-décembre 1997, pp. 144-151.

Moreau, G., « Vingt ans de politique d'immigration », *Revue Française des Affaires Sociales*, n°2, avril-juin, 1997, pp. 17-26.

Mucchielli, L., « La France intègre toujours ses immigrés », *Sciences Humaines* n°69, février 1997, pp. 12-17.

Nathan, T., « Le migrant, son psy, son juge, son assistante sociale et quelques autres représentants des forces occultes », texte remanié pour la revue des juges pour enfants, Melanpous, 1996.

Parairat, E., « Un espace pour la médiation », *Non-Violence Actualité*, 1993, pp. 14-15.

Raynaud, P., « Multiculturalisme et démocratie », *Le Débat*, n° 97, novembre-décembre 1997, pp. 152-157.

Rebérioux, M., « Le racisme et la loi », *L'Histoire*, n°214, octobre 1997.

Rocheron, Y., « Le mariage mixte, métaphore du génie néo-assimilationniste français », *Hommes & Migrations*, n°1210, novembre-décembre 1997, pp. 120-127.

Roy, O., « Ethnicité, bandes et communautarisme », *Esprit*, n°2, février 1991.

Schnapper, D., « Intégration des immigrés et intégration nationale », *Migrants-Formations*, n°95, décembre 1993, pp. 14-21.

Schnapper, D., « La – préférence nationale – contre la République » in *Le Monde* du mercredi 24 juin 1998, p. 14.

Serres, M., « Qu'est-ce que l'identité ? » in *Le Monde de l'Éducation*, janvier 1997, p. 6.

Simon, P., « Sciences sociales et racisme, où sont les docteurs Folamour ? », *Mouvements*, n°3, mars-avril 1999, pp. 111-114.

Streiff-Fenart, J., « Les recherches interethniques en France : le renouveau ? », *Migrants-Formation*, n°109, juin 1997, pp. 48-65.

Taguieff, P-A., « Nationalisme, réactions identitaires et communauté imaginée », *Hommes & Migrations*, n°1154, mai 1992, pp. 31-41.

Taguieff, P-A., « Une lourde erreur d'analyse » in Le Monde du 23 août 1993.

Taguieff, P-A., « Qu'est-ce que le racisme ? », *Sciences Humaines*, n°81, mars 1998, pp. 38-42.

Taguieff, P-A., « Voyage aux sources de la pensée raciste », *Croissance*, n° 414, avril 1998, pp. 16-18.

Touraine, A., « Face à l'exclusion » in *Citoyenneté et urbanité*, Paris, éd. Esprit, 1991, pp. 165-173.

Touraine, A., « Vers la démocratie culturelle ? », *Sciences Humaines*, n°81, mars 1998, pp. 32-33.

Tréanton, J-R., « Genèse de la nation, naissance du citoyen », *Revue Française de Sociologie*, juillet-septembre 1995.

Tribalat, M., « Jeunes d'origine étrangère en France », *Futuribles*, n°215, décembre 1995, pp. 55-80.

Tribalat, M., « Une surprenante réécriture de l'histoire », *Populations*, 1, 1997, pp. 137-148

Tribalat, M., « Chronique de l'immigration », *Populations*, 1, 1997, pp. 163-220

Wieviorka, M., « Racisme, racialisation et ethnicisation en France », *Hommes & Migrations*, n°1195, 1996.

Wieviorka, M., « A propos du modèle français d'intégration républicaine », *Migrants-Formation*, n°109, juin 1997, pp. 7-21.

Wieviorka, M., **Bataille, P.**, « Figures actuelles du racisme », *Sciences Humaines*, n°83, mai 1998, pp. 34-37.

Wieviorka, M., « Le multiculturalisme est-il la réponse ? », *Cahiers Internationaux de Sociologie*, Vol. CV, 1998, pp. 233-260.

Zehraoui, A., « Processus différentiels d'intégration au sein des familles algériennes en France », *Revue Française de Sociologie*, XXXVII, 1996, pp. 237-261.

Sélection de sites Internet

● Pour se tenir informé de l'évolution des politiques françaises d'immigration et d'intégration et obtenir des documents officiels (communiqués, rapports, textes législatifs, etc.

− **Ministère de l'Emploi et de la Solidarité**
http ://www. social. gouv. fr
Propose également un lexique de termes spécifiques se rapportant la fois aux publics (immigré, étranger, demandeur d'asile, etc.), aux concepts (assimilation, intégration, multiculturalisme, discrimination, etc.), aux acteurs (H.C.I, D.P.M, O.M.I, F.A.S, etc.) de l'immigration et de l'intégration des personnes issues de l'immigration.

− **Ministère de la Justice**
http ://www. justice. gouv. fr
Propose actuellement des informations sur l'acquisition de la nationalité française suite à la loi du 16 mars 1998.

− **Ministère de l'Intérieur**
http ://www. interieur. gouv. fr
Propose actuellement des informations sur la loi du 11 mai 1998 « relative à l'entrée et au séjour des étrangers et au droit d'asile » ainsi que la création des CODAC (Commissions départementales d'accès à la citoyenneté).

• Pour repérer, autour de la lutte contre le racisme, des organismes, des instruments juridiques, des expériences menées, des outils pédagogiques de sensibilisation, etc...

LICRA (Ligue internationale contre le racisme et l'antisémitisme) http ://www. licra. com

ECRI (Commission européenne contre le racisme et l'intolérance) http ://www. ecri. coe. int

MRAP (Mouvement contre le racisme et pour l'amitié entre les peuples) http ://www. mrap. asso. fr

CECLR (Centre pour l'égalité des chances et la lutte contre le racisme)/Belgique — http ://www. antiracisme. be

• Pour rechercher des ressources (ouvrages, revues, recherches, outils pédagogiques, sites Internet, etc.) :

ADRI (Agence pour le Développement des Relations Interculturelles)
http ://www. adri. asso. fr
Base de données en ligne. Propose également un répertoire des acteurs de l'intégration en France, des comptes rendus des séminaires organisés par l'ADRI, la revue « Migrations études » en texte intégral, un forum de discussion et bien d'autres rubriques.

CNDP (Centre National de Documentation Pédagogique)
http ://www. cndp. fr
Base de données en ligne (Rubrique « Recherches documentaires » puis « Ville École Intégration »).

REMISIS (Réseau d'information sur les migrations internationales)
http ://www. mshs. univ-poitiers. fr/migrinter/remisis. htm
Base de données en ligne.

IDS (Institut du Développement Social de Haute-Normandie)
http ://www. ids. fr

Propose une rubrique « Identifier des sites utiles pour les travailleurs sociaux », faisant le lien avec des sites spécialisés (sous-rubriques « Immigration » et « Lutte contre le racisme », qui ont été crées et sont actualisées dans le cadre du programme européen INTEGRA).

CADIS (Centre d'analyse et d'intervention sociologiques)
http ://www. ehess. fr/centres/cadis

Sélection de revues spécialisées

« **REMI** » (Revue européenne des migrations internationales)
MSHS, 99 avenue du recteur Pineau, 86022 Poitiers cedex
Tél : 05 49 45 46 56 Fax : 05 49 45 46 68

« **Migrations sociétés** »
CIEMI, 46 rue de Montreuil, 75011 Paris
Tél : 01 43 72 01 40 Fax : 01 43 72 06 42

« **Hommes et migrations** »
40, rue de la Duée, 75020 Paris
Tél : 01 47 97 26 05 Fax : 01 47 97 99 77

« **Ecarts d'identité** »
SAID-ADATE, 5 place Ste Claire, 38000 Grenoble
Tél : 04 76 44 46 52 Fax : 04 76 63 80 10

« **Accueillir** »
SSAE, 72 rue Régnault, 75640 Paris cedex 13
Tél : 01 40 77 94 42 Fax : 01 40 77 94 60

« **Plein droit** »
GISTI, 3 villa Marcès, 75011 Paris
Tél : 01 43 14 84 84 Fax : 01 43 14 60 69

« **Migrations santé** »
23, rue du Louvre, 75001 Paris
Tél : 01 42 33 24 74 Fax : 01 42 33 29 73
Site Internet : http ://www. migrations-sante. com

« **Pro Asile** »
France Terre d'Asile, 25 rue Ganneron, 75018 Paris
Tél : 01 53 04 39 99 Fax : 01 53 04 02 40
Site : http ://www. ftda. net

Index

A

accommodation 29
acculturation 20; 25; 29; 30; 31; 32; 33; 34; 35; 36; 37; 129; 193; 210; 238; 347
acculturation formelle 36
acculturation permanente 29
acquisition de la nationalité 26; 42; 72; 82; 123; 256; 335
acteur 79; 112; 180; 195; 224; 261; 262; 266; 267; 269; 270; 271; 272; 274; 279; 280; 315; 328
affirmative action 102; 112; 199; 272; 280; 284; 285; 292; 294; 295
altérité 14; 19; 79; 165; 184; 192; 194; 208
anomie 141; 162; 164; 211; 242
assignation communautaire 108
Assimilation 20; 25; 26; 27; 28; 29; 31; 32; 42; 45; 52; 53; 54; 58; 97; 98; 100; 101; 102; 103; 104; 105; 106; 107; 108; 114; 129; 134; 165; 189; 190; 192; 193; 201; 202; 203; 204; 208; 209; 210; 211; 212; 219; 220; 244; 272; 282; 283; 284; 285; 299; 302; 327; 328; 329; 330; 331; 335; 347; 348; 349
assimilation culturelle 100; 101
assimilation sociale 25
assimilationnisme franc 212

C

certificat d'hébergement 84; 88
changement culturel 30; 33
citoyenneté 10; 11; 27; 40; 48; 95; 97; 113; 114; 115; 116; 117; 118; 119; 120; 121; 122; 123; 124; 125; 126; 127; 130; 168; 170; 189; 190; 199; 200; 226; 244; 248; 250; 251; 253; 254; 255; 256; 257; 258; 259; 260; 273; 284; 323; 324; 326; 327; 330; 331; 332; 348
civilisation 31; 131; 162; 176; 236; 253
code de la nationalité 74; 78; 115; 288; 331
cohésion sociale 14; 78; 114; 123; 126; 130; 163; 176;

241; 242; 245; 246; 249; 257; 266; 286; 299; 302; 311
commission de séjour 88; 89
communautarisme 168; 184; 189; 196; 213; 263; 269; 270; 272; 279; 280; 282; 292; 297; 302; 332
communauté 9; 16; 17; 26; 28; 39; 40; 41; 47; 48; 112; 116; 117; 123; 125; 126; 134; 135; 136; 137; 138; 147; 148; 151; 152; 155; 156; 158; 164; 171; 196; 201; 215; 224; 226; 229; 231; 239; 240; 243; 244; 246; 247; 248; 250; 255; 259; 267; 269; 270; 271; 283; 294; 327; 330; 332; 349
communauté des citoyens 16; 125; 126; 229; 243; 244; 246; 247; 248; 250; 259; 283; 327
communauté nationale 40; 47
configuration 137; 154
contrat de citoyenneté 123; 124; 254; 255; 257; 330
culture d'origine 26; 36; 46; 47; 49; 123; 210; 277
culture de référence 234

D

démocratie 75; 87; 107; 118; 119; 121; 130; 179; 190; 197; 198; 201; 204; 243; 248; 250; 257; 259; 272; 278; 279; 282; 294; 299; 327; 328; 331; 332
déstructuration 36; 100; 210; 246

différence culturelle 7; 11; 13; 21; 101; 112; 183; 184; 193; 272; 281; 286; 310; 315; 316; 350
différencialisme 14; 178; 179; 184; 213; 221; 255; 285; 292; 300; 302; 314
discrimination 7; 21; 43; 72; 102; 103; 112; 115; 124; 129; 130; 131; 162; 163; 172; 173; 177; 180; 182; 185; 195; 223; 248; 255; 272; 295; 309; 312; 314; 329; 330; 335; 348
discrimination positive 43; 102; 112; 248; 272; 295; 309; 329
diversité culturelle 286
droit à la différence 58; 67; 183; 209; 211; 217; 218; 220; 283; 284; 285; 287; 288; 293; 295
droit d'asile 65; 74; 78; 84; 85; 87; 90; 94; 335
droits culturels fondamentaux 259
droits de l'homme 69; 72; 75; 92; 93; 94; 95; 115; 117; 119; 121; 122; 123; 124; 126; 218; 227; 253; 254; 255; 259; 330; 349

E

entrecroisement des cultures 30
ethnicisation 16; 200; 223; 225; 228; 255; 269; 277; 301; 333
ethnicité 18; 190; 192; 195; 196; 199; 200; 259; 269;

270; 272; 279; 281; 326; 328; 332
ethnopsychanalyse 233
ethnopsychiatrie 231; 326
exception française 116; 253
exclusion 8; 9; 17; 18; 20; 21; 38; 52; 63; 93; 101; 106; 107; 112; 117; 120; 122; 124; 125; 130; 131; 132; 133; 134; 135; 138; 139; 154; 163; 164; 169; 171; 173; 177; 185; 215; 219; 220; 223; 224; 226; 236; 240; 241; 247; 248; 254; 259; 263; 274; 281; 282; 285; 287; 288; 305; 309; 310; 311; 313; 314; 323; 324; 326; 327; 329; 331; 332; 349
exogamie 202; 208; 210; 211
expérience sociale 164; 267

F

flux migratoire 55; 64; 65; 76; 77; 78; 79; 81; 85; 86; 95; 106; 227; 260; 286; 288
Fraternité 93; 180; 182; 221; 273; 301

G

groupe ethnique 125; 224; 225
groupes marginaux 132; 133; 134; 136; 137; 141; 145; 149

H

hétérophilie 217
hétérophobie 217
historicité 261; 262

I

identification au groupe 37
identité 13; 15; 16; 19; 40; 41; 47; 49; 50; 52; 53; 57; 83; 85; 106; 108; 115; 125; 133; 138; 151; 152; 153; 163; 164; 165; 167; 170; 171; 176; 183; 184; 189; 190; 197; 198; 199; 213; 215; 223; 224; 226; 227; 229; 232; 239; 243; 246; 250; 255; 262; 263; 265; 266; 269; 270; 271; 272; 275; 276; 279; 280; 282; 283; 285; 286; 288; 289; 291; 292; 303; 306; 325; 326; 330; 332; 339
immigration clandestine 55; 73; 78; 81; 108; 115
immigration de peuplement 15; 53; 277; 301
immigration de travail 15; 191
individualisme 228; 266; 269; 279; 295; 298; 313; 323
insertion 9; 20; 25; 38; 45; 49; 50; 51; 52; 54; 55; 56; 57; 58; 67; 78; 79; 98; 100; 101; 103; 105; 109; 111; 114; 129; 189; 191; 301; 330; 347
insertion professionnelle 9; 50; 51; 101

insertion sociale 9; 49; 51; 54; 56; 98; 100; 103; 111
intégration 7; 9; 10; 13; 14; 15; 18; 20; 21; 25; 28; 37; 38; 39; 40; 41; 42; 43; 44; 45; 46; 47; 48; 49; 52; 54; 55; 56; 57; 58; 59; 61; 65; 66; 67; 68; 71; 73; 74; 75; 76; 77; 78; 79; 80; 81; 82; 85; 93; 97; 100; 101; 102; 103; 104; 105; 106; 108; 109; 111; 112; 113; 114; 115; 120; 123; 124; 129; 130; 131; 134; 166; 167; 168; 169; 170; 189; 190; 192; 193; 195; 197; 198; 199; 200; 201; 208; 212; 240; 241; 242; 243; 244; 245; 246; 248; 249; 250; 252; 253; 254; 255; 256; 257; 260; 267; 268; 269; 272; 273; 274; 275; 276; 278; 284; 286; 290; 291; 292; 293; 294; 295; 297; 298; 299; 300; 301; 302; 303; 304; 305; 306; 309; 310; 311; 312; 313; 314; 323; 324; 325; 326; 327; 329; 330; 331; 332; 333; 335; 336; 347; 348; 349; 350
intégration à la française 39; 41; 45; 169; 292; 298; 300; 347
intégration républicaine de tolérance 197; 240; 349
interactionnisme 144
interdépendance 39; 93; 139; 140; 155; 162; 163; 242; 245
interpénétration 29; 31; 34

J

jacobinisme 244

L

laïcité 13; 16; 19; 42; 46; 66; 113; 114; 116; 124; 226; 254; 324
liberté 17; 27; 47; 53; 57; 85; 87; 90; 93; 94; 117; 119; 120; 121; 182; 199; 209; 221; 227; 239; 249; 271; 273; 293; 299; 301; 308; 314
logique communautariste 48; 114
logique d'intégration 306
logique de distanciation 308
logique de l'égalité 115
logique de médiation 306
logique de répression 307
logique des minorités 114

M

mariage mixte 104; 229; 332
médiation 9; 72; 109; 300; 303; 306; 307; 311; 327; 329; 332
métissage 27; 174; 216; 218
minorité ethnique 112
mixophobie 216; 238
mobilité des personnes 115
modèle français d'intégration 18; 40; 44; 45; 93; 111; 113; 114; 272; 273; 275; 276; 278; 314; 333; 349
moindre valeur humaine 140

Mouvement social 261; 262; 263; 264; 269; 271; 297; 349
multiculturalisme 20; 196; 197; 198; 211; 230; 242; 259; 261; 269; 272; 280; 281; 282; 283; 285; 286; 287; 288; 289; 290; 291; 292; 293; 294; 297; 299; 300; 325; 328; 330; 331; 332; 333; 335; 349; 350
multiculturalisme raisonnable 198; 261; 349

N

nation 13; 16; 19; 25; 37; 40; 41; 43; 44; 47; 48; 53; 55; 58; 60; 70; 76; 84; 93; 97; 104; 114; 115; 116; 117; 118; 120; 121; 122; 123; 124; 125; 126; 127; 129; 177; 178; 183; 199; 204; 209; 226; 227; 228; 240; 242; 243; 244; 245; 246; 247; 248; 250; 256; 265; 273; 277; 278; 281; 282; 284; 285; 287; 288; 298; 301; 324; 327; 332; 349
nationalisme 178; 185; 216; 218; 225; 226; 227; 269; 279; 328; 332

O

organisations sociales 192; 299; 301; 302; 303; 304; 305; 308; 309; 312; 313

P

pacte républicain 114; 116
pluriculturalisme 196; 282
politique d'intégration 44; 45; 48; 66; 67; 75; 79; 80; 102; 108; 109; 248; 249
préjugé individuel 140; 163
préjugé social 140; 163; 287
principe de coupure 34; 35
processus d'intégration 14; 42; 45; 65; 78; 85; 108; 131; 170; 193; 208; 246; 286; 309; 315
promotion de la réussite 109

R

race 29; 104; 105; 129; 137; 139; 163; 171; 172; 174; 175; 176; 177; 183; 192; 199; 205; 216; 222; 252; 272; 295; 326
racialisation 209; 255; 269; 270; 295; 313; 333
racisme 7; 10; 14; 21; 54; 70; 71; 72; 75; 95; 101; 107; 112; 129; 130; 133; 163; 164; 165; 166; 169; 170; 172; 173; 175; 176; 177; 178; 179; 180; 181; 182; 183; 184; 185; 189; 190; 195; 212; 213; 214; 215; 216; 217; 218; 219; 222; 223; 224; 226; 253; 260; 269; 278; 288; 289; 290; 299; 300; 301; 312; 323; 325; 327; 328; 329; 331; 332; 333; 336; 337; 348; 349

racisme génétique 214
reconduite à la frontière 85; 90
reconstruction 36; 39; 173
regroupement familial 42; 65; 67; 78; 81; 84; 85; 89; 90; 91
républicanisme 220; 278

S

sentiment d'appartenance 37; 151
socialisation 15; 18; 37; 42; 51; 52; 104; 146; 152; 154; 156; 273; 293; 300; 306; 324
société d'accueil 26; 29; 38; 39; 97; 183; 202; 203; 210; 211; 306
société politique 13; 40; 41; 43; 125; 245; 305
solidarité constitutionnelle 260
solidarité mécanique 199; 241; 242
solidarité organique 14; 199; 241; 242
stigmatisation collective 140
stratégie de rétorsion 217
structuration 36; 144; 274
structure familiale 202; 206; 207
subjectivation 168; 213; 267; 268; 270; 271; 291; 299; 308; 312; 314; 315

synchrétisme culturel 31

T

titre de séjour 89; 93
tradition 43; 44; 60; 69; 108; 127; 168; 183; 190; 193; 197; 198; 199; 200; 204; 209; 210; 215; 221; 227; 239; 240; 241; 244; 254; 270; 271; 284; 286; 290; 292; 294; 306; 315; 326
tradition républicaine 43; 44; 60; 200; 227
traitement de la différence 293; 300

U

universalisme 14; 46; 178; 194; 201; 204; 205; 206; 207; 218; 220; 221; 241; 269; 272; 280; 285; 292; 300; 302; 314

X

xénophobie 56; 76; 77; 112; 130; 189; 195; 211; 222; 223; 269; 278; 300; 328

Table des matières

Remerciements 7
Avant-propos 9
Introduction 13

Première partie
**DES CONCEPTS, DES PROCESSUS
COMPLEXES ET AMBIVALENTS**

**I – Assimilation, acculturation, intégration, insertion :
des mots dont l'usage est chargé de sens politique** 25

1 - Assimilation 25
  Le concept
  Les contextes d'usage
  L'École de Chicago
2 - Acculturation : le renouvellement du concept
  de culture 30
  Le concept
  Un contexte qui fait date
  La vision optimiste
3 - Intégration 37
  Le concept
  Les contextes d'usage
  « L'intégration à la française »
  Le Haut Conseil à l'Intégration
4 - Insertion 49
  Le concept
  Les contextes d'usage

5 - Sous les termes, les enjeux 52
   Dès 1908
   Les années 70-80
   La fin des années 80
   Une brève analyse de ces enjeux.

II – Immigration et intégration en France depuis vingt ans 61

1 - Étrangers et immigrés 61
2 - Quelle politique d'immigration depuis vingt ans ? ... 63
3 - Entre éthique de conviction et éthique de
   responsabilité 68
   Les clivages partisans
   La complexité des problèmes
   Novembre-décembre 1997
   Le projet de loi

III - L'usage actuel des concepts d'assimilation, d'intégration et de citoyenneté 97

1 - Un constat démographique 97
2 - Le concept scientifique d'assimilation n'est
   pas neutre 103
3 - Le refus politique de toute « assignation
   communautaire » 108
4. L'intégration : le vrai/faux consensus 113
5. La citoyenneté 116
   Un concept flou et polysémique
   Pour une citoyenneté de type national

IV - Discrimination, stigmatisation, racisme 129

1 - L'éclairage de N. Elias 131
2 - De la déformation de l'« autre » à la formation
   de soi 164
3 - Une nécessaire analyse du sens des mots 170

4 - Du racialisme au racisme..................................172
5 - L'espace théorique du racisme........................176
6 - La production d'un néo-racisme......................179

Deuxième partie
COURANTS ET MODÈLES D'INTÉGRATION : LA DIFFÉRENCE CULTURELLE EN DÉBAT

I – Le champ de la recherche interethnique en France...189

1 - Le renouvellement de la recherche autour des relations ethniques..190
2 - Les mutations sociales, politiques et culturelles rendent pertinent « l'objet interethnique »..............194

II – Quels sont les modèles d'intégration, aujourd'hui, en débat ?.........................197

1 - Un courant assimilationniste................................201
L'assimilation : le destin des immigrés
La force du préjugé : épistémologie des racismes et des antiracismes
2 - La communauté comme référence....................231
« L'influence qui guérit »
3 - Une intégration républicaine de tolérance...............240
Intégration et exclusion dans les sociétés modernes : la nation comme participation à la « communauté des citoyens »
Construire la solidarité en acte : le pluralisme juridique est le garant des droits de l'homme et du citoyen
4 - Un multiculturalisme raisonnable........................261
Mouvement social et sujet ethnique – A propos du modèle français d'intégration républicaine
Du « melting-pot » au multiculturalisme : un débat franco-américain

Conclusion **297**
Le contexte général..298
L'apparition de plusieurs ordres de discours 299

Le champ de l'immigration	300
Des questionnements	301
Les acteurs locaux de l'intégration	304
Les logiques en présence	305
L'interaction de la question sociale et culturelle	309

Tableaux **316**
    Tableau I : La différence culturelle en débat 316
    Tableau II : Une approche assimilationniste 318
    Table III : Une approche communautaire
    et thérapeutique 319
    Tableau IV : Une approche intégrationniste 320
    Tableau V : Une approche multiculturaliste 321

Références bibliographiques **323**
Sélection de sites Internet **335**
Sélection de revues spécialisées **339**
Index **341**

643494 - Mars 2016
Achevé d'imprimer par